禪与生活世界

——生活禅的过去、现在、未来

黄敏◎著

黄梅禅文化与荆楚佛学丛书

主　　编　净慧法师

执行主编　明基法师　孙劲松

长江出版传媒
湖北人民出版社

图书在版编目(CIP)数据

禅与生活世界:生活禅的过去、现在、未来/黄敏著.
武汉:湖北人民出版社,2016.11
(黄梅禅文化与荆楚佛学丛书)
ISBN 978-7-216-09102-2
Ⅰ.禅… Ⅱ.黄… Ⅲ.禅宗—通俗读物 Ⅳ.B946.5-49
中国版本图书馆CIP数据核字(2016)第295637号

责任编辑:皮 明
封面设计:武汉尚上创意工作室
责任校对:范承勇
责任印制:王铁兵

出版发行:湖北人民出版社　　地址:武汉市雄楚大道268号
印刷:武汉市天星美润设计印务有限公司　　邮编:430070
开本:880毫米×1230毫米 1/32　　印张:8.75
字数:224千字　　插页:2
版次:2016年12月第1版　　印次:2019年10月第2次印刷
书号:ISBN 978-7-216-09102-2　　定价:30.00元

本社网址:http://www.hbpp.com.cn
本社旗舰店:http://hbrmcbs.tmall.com
读者服务部电话:027-87679656
投诉举报电话:027-87679757

续佛慧命的菩萨——净慧长老周年祭
（代序）

净慧长老离开我们已近一年了，我时时怀念着他。他是我的良师，也是我的益友。承蒙慧公的错爱，他生前数次谈到他与我之间的法缘。我因恩师萧萐父先生的指引，在20世纪80年代初研究熊十力哲学时，就经常拜读中国佛协的《法音》杂志，知道净慧法师当时即在巨赞法师手下办《法音》，后任主编。巨赞法师早年与熊十力先生有文字之交。

一

我与慧公的第一次见面是1989年4月15日。台湾佛光山弘法探亲团领导人星云大师一行，应邀访问北京及西北、西南地区之后，由重庆乘轮船顺江而下，来武汉归元寺过往。该团当天下午才到，晚上就要离汉，继续乘船前往南京。我陪恩师萧萐父及李德永、刘纲纪先生专程到归元寺看望星云大师的学术顾问、美籍华裔哲学家傅伟勋教授。净慧法师作为中国佛协的成员陪同星云大师一行活动。当天我们不仅见到了星云大师与傅先生，还见到了净慧法师。那一天是个特殊的日子，当晚惊闻胡耀邦同志去世的噩耗。萧先生原来就认识净慧法师。我则是因傅先生、萧先生、星云大师而与净慧法师结缘的。

我与慧公的第二次见面是 1994 年 12 月 23 日至 27 日在香港九龙窝打老道 84 号冠华园三楼召开的“佛教的现代挑战”国际会议上。此次会议由霍韬晦先生主持，法住学会主办，旭日集团赞助。慧公与旭日集团杨钊、杨勋兄弟的法缘也开始于斯。大会的名誉顾问是赵朴老，顾问是饶宗颐、季羡林、圣严法师、傅伟勋。出席此次会议的有傅伟勋、方立天、杨曾文、成中英、蔡仁厚、唐力权、唐亦男、曾昭旭、乔健、苏新鋈、游祥洲、吴汝钧、林安梧、龚鹏程、郑志明、赖永海、冯达文等，还有净慧法师、恩师唐明邦与我。彼时参会，净慧法师的身份是中国佛教协会的成员。他当时已在柏林禅寺，他的论文末署“一九九四年十一月于赵州祖庭问禅寮”。

此次净慧长老的论文发表被安排在会议的第一天（即 24 日），评论人是傅伟勋先生。由傅先生评论慧公的论文，可见大会对慧公的尊重。慧公报告的题目是《当代佛教契理契机的思考》。该文有三部分：一、佛法常新。二、现代化与化现代。三、世纪末的回顾与前瞻。慧公指出：“所谓佛教永远是现代的，是指佛教应该永远契合当时、当地社会人心的因缘形势而新之又新，新新不已，引导人们如何在当下离苦得乐……这便要机教相扣，或者说契理契机。契理契机的教化永远是现代的，永远是当下的，永远是新的。”他引用并发挥太虚大师的《新兴能贯》一文，指出：“我们应紧扣契理契机这一中心，把握时代的因缘而作对机的教化，这才是佛教现代化的真意，也唯有如此，佛教才能维系其万古常新的生命，作人类精神的导航灯。”慧公认为，人本的佛教、社会的佛教、世界的佛教就是人间佛教，也就是现代化的佛教。这不是抽象的理念，而是一个历史实践的过程，在这一过程中，会有一些不能适应时机的东西被扬弃，会有一批续佛慧命的菩萨应运而生，人类历史文化将展现更为灿烂的篇章。他说：历史上“许多古德在接受、消化印度佛教、创宗立说方面表现出来的胆识和智慧，是我们今人难以望其项背的。近现代佛教采用的一些形式其实是古已有之：今之居士林，古有义邑；今之慈善事业，古有无遮大会、修路建桥、悲田院、养病坊等；今之大众弘法，古有俗讲师、唱导师；今之佛教文艺，古有雕塑绘画、变文、押座文等等。看起来在观机逗教、善巧方便方面，我们并不比古人现代化，相反倒是迟钝、保守了。我们只要有古德那份勇气和魄力，佛教现代化许多问题可以迎刃而解”。他认为：“佛教现代化是契机，是随缘；佛教化现代是契理，是不变。现代化不是随波逐流，而是因势利导。佛教始终应有深远超越的眼光，慈悲摄受现代人，作时代精神的航标；在适应潮流的同时，要引导潮流。因为现代文明的繁荣只是一种幻象，人类的心灵仍然在盲目地流浪，佛法能引导人们走上离苦得乐的幸福之道，使之回归到精神的家园。”慧公指出，回顾中国佛教辉煌的过去，我们不能不对历代高僧法师在使佛教中国化、在以佛法化导群生方面的无上功德深表赞叹和感恩。其中，道安大师、慧能大师、太虚大师是三座里程碑。他历数这三位大师的杰出贡献，认为他们都回应了各自时代佛教所遇到的问题和挑战，为佛教继续发展开辟了新的纪元。他认为我们今天讨论中国佛教的出路时应该继承太虚大师的思想，完成他的未竟志业。事实上我们现在做到的并没有超出太虚大师的设想，他的许多想法比我们想象的更大胆、更具前瞻性。

慧公的论文得到与会学者的高度称许。我在这次会议上发表的论文是《精神解脱与社会参与——佛教的当代意义之蠡测》，内容上恰好与慧公相呼应。这一次有机缘与慧公相过从，向他请益，亲闻謦欬，如沐春风。我记得我们在香江讨论了哲学上的体用问题。

二

此后多年未通音问，直到慧公离开赵州，回到湖北之后，我们又有了联系。在本焕长老之后，净慧长老于2003年9月继任黄梅四祖寺方丈。他把在柏林寺办生活禅夏令营的经验带到四祖寺，使武大的一些学子也深受教益。他还支持了吴根友教授等青年教师珞珈七子的读书活动及他们办的同仁刊物《学鉴》的出版。

2005年，我仍在武大哲学学院主持俗务，为本院及其所属宗教学系的发展，12月4日，我与麻天祥教授等专程赴四祖寺拜谒净慧长老。他是高僧大德，仍在中国佛教协会副会长的位置上。净慧长老在方丈室里热情地接待了我们一行，回顾了他与天祥兄及我此前的缘分，与我们交谈了合作事宜。我们诚邀他来武大讲学，参加佛学百年国际会议。我们与四祖寺结了善缘，当日还有缘见到四祖寺、五祖寺、玉泉寺的一些法师，黄梅县与当阳县统战部负责人，香港旭日集团杨勋先生等。慧公弘法化现代，教益多多。杨氏兄弟发大愿捐助佛教事业，令人感佩。

2006年4月1日，慧公应我们的邀请，正式访问武汉大学。上午在人文科学馆（逸夫楼）哲学学院的大会议厅举行了隆重的净慧长老赠书仪式与受聘仪式。敝院麻天祥教授、吕有祥教授、宋新民书记等都来了。他赠送一套大正藏给敝院，敝校诚聘他为兼职教授。仪式之后，慧公对敝院师生演讲《生活禅及其意义》。慧公开讲即谈到他对武大的敬仰，早年曾来此游览。他用略带新洲口音的普通话演讲，语调不高，语速不快，语言十分平易。他讲到他的老师虚云老和尚的贡献与教诲，讲到他1951年在广东云门寺依止虚云老和尚受戒以来的修行。他关于禅、生活禅与现代人的生命体验的开示，深深打动了我及与会师生的心。中午在珞珈山庄共进午餐，吴俊培副校长也来了。

此次又议了拟与敝院合办《禅源》杂志，合开佛学百年会议等事。2006 年 10 月 16 至 18 日，在慧公与四祖寺的支持下，盛大的佛学百年国际学术研讨会在敝校召开，来了不少知名学者，如楼宇烈、杨曾文、李志夫、赖永海先生等，交流了数十篇论文。此后，由于慧公的因缘，敝院与杨勋先生及其真维斯集团公司签订了合作协议，他们在尔后的五六年里，每年赞助若干经费帮助敝院及“佛学与佛教艺术研究中心”的佛学研究活动。

2011 年 12 月 17 日下午，我与孙劲松副教授再次去四祖寺拜谒净慧大和尚。慧公在方丈室里接待我们，与我们交谈，我们向慧公请安、请教。对时下的境况，慧公与我有很多看法一致。再次拜访佛学大师，获益匪浅。他对佛学史，对湖北佛教的人物、事迹与思想，如数家珍。他希望我们组织学者系统研究湖北佛教史，特别提到道安、智𫖮、太虚大师与武昌佛学院等。我此时在武大国学院兼俗务，此行我们主要是与慧公协商国学院与四祖寺的合作事宜的。国学院与四祖寺拟联合组建“武汉大学黄梅禅文化与荆楚佛学研究中心”，组织撰写荆楚佛教丛书，四祖寺愿设奖学金、助学金，支持国学、哲学两院优秀学生及贫寒子弟潜心向学。

2012 年 3 月 9 日上午，在敝校珞珈山庄举行了黄梅四祖寺与武大国学院合作框架协议签约仪式。慧公亲临会场并开示。在四祖寺的支持下，“武汉大学黄梅禅文化与荆楚佛学研究中心”正式挂牌，慧公亲任该中心学术委员会荣誉主任。会上宣布，由四祖寺赞助的“双峰奖学、助学金评审委员会”成立，慧公亲任主任，明基法师、崇谛法师等出任委员。出席这一盛会的还有：湖北省政协涂勇副主席，湖北省中华文化促进会主席熊召政，中国佛协副会长、湖北省佛协会长正慈法师，敝校副校长谢红星等。我与正慈法师也有缘，恰好在此前一个多月，友人陪我与书法家徐本一先生一道去黄石慈山禅寺喝茶，又到东方山弘化禅寺游览，得到正慈法师的热情接待，与他很投缘。此次会议之后，在慧公的关爱、支持下，佛学研究中心得以正常运转，双峰奖学金与助学金也正常颁发。我的一位外国留学研究生因本科时在外校享受过中国政府的奖学金，读研时则不能继续享受，他的学费、住宿费与生活费有困难，我给慧公汇报后，慧公慷慨地给予了资助。

2012年，慧公亲自邀请我们国学院的十多位老师给四祖寺、芦花庵的僧人开办系列讲座，讲授国学的方方面面，以提高僧人的文化素养。我与秦平副教授的讲座被安排在7月上旬。7月7日上午我们被接到四祖寺，下午慧公来看我，又亲自到大会场，与僧人及信众百数十人一道，听我讲了三个多小时的《孔子与〈论语〉》。他是大师，年事已高，身体清癯，我实在不忍心让他端坐着听我的讲座，劝他不要听了。天热，汗水打湿了他的僧衣，中途休息时我再三请他回禅房休息，他硬是没有离开，坚持听完了讲座，最后还予以点评，肯定僧俗界学习《孔子与〈论语〉》的意义和价值，强调德性修养的智慧。据说敝校其他教授的讲座，只要他有时间，都来听了。由此可见他的谦逊好学与以身作则。

他请我与秦平吃晚饭，次日早上又与我们一道早餐，聊得甚快。8日早餐后我即返汉，秦平则留下来讲了一天的《论语》。这一次，讲座前后及两顿饭时，慧公与我聊了不少，特别投缘。我们的交谈集中在儒佛之相通方面，他对孔子十分尊重，对《四书》有很深的理解。他还对我讲了历史上与当今佛教界在传播儒学上的积极贡献与作用，说到近年民间读蒙学（《弟子规》等）、读经典，佛教的推动甚是有力等。我也表达了儒家学者虚心向佛教学者学习的诚心，认为太虚与星云大师的人间佛教、慧公本人的生活禅对我们儒家学者启迪良多。我们还聊到生态环保问题、人心安顿的问题与中国文化的主体性等，有很多共识。我怎么也没有想到，与慧公的这次见面，竟成永诀！他在交谈中透显的寓深邃于平易中的智慧，永志难忘！

2013 年 4 月 20 日（农历三月十一），谷雨，天降温降雨，晨六时，净慧长老在四祖寺圆寂。那天与次日，我们作为东道主，正在武大接待来自全国的百多位学者，举行中国哲学史学会的年会与理事会，年会主题为“中国哲学史研究的现状与前瞻”。当天我与一些朋友惊闻慧公圆寂的噩耗，很是震惊与悲痛，惜因会务不能离校。

4 月 22 日中午，我与吴根友、麻天祥、吕有祥、翟志宏、欧阳祯人、孙劲松、师领等十余人，包括受到恩惠的博士生、外国留学研究生等，分乘两辆车，冒雨前往四祖寺，与净慧长老作最后告别。四祖寺被僧人、居士、信众与志愿者布置得庄严肃穆，很多人不分昼夜守候着、忙碌着，巨幅白色挽幛、大量黄白色花束，表达了人们对大师的悼怀之情。我们瞻仰大师的遗容，行跪拜礼，泪水禁不住夺眶而出！净慧长老与我的交往，我所受到的教诲与恩惠，他的生活禅的理论与实践，他从赵州柏林寺退居回家乡湖北十年来为佛教事业所做的贡献，他近几年对我们武大师生的支持与关爱……一切都历历在目。

三

慧公一生坎坷，从一岁零五个月开始即由比丘尼抚养，青年时被打成右派，中年时在“文革”中被迫还俗，饱受辛酸与苦难。与世界上一切称得上宗教领袖的人物一样，慧公是属于草根的、经历过磨难的、有着献身救世精神并付诸实践的宗教领袖。

为了弘法，慧公吃了很多苦，在河北二十年，在湖北十年，主持恢复、重建了许多寺庙，发大愿，广结善缘，依靠民间信众的力量，又以方便善巧争取官方、商界的支持，终于修复了诸多道场，成为弘法之基。他把柏林禅寺、当阳玉泉寺、邢台玉泉寺等寺院的硬件，建设得有相当的规模。四祖寺是在本焕长老复建得有一定规模的基础上扩建的。国内不少寺庙里都凝结着慧公的心力与汗水，十分难能可贵。寺院的土地、资金等硬件建设是很艰难的事，有时为一点小事，都要跑断腿，要与许多人打交道。慧公可谓是呕心沥血，励精图治。别人做不成的事，他能做成。慧公是很能做事且能做大事的人，在组织、管理的智慧与才干上，他绝对不亚于世界 500 强企业的 CEO。

寺院建设不仅有硬件建设，还有软件建设，这就是寺院的理念与文化，寺院的人才培养等软实力。慧公坚持信仰，精于佛理，持守戒律，绝不让寺院变成敛财的工具，绝不与所谓“文化搭台、经济唱戏”的做法同流合污。他力主不收门票，开门迎客，强调道风即佛寺内部的自身建设，主张山门清净、身心自在才能使佛法兴隆。慧公坚持的是佛法的正道，对今日中国大陆僧俗各界端正人心、整齐风俗有甚深意蕴。

慧公创造性地开办了禅文化夏令营，取得了极大的社会效益。此事一开始时，曾承受了教界内外的怀疑、批评、反对及种种压力。夏令营在柏林寺持续了二十年，在四祖寺持续了十年，有益于世道人心的净化，也有益于青年人的心理健康。事实证明，这是功德无量的大事！令人宽慰的是，慧公走后，在他的弟子们的坚守下，夏令营仍在继续，四祖寺与武大国学院诸合作事项亦仍遵照慧公的遗训继续执行。

“生活禅”是慧公的一大发明，这在中国现代佛教史上是有一席之地的。慧公于 1990 年到 1991 年间第一次提出“生活禅”的修行理念，于 1992 年正式提出“修生活禅”的一些具体要求，1993 年暑期针对青年佛教学子举办了第一期“生活禅夏令营”。“生活禅”的远源是赵州与临济，近源则是太虚。慧公发挥“道在目前”“道在日用”“道也者，不可须臾离也”的禅宗与儒家理论，发挥赵州和尚道场就是生活本身、修行即生活的道理，以及临济禅师的大道就在当下的见闻觉知处、举手投足处、穿衣吃饭处、日用应缘处的说法，强调修行与生活不二。慧公又发挥太虚、赵朴老关于“人间佛教”的理论，强调让佛理与现代社会及现代人的生活相适应，解决好僧团自身建设与佛教的现代发展问题。慧公还引用《心经》与《中论》，论证涅槃与世间不二是生活禅的依据。

据此，慧公提出了“觉悟人生，奉献人生”的生活禅宗旨。前者是大智慧，以自受用为主，属解脱道；后者是大悲心，以他受用为主，属菩萨道。悲智双运的慧公又进一步提出了“不断优化自身素质，不断和谐自他关系”以及“善用其心，善待一切”的理念。他把修习生活禅要达到的目标定位为：“在尽责中求满足，在义务中求心安，在奉献中求幸福，在无我中求进取，在生活中透禅机，在保任中证解脱。”根据现代人的生活方式，慧公把生活禅修行原则概括为“在生活中修行，在修行中生活”。其具体内容是：“将信仰落实于生活，将修行落实于当下，将佛法融化于世间，将个人融化于大众。”这与儒家“极高明而道中庸”的中庸之道与“知行合一”论十分契合。当然，慧公坚持佛教信仰，在终极层面上肯定以“三宝、因果、般若、解脱”为正信，在功夫下手处坚持“敬信佛、法、僧三宝，勤修戒、定、慧三学，息灭贪、嗔、痴三毒，净化身、口、意三业”。

慧公很善于用现代人平实通俗的语言，把理念与功夫编成口诀，便于信众和志愿者记诵、会悟并落实到行动上。如强调修生活禅要安住当下，在现前一念心性上用功夫的重要性，他提出：“修在当下，悟在当下，证在当下，庄严国土在当下，利乐有情在当下。”这本是禅宗“当下即是”的老话头，但慧公却能画龙点睛，让人理解、警醒，提撕生命。关于在日用常行中落实生活禅理念，慧公指出其心灵向导是：“以感恩的心面对世界，以包容的心和谐自他，以分享的心回报社会，以结缘的心成就事业。”生活禅积极入世，融入现实生活，有做人做事的二八方针：以“信仰、因果、良心、道德”为做人的方针，以“感恩、包容、分享、结缘”为做事的方针。慧公说：“这二八方针，对于现代这个物欲横流、诚信缺失的时代，应该说具有一定的普世价值。”这是令人信服的。

慧公说，生活禅具有功能性、升华性、日常性、连贯性（连接性）四大特点，有刚有柔，有体有用，可以用在个人的修行上，可以用在事业的发展上，可以用在人际关系的交往上，可以用在做人做事的心态上。他引用太虚大师的“仰止唯佛陀，完成在人格，人成即佛成，是名真现实”，指出生活禅最后落实在人格的完善、提升、尊严与庄严。“人格的完成就是觉悟人生、奉献人生的圆满成就。落实生活禅的目标，贯彻生活禅的宗旨，弘扬生活禅的理念，就是要在‘人成即佛成’的大目标和大方向上，发扬佛教的优良传统，为这个时代做出应有的贡献。”

方立天老师赞扬慧公继承了两个传统：一是虚云老和尚禅法的传统，即丛林的传统；二是他长期在中国佛学院学习、研究而来的现代传统。这两个传统使他形成了两个特质：一是理论的造诣比较高，“在我看来他是中国当代在佛学理论方面造诣比较高的一位高僧大德”；二是他的开创精神，包括他提出生活禅，办夏令营，办一系列禅学刊物，出版图书，印《大藏经》，成立禅学研究所，给一些高校颁发奖学金、举办论坛等。“他的活动很多很广，这都说明了他的开创精神。”这两个特质决定了他的生活禅理念的提出。方先生认为，除了继承光大赵州禅与临济禅的传统外，生活禅是针对过去、现代佛教跟现实社会脱节的弊病应运而生的，弊病“表现在两个方面：一个是遁迹山林，一个是追求死后解脱”。慧公补偏救弊，强调把传统的禅学精神与现代人的生活实际结合起来，把法师禅传统与人间佛教的思想结合起来，提出了生活禅的理念。这是适应时代的，把“禅的精神、禅的智慧普遍地融入生活，在生活中实现禅的超越，体现禅的意境、禅的精神、禅的风采。生活禅是个大概念，不是个小概念”。方先生指出，这里所说的“禅”“修行”，都是“大概念，是大智慧、大觉悟、大境界，它覆盖着生活的方方面面，覆盖着世出世间法的全部，这就是生活禅的‘禅’”。

楼宇烈老师说："净慧法师提出的生活禅更加有现实意义。因为大乘佛教的兴起，就是把佛教推向人间，把佛教生活化，离开了佛教生活化就没有大乘佛教，如果有的话也就剩下了佛教的神格化，而禅宗恰恰是把神格化的一面还原成了人间化、世间化。这方面是禅宗对佛教有很大的贡献和发展的地方。"楼老师说，世间的污浊需要佛法净化，世间的平庸需佛法去提升，若佛法不进入生活，怎么净化、提升？"因此佛教生活化跟佛教神圣性并不矛盾，而且正是佛教神圣性的要求，让我们把佛法融入了生活。"

方立天、楼宇烈老师说得很好！我经常拜读净慧长老的书，无论是居家还是旅行，时时捧读。他的《入禅之门》《生活禅钥》《生活禅语》《守望良心》《坛经一滴》《双峰禅话》《中国佛教与生活禅》《做人的佛法》等书，给我以很深的教益，是我终身受用的书。其中记录着他对生命的领悟，对我做人与做事启迪良多。如"心的迷惑就是以'我'为中心，心的开悟就是突破了'我'的障碍"；"一切事提得起放得下，心就无挂碍；一切事提不起放不下，心就有挂碍"；"结人缘、结善缘、结法缘、结佛缘有所求，那就是世间的善缘、有漏的善缘；反之，广结四缘无所求、不著相，无人无我无自无他，那就是无漏的善缘，那就能够成圣成贤"。慧公的《生活禅语》，随处引用孔子与儒家、老子与道家的经典，当然也有佛典与高僧的语录，并有自己的心得与现代解说。这些箴言警训，常读常新。

我所知的慧公在晚年仍很累，仍很辛苦，为弘法奉献了毕生的精力。在我的心目中，慧公与他在文章中常常称道的古德一样，是一位续佛慧命的菩萨！我与友人正在推动民间儒学的新开展，老实说，我们缺乏的正是慧公等佛禅中人的万难不辞、救世献身的实践精神。

面对死亡，慧公十分洒脱、坦然。佛教讲"了生脱死"，"解脱涅槃"，今人叫"终极关怀"。觉者能化烦恼为菩提，转生死为涅槃。慧公专门讲过《生活禅的终极关怀》，强调学修生活禅，善待生死，“断恶修善”。他认为，不知断恶，不知修善，就不能了生，不能脱死。“终极关怀这件事，是人生的一件大事。古往今来，英雄好汉也好，凡夫俗子也好，一切圣贤也好，都逃脱不了这件事。只是说，圣贤是在觉悟中结束了这一期生命，他安乐自在……佛家的终极关怀，是从生命的当下做起，不是等到生命要结束时再来做……要随时随地提起正念，随时随地提起觉照，随时随地断恶修善，随时随地地觉悟人生，奉献人生，善用其心，善待一切。如果这种善心善念连续不断地占据心灵的空间，一旦死亡到来，我们就能够从容面对，生死一如。”净慧长老以自己的一生实践了自己的学说，积极地生，从容地死。

净慧长老是我们的楷模，永远活在我们的心中。

武汉大学国学院　郭齐勇
甲午年初春于珞珈山

目录

绪 论

禅与生活世界，看起来像是对两件事物的关系描述，严格说来却并不如此。佛法本意不远人，恰恰是要成就世间法，不坏世间而出世间，这既带有融入的一面，又包含出离的超越。所以，这样的双重意味说起来是有层次区分的，这就使“禅与生活世界”这一表达凸显出来。

生活禅作为禅与生活世界的关联物，它首先就意味着这样一种对生活的高度肯定。本着“觉悟人生”“奉献人生”的理念，而落实“在生活中修行，在修行中生活”的精神，这是佛法不离世间的现代诠释。“在生活中修行”意味着作为修行地的场所即是我们的生活世界，在广义上肯定生活世界作为道场的紧要性。“在修行中生活”则意味着作为修行主体的人即是生活中的人，是活生生需要不断面对生活世界来成就修行的人，这样，生活即是修行本身的一项重要功课。在修行过程中，禅与生活的关联性得以建立，生活既是禅的修行道场，同时又是展现禅的修行的一部分，生活世界中的禅无它，即意味着生活禅。所以，“生活禅”并非在过去所谈“禅”的论域中增加一些外在成分，而是对当下众生的方便演化。

自 1990、1991 年间生活禅的修行理念提出以来，生活禅前后经过了 20 多年的发展，至今越来越为人所关注，并成为当代中国佛教发展的一支重要力量。关于生活禅提出的因缘，净慧老和尚回顾，这首先是本着希望找到人们对佛法的认同和切入点①，使禅的修行利益众生。从法缘上说，这是延续近代佛教复兴运动以来太虚大师所提出人生佛教理想而向前推进，是人间佛教的一种实践尝试。因此，生活禅并非在原有佛法之外另起炉灶，而“是要根据现代人的根性，对传统佛教已有的那些贴近生活、鼓舞上进的教义、修行理念和修行方法，作出新的阐释，使之与现代的社会思潮相适应，与现代人的生活方式相适应，以方便于现代人更好地信受奉行”②。简言之，生活禅是在现代社会中对现代人的现代说法，即以上所说的对当下众生的方便演化。是为了让众生当下受益，当下产生回向，当下走上身心健康和谐之路。而这种应机说法同时又是契合佛理的，它试图把传统佛教中那些饶益众生，贴近众生，鼓励众生的教义、理念、修行方法提炼出来，而这一提炼的结果，便是“生活禅”的提出。特别把生活作为禅与大众的切入点，打开通向大众生活世界的修行大门。可以说，这一理念是至简的，说法是至圆的，既是禅宗简易直接的方便体现，又是佛陀说法圆融无碍的自在体现。

目前，学界、僧团对这一理念相继展开讨论，交流热烈。可以说，围绕生活禅展开的研究既是当下性的，也是发展中的研究。生活禅是否具有长足生命力和可行性，是否符合佛陀本怀，生活禅应该具有哪些内容，均成为人们关注的热点。从现有的研究看，学者们对生活禅的认识和阐发是以净慧长老“生活禅”理论体系为基础的，主要涉及三大方面：第一，从历史溯源中寻找生活禅的理论渊源及思想依据。或从禅宗历史发展出发，说明过去的历史性的禅宗精神是生活禅

① 净慧：《关于生活禅理念提出二十周年的一点感想》。此为净慧老和尚在“首届赵州禅·临济禅·生活禅学术论坛”上的讲话。

② 净慧：《关于生活禅理念提出二十周年的一点感想》。

成立的理论依据①；或从文本出发，从佛教经典中说明般若空观、中道不二法门等思想中已蕴涵入世出世不二，不离世间的菩萨道精神，此为生活禅立足人间、重视生活的文本基础②；又或者从人间佛教的角度探讨生活禅的契理契机，阐发生活禅乃人间佛教的题中之意、广泛延伸③等。第二，对生活禅的理论意涵的诠释。人们或是通过对净慧长老提出的生活禅的含义、思想主旨进行深入阐发④，或是从生活禅对当代的意义及其实践方法去研究⑤，构成对生活禅所作的“现在进行时”反思。其中，对生活禅的社会功能及其修行实践方法、心理治疗功能的研究体现出生活禅的时代性及当下性。第三，对生活禅的其他比较研究。包括跨文化、跨地域的比较，不同宗教间的比较，不同学科间的比较⑥，显示出生活禅的面向世界性，也是生活禅未来发

① 从禅宗内部溯源的文章如：杨维中的《南宗禅的人间化与生活禅》、麻天祥的《生活禅、人间佛教的理论依托——平常心是道》、黄连忠的《从六祖惠能到赵州从谂生活禅的禅学理论与修持进路》、冯学成的《把临济禅、赵州禅、生活禅打成一片》、吴言生的《〈六祖坛经〉和生活禅》等。

② 如习细平的《〈大乘起信论〉与生活禅》、韩焕忠的《杂花庄严生活禅——浅谈生活禅与〈华严经〉的基本关系》、廖靖宇的《生活禅的四个根本与大乘菩萨道精神》等。

③ 如刘元春的《生活禅：当代人间佛教的社会路向》、张顺平的《建立人间净土与生活禅的弘扬》、何石彬的《祖师禅·人间佛教·生活禅》、李虎群的《从太虚大师论禅到“生活禅”》等。从禅宗发展的宏观历史出发，则有明尧的《略论历史视野下的生活禅及其理论构架》为代表。

④ 如学愚的《生活禅今论》、陈兵的《生活禅浅识》、高永顺的《生活禅中的“生活佛教”意涵》、陈坚的《追求生活得“有意思”而不是“有意义”——论禅宗的“生活禅”本质》、何则阴的《净慧长老之“生活禅”及其现代意义》、梁世和的《生活禅对人间净土与终极关怀的融通》《生活禅对佛教的创新》等。

⑤ 如圣凯的《禅宗现代转型之路剖析——以安祥禅、现代禅、生活禅为中心》、王国栋的《从宗教的起源看“生活禅”对构建和谐社会的意义》、王公伟的《生活禅与当下中国佛教发展》、梁世和的《生活禅修行次第体系》、唐忠毛的《略论“生活禅”的修持次第及其心理调适功能》、尹平的《生活禅心理治疗的临床初步研究》等。

⑥ 如李洪卫的《生命与良心：儒佛交涉与涵摄之主题——以王阳明与现代“生活禅”学为中心的考察》、李明岩的《生活禅与中西文化之漫谈》、杨洋的《现代心灵关怀转向的世俗化维度——以生活禅与“太阳式生活”为例》等。

展应有的题中之意。

从以上的研究看，目前对生活禅的历史溯源性研究居多，人们从净慧老和尚对生活禅的阐发中挖掘其理论根据，肯定了从菩提达摩以来的中国禅发展的一以贯之性，特别是祖师禅、慧能禅代表了中国禅宗的特色，而赵州禅、临济禅则代表了中国禅的生活化特点，由此引出在生活中修行、在修行中生活这一禅宗主题。然而，在诸多禅宗流派中，为什么单独抓住赵州禅、临济禅这条线，除了净慧老和尚自己的法缘外，在理论上以此为据是否有其必然性，或者说，像菏泽宗、石头禅、北宗禅等其他禅法对生活禅的构建是否有理论影响，是否能提供理论支持，诸如此类的问题似乎有待挖掘。如何在比较、分析佛法源流的基础上厘清禅宗发展的脉络，寻找生活禅的历史依据，而不是停留在净慧老和尚本人对生活禅的理论挖掘上做文章，这是有待学者们进一步思考的地方。

从生活禅的思想内容出发，对生活禅的思想主旨的诠释是对生活禅所做的“现在进行时”研究。人们注意到生活禅的当代维度，特别注意从人间佛教出发来阐明生活禅的现实可行性及契理契机性，在这一方面，人们倾向于认为生活禅是适应大陆地区佛教发展状况而提出的符合人间佛教本意的道路，是对太虚人生佛教思想、印顺的人间佛教的继承，以此说明生活禅是对人间佛教的延续和推进。

另外，对生活禅作面向未来的研究是一项前瞻性和创造性的工作。根据目前对生活禅与其他领域的比较研究看，跨文化、跨地域及学科间的比较有助于理解生活禅的运用的广泛性。而多学科、多领域恰恰是对生活世界的多元化概括，只有打开这一多学科、多领域的多元思维，才可能接触到生活领域的多方面，对生活世界的研究的丰富必然能促使对生活之中的禅修行的认识的丰富！这恰恰是生活禅真正展开和面向生活的开始。

总体说，以上对生活禅的研究包含了对如下三方面问题的解答：

生活禅具体是什么？它的修行次第和实践操作具体是怎样的？生活禅是否能成为未来佛教发展的方向，如何评价它、认识它？这是目前人们所关心的问题，也反映出生活禅理念提出后所遇到的问题。

对于第一类问题，即生活禅是什么的问题，净慧长老已经做了很多详细说明，在立足文本、回归传统的基础上又提出自己的诠释，从如何将生活神圣化的角度解读了禅的真谛。必须强调的是，净慧长老提出的生活禅并非要在原有禅的精神上增加什么，也不是试图建立一种新宗派，仅仅是对禅的现代诠释、解读。这种解读，既是对传统大乘佛教理念的继承，又是面向现代的连接。另外，即是把禅“作为一个修行的体验而进行反复的探索与实践”。净慧长老指出，在他提出之前，人们已经有将生活与禅联系起来的想法。“从 20 世纪二三十年代，许多接受新文化的法师，都把‘生活’这个词引进了佛教修行的描述之中。其中把‘生活’二字用得最好，用得最娴熟、最圆满的，就是太虚大师，他的文章，他的讲演，处处扣紧生活。关于佛法与生活，佛学与生活，这样题目的讲话和文章，在他的著作里无数次地使用。进入到现代、当代，所有弘法的大德，都在运用生活这个概念，来谈修行，谈佛法。就是生活禅这个概念，也有人提过。在我之前，台湾有一位居士，偶尔看到他有文章谈到生活禅。但是，他没把它作为一个修行的体验而进行反复的探索与实践。”可见，真正将生活禅这一理念作为连接传统与现代的修行法门，将之理论化、系统化，还是自净慧长老开始。这也说明，生活禅的提出首先代表了一种普遍适用于大众的修行法门。所以，其理念才是“在生活中修行，在修行中生活”。这就涉及对生活禅实际修行的理解，即第二类问题的提出。

对于生活禅的修行次第问题，是目前议论较多，也较难突破的地方。方立天在《我对生活禅的理解和希望》一文中提出几点期望，一是希望能不断总结生活禅的修持经验，充实生活禅的内容，包括修行者如何体悟缘起性空的宇宙观以及如何做好明心见性的功夫两个环节。这就涉及对生活禅的修行体验的研究。是为了有助于让更多人了解如何破除妄心，通达觉悟的禅境。这方面的研究可以通过研究参加生活禅实践活动的修行者的修行体验来实现。如徐智的《生活禅夏令营的研究》、樊旭琴的《生活禅理念及其当代实践》、帕林达的《对柏林禅寺生活禅夏令营的感悟》等，都是对实际参加生活禅修行的经验研究。二是希望净慧长老能逐步形成一套生活禅的程序，使生活禅程式化，有利于初入生活禅的修持者依照遵循。这也是从实际操作方面提出的期望。方先生提出的这两点希望其实都是围绕着人们所关心的生活禅如何实践修行的问题。

实际上，对于生活禅如何修持，具体如何操作，净慧长老已有所解答，在他不同阶段的讲话中一直反复说明要践行这一理念。他对修行次第非常重视，如在第十六届生活禅夏令营上的开示中就提到："传统的修行次第有所谓大乘和小乘，小乘所修的是以出离心为基础的解脱道，大乘所修的是以菩提心大悲心为基础的菩萨道。解脱道以自觉为主，菩萨道以自觉觉他为主。如果我们把解脱道与菩萨道都归纳到生活禅这个系统当中，那就是——觉悟人生强调的是解脱道，奉献人生强调的是菩萨道。这样就使生活禅这个理念，与传统佛教的修行次第进行了有机的连接。当然，传统的修行次第，与禅宗虽然精神一致，但是表现的方法，进入的步骤，完全是两回事。"这完全两回事的地方就是真正体现传统修行次第与生活禅的修行差异之处。既有对传统的解脱道与菩萨道的继承，又提出新的入门思路，这是生活禅修行能够得以生活化的契机。

当然，如何总结修持者的修持经验这一点仍然有难度。宗教体验的不可言传性决定了禅的境界无论如何是没有办法通过实际操作步骤告知他人的。更深层的原因还有：对于出家人和在家人而言，他们对修行次第的认识和实践的程度不同，这使得生活禅的实际修行虽可表述，但仍有实践难度。客观的实践难度是由于人们对法的认识的差异决定的，并非生活禅本身难以操作。这就需要进一步挖掘净慧长老生活禅实践理念的内容，更明晰地将之展现出来，易于为大众所理解接受。

另外，正如蓝吉富在《台湾佛教思想史上的后印顺时代》一文中所说的那样，“佛教信仰并不是全然由理性所主导的”。古来的法义之争说明理性与非理性的成分在信仰领域各据要津，对生活禅的诠释也是如此。生活禅的修持次第与实践操作是基于一定的信仰基础，其用词和方法建立在传统佛教的信仰根基上，若抛开这个因素专谈如何修持操作，恐怕难免背离生活禅的本意。将其用来调解生活尚可，但要达到出家人般的参禅办道，则仍路途遥远。这就使生活禅的修行实践活动在表述上和研究上存在着这样或那样不明朗的困难。圣凯也指出：“作为禅法来说，生活禅已经具有一定的次第，而且深符祖意，甚得禅要，净深奥难懂的禅用平实活泼的方式作了现代式的表达。但是，从具体、实用、可操作性来说，虽然‘禅观十善’已经具有可行性，但是缺少一定的可操作性。”①

那么，生活禅会走向传统禅宗没落的老路吗？其独特性、新的地方在哪里？不二法门自古有之，生活禅与传统禅区别何在？学愚的《生活禅今论》甚至认为，生活禅本来就是禅宗之意，没什么新鲜。“生活禅并不是当代佛教的创新，中国禅宗自慧能以后所提倡的祖师禅即是生活禅”。他的理由无外乎不二法门、不离世间觉等法语，从而把现代生活禅看成过去禅宗生活禅的外延。如此一来，生活禅也就是禅宗而已，无所谓古今过现。这一看法无形中肯定了生活禅的理念是符合传统禅宗的精神的，也说明生活禅并非另起炉灶，但完全将生活禅与过去的祖师禅等同起来也似有不妥。制度、结构、修行方式、语言思维的变化往往会引导着新的变化，而这一变化虽非异质性，也

① 圣凯：《禅宗现代转型之路剖析——以安祥禅、现代禅、生活禅为中心》。

不全然是复制性。不过他的这一提法也正是为了防止这一危险，所以说“现代生活禅有必要建立一套契合现代社会人生的禅修次第和内容，建立现代世俗生活与佛法修行不二的新理论，而不是照搬拿来禅宗生活禅。反之，只是空洞的模仿，不但吊诡，而且危险”①。他认为，传统禅宗里的公案反映出禅的机与境的独特性，但对于如何顿悟这一点却不甚了了，而现代社会的机与境已然发生变化，参禅过程的实践者也不全然是出家人，如何用具有现代风范的形式，避免完全借用传统禅宗的公案、经典、方法来讲述当代生活禅，是避免当代生活禅出现衰落所必须考虑的问题。方法的创新由此成为生活禅修行的转换关键。这种新，“既不是照搬传统，亦不是理论层次的研究，而是实践方法的创新”②。那么，生活禅如何避免过去禅宗衰落流弊这一问题的关键就在于如何切实地将禅融入生活，再次回到禅与生活世界这一主题上。

应该说，实践和理论层面的研究是相辅相成的，理论层次的研究包含了对实践的预想和规划。对生活禅的研究的拓宽既需要建立在生活禅的提出者净慧长老的理论基点上，也需要在生活领域内进一步说明生活禅如何践行，这不仅需要对历史溯源的考察，思想主旨的照着说，更需要接着净慧长老的理念说出生活禅的未来可能性，将生活禅作为一个动态发展过程考察，作为一个正在进行而面向未来的生长着的理论考察。将生活禅作为沟通佛法与现代社会的桥梁，这决定了禅面向生活的必要性。而生活的涵盖面广，多层级的丰富性决定了生活禅面向生活本身的复杂性。而目前对生活禅的思想主旨的阐发已不能满足生活禅面向当下生活的需要，必须立足于生活本身开发出生活禅的间架结构，使生活禅具有切实可行性。因此，对生活禅进行过程论

① 学愚：《生活禅今论》，“首届河北赵州禅·临济禅·生活禅学术论坛”论文。
② 学愚：《生活禅今论》，“首届河北赵州禅·临济禅·生活禅学术论坛”论文。

的研究成为必要。

所谓生活禅的过程论研究，是把生活禅看成实践的、发展中的、动态的、面向未来的活动看待。修行实践活动本身是动态的、过程性的，生活禅本身也处于生活的过程中，它是历史性的延续，又是当下的活动，更是面向未来的发展。历史性延续，即意味着是接续禅宗传统精神，忠实佛法本意和佛陀本怀，不偏离佛法。当下性活动，意味着它的实践性和可研究性，生活禅并非对圣言量的重造，而是方法的践行，且是当下的，在变迁流转的时间中活动着的应机说法。生活禅更意味着面向未来的生活世界，在当下的活动中延续禅宗的历史传统精神，即是为了更好地方便未来世界的流转，这一方面是面向更多人群，面向多元化的社会，更是适应全球宗教生态圈的发展。过去、当下、未来构成本书研究生活禅的三部曲，也是生活禅的过程论研究的基本思路。

从近代佛教发展的历史经验来看，人生佛教的提出，抓住的就是佛法的利生、重生，成全人生，这是契合近代动荡变乱中的社会局势的救治人心的提法，人生一词由此成为近代佛教发展的主题。人生，突出了佛法的对象、场所性、此世性，后来印顺长老进一步补充道，还要对治过去佛教怕死、重视鬼的扭曲怪象，所以提出人间佛教。人间，则使佛法的场所性、此世性更鲜明。与人生这一概念相比，人间更指明了生的方向、活的场所，所以人间既是对人生的环境界定，也是对人生的特点概括。人生即在于人间，有人间才有人生，有人生才有佛教，将人身转为佛身的世间性凸显出来，所以说人间佛教的提法在人生佛教的基础上更深化了“生”，突出了此世间。当然，当代佛教界也出现过继人生佛教、人间佛教的提法之后的许多对佛教当代发展的新概括、新提法。或者从时代性的时间上提出现代禅，或者从禅的特点上提出安详禅，或者从禅与现代人所关注的问题结合起来，提出健康禅、中医禅等。这些提法虽各有契机性，但都只是局部对治的提法，在继承和突出人生佛教这一宏旨来说并无推进。现时代环境下为彰显佛法的救世度人，将人生佛教、人间佛教的精神发扬光大，就要紧紧围绕佛法的在场性再深入，从人生拉到人间，还要从人间追问，人间的场所具体来说是什么所在，是一个什么样的世界，这样一来，生活的视域就呼之欲出。人间，其场所特点就是生活，其主题就是生活，人间世界即是一个生活世界。面向生活世界的禅也由此成为接续人间佛教法统的根本旗帜。

因此，要研究生活禅，就要从禅所面向的此世、在场性出发，面向生活世界来研究禅。本书的第一部分即围绕生活禅是什么展开。第一章是对生活禅进行过去式研究。在历史维度中展现禅与生活的紧密联系。对生活禅作理论溯源，将禅宗发展过程中的生活面向作历时性回顾。以菩提达摩、四祖、五祖、六祖为源头，以一花五叶后宋代禅宗的渗透式发展为线索，说明禅宗精神内化于文化中，内化于民族心理结构形成中，始终在生活中。从狭义上说，参禅悟道的过程是生活化的，禅师们修行的全部均在生活中进行，古代的禅宗精神也全然是生活的精神，正如净慧长老所说，“生活是具体的，直接的，体验的，个体的。禅也是这样”①，这是禅与生活契入的基础。历史维度的禅说明禅是在世间的，明确生活禅的生活化。这是继承祖师禅而来的修行心得：生活禅是平实的，可行的，能证的。

第二部分是对生活禅的近代传承的考察，从近代佛教的发展看生活禅的当下性和对传统的承继性。生活禅的当下性，是其在场性、在时间中，明确生活禅当下性这一时间意涵。如果说历史维度中的禅是禅的生活化问题，即如何改变禅法使之融入生活，那么，时间维度中的生活禅即是解决禅如何化生活的问题，即在于如何改变当下的问题。生活禅并非理论地解答生活问题，而是实践地解答，是在实践运

---

①《关于生活禅》，净慧老和尚在第十六届生活禅夏令营上的开示。

用中的解答，在运用中感应人心，从而使众生产生回向。

具体而言，当下维度的研究是对禅的“现在进行时”研究，这一研究以太虚的人间佛教的提出为禅的人间化的起点，以武昌佛学院的切身实践为近代佛教复兴运动的蓝本，对禅与生活世界的关系作个案剖析，说明禅与当代社会问题交涉的多面性，说明生活内容的层级性和立体性，这决定了化生活的复杂性多面性。实际上，无论是太虚的人生佛教、印顺的人间佛教还是虚云和尚的禅法，都无不透脱出禅的生活性这一主题。同时，从人生佛教到人间佛教，再到禅宗的复兴，两者之间有着承前启后的逻辑关联性。为什么在对佛教的在场性的研究中会突出禅这一宗门精神？为什么把禅作为未来佛教发展的有力声音？这既是中国佛教发展的历史性选择，也和禅宗精神本身的在场性、当下性有关。如果说人生佛教、人间佛教还只是在旗帜上指明中国佛教发展的未来出路，那么，禅则是对这一未来发展出路的具体回答。从人生佛教再到人间佛教，再到生活禅，内容更具体了，主题更鲜明了，对佛教未来发展的旨归也更清楚。如何理解人间佛教，如何理解禅的人间性，是了解禅的当下处境的现实依据。目前港台佛教的发展也是生活禅未来发展可资借鉴的经验教训。人间佛教的实践运动是现代生活禅实践活动的前奏，也是禅“化生活”的前车之鉴。

第三部分围绕生活禅的理论及其当代的实践展开。如果说，对禅的历史性研究、对现当代佛教发展的观察只是生活禅前史，那么，生活禅理论的提出及其主要内容则是对历史中的禅宗精神的归纳提升。不仅如此，生活禅还是一种契合现代社会的修行法门。从净慧长老对生活禅理念的建构来说，生活禅本身就是要生活化、化生活。其内在精神就是要将佛法尽最大可能地推广出去，弘扬出去，所以，生活禅本身就有着强烈的实践色彩。禅修夏令营就是生活禅实践的一种当代形式，而生活禅的传播手段也契合人间性、时代性，刊物的印制、光碟的流通、经书的赠阅，乃至网站的发布、手机短信平台的建立等，无一不体现出融入生活的积极姿态。随之而来的问题是，生活禅的传播手段和实践方式的生活化是否意味着禅的世俗化？在说明生活禅修行的无处不在之余，从宗教社会学的角度解答这一问题，无疑将消除人们对生活禅世俗化的种种疑虑。

第四部分则是对未来生活世界的禅的构想。第二轴心时代以来的文化多元化发展是未来生活世界的诸宗教所共同关注的问题。生活禅的提法本身则更体现出融入未来世界的主动性。这是由禅的精神及其生活性这一本质特征所决定。通过对禅的语言世界的分析可以看到，生活性本身即是禅的本质特征。正是禅宗语言的通俗性和大众性使古代禅宗能迅速风行，深入民间，禅的群众基础的广泛性在于其传播方式和言说方式具有广泛群众根基，这一根基即生活化。禅宗语言对现代生活语言有何贡献，在未来生活世界中禅的语言如何继续保持其生动活力，推动未来佛教的发展，这一点至关重要，也非常值得探讨。此外，未来生活世界的多样性、多元性是否对生活禅的发展有更多实践上的启示？生活禅所揭示的一种艺术化生活不恰恰是一种动态的、感性的、契合大众心理的生活吗？在这样的生活中修行，是否可以有更多的修行方式，真正实现生活与修行的打成一片？这些问题无疑都值得深入发掘。

在西方宗教学界，唐·库比特已经意识到宗教与语言世界的微妙关联。在宗教多元论的世界宗教对话背景下，他立足于后现代生活，揭示出未来生活世界的虚无性，提出宗教即生活，而现代人的生活方式、语言习惯影响逐渐改变着传统宗教观，所以，真正的未来宗教应该是个体的充分生活，直接呈露，当下永恒，由此强调宗教的日常生活化，强调日常语言对人们宗教观念的变迁的影响。他这种非本质主义的宗教观应当引起人们的注意，同时他提出的宗教即生活论无疑又与生活禅有着理论的可交互性。深入地看，他的观点与生活禅有所不同，但在某些方面，两者所思考的问题却不约而同。这是因为，任何关心宗教未来，关心人类心灵状态和生存状况的人们都会不期然地趋向这片领地，并最终走到一起。对宗教未来的发展，对后现代世界中宗教生活的关注是普世性的、广泛性的，这就使面向生活世界的禅的研究更加丰富而有趣。它牵涉未来的语言世界的变化，并能通过语言传递出未来世界的讯息。

总的来说，“历时性—当下性—未来性”构成本书研究的三部曲。生活禅不仅是对禅宗的历史性理论的继承，同时也是当下禅宗发展的时代反映；不仅是理论问题，也是实践问题。而实践是面向未来的动态过程，决定了禅与生活世界的交涉是一个发展中的过程。一方面，要以近代以来人生佛教—人间佛教的佛教复兴运动为鉴，总结和吸取禅与生活世界交涉的经验，同时看到生活世界的复杂多样性；另一方面，从生活禅的本质内涵出发，要重视语言对生活世界建构的影响，在语言环境中改变生活态度，发扬禅宗公案当中对日常生活用语的直白运用这一优良传统，让禅始终在日常生活语言中存在，这是生活禅最终能够生活化、化生活的关键。因此，在未来的新的语言环境中丰富禅宗语言，将对生活禅的未来发展有着重要意义。

第一章　生活禅溯源：古代“生活禅”

“生活禅”这一概念的提出是净慧法师对整个中国佛教发展的思考的结果。基于对禅宗的历史地位的认识，他指出：“禅宗是印度佛教与中国传统文化相结合的产物，是真正的中国化的佛教。在汉传佛教中，禅宗独称‘佛心宗’，被视为佛教的‘正法眼藏’，在整个大乘佛法中，其核心地位由此可以略见一斑。另外，中国汉传佛教在唐朝的时候虽有八大宗派之盛，但是会昌法难以后，唯禅宗一枝独秀，到了宋以后，禅宗已经成了中国汉传佛教的主流，以至禅宗的兴衰直接决定着整个汉传佛教的兴衰。从上述诸多方面来考量，可以这样讲，要振兴汉传佛教，想撇开禅宗而另立炉灶，几乎是不现实的。”① 这一看法也可以说是近代以来佛教界高僧们对禅宗的共识，太虚大师早有“中国佛教的特质在禅”这一断言，他认为佛教振兴的出路在于禅的振兴，由此提出“人生佛教”的主张，为近代中国佛教的发展指明了方向。人生佛教，也就是在人间的佛教，强调佛在人间，即人而成佛，将禅宗所说的佛法不离世间觉这一道理用最显明的、人间性的方式表述出来，佛化人间由此成为近代佛教发展的路向。因此，如何理解佛法与世间的关系，实际涉及佛法如何应对生活，利乐有情，这就不得不思考修行与生活的关系问题。只有真正解决了如何在生活中

---

① 净慧：《关于“生活禅”理念提出二十周年的一点感想》，2011 年。

修行的问题，真正的不离世间觉才可能实现。

作为众生中的一员，净慧法师也切实感受到如何在生活中修行、在修行中生活是一个问题，他的个人修行经历本身也是解答佛法与世间法关系的过程。在特殊的年代，他虽有幸亲炙虚云老和尚门下，“但是那时我们一天忙于搬柴运水、打地抛砖、种田博饭，大概有五年左右的时间是忙于这样的生活。我记得十六七岁的时候，像我们在座的这些小师父这么大的年纪，就已经上山去砍柴火。砍了柴火卖了以后再买米回来吃饭，吃完饭有了时间才能在那里看经。那个时候看经要点一个小油灯，晚上看，白天没有时间，白天要去种地、要去打柴火。不种地不打柴火你就没有饭吃，所以晚上看经。那时生活相当的艰苦，想要系统地学习、系统地修行，条件不允许。后来过了三四年左右的时间，我就到中国佛学院学习，一下子又陷入到各种运动当中去了。”①在“文革”前后的大约二十年，净慧法师在各种运动当中运动来运动去，做了“运动员”。只是毕竟从小出家，向道的这一念没有忘记。他的这一经历也使得他对于如何在生活中修行，如何将修行落到实处这一问题有一番深切的体认和思考。这个问题既是修行者所面临的问题，同时也是普通大众所关心的问题。净慧法师说，信众常常向他提问：应该怎样把学佛、修行落在实处？这是大众所关心所困惑的问题，而这一问题不解决，如何修行，如何安排现实生活，安排自己的人生都将成一问题。

因此，本着大众的需要，本着对现代人的生活状态和心理机制的思考，为了突出是禅落实于生活，特别在人间佛教这一理念的基础上拈出“生活”二字，更直接鲜明地将禅的特点突出出来。“提出生活禅的理念，还有一个考虑，就是想以通俗、简洁、能深入人心的语言方式，将汉传大乘佛教的修行理念和方法，重新作出适合时代要求的

---

① 净慧：《入禅之门·生活禅》，2001 年 6 月 18 日于柏林禅寺问禅寮。

新的阐释，使佛法更好地融入社会现实，也便于人们更好地理解和接受佛法的熏陶，在构建和谐社会方面尽一点应尽之责”①。

“生活禅”这一理念既是契机的提法，同时又有其契理的一面。它并非在原有的禅宗精神之外增加什么新内容，相反，它是要尽量简明地道出最本质的禅、最直接的禅。它试图将过去历史轨迹中展现出的各种禅的形态联系起来，在达摩禅、祖师禅、慧能禅之间勾勒出一条线索，让禅的精神在历史的痕迹中更丰满清晰，它是对禅的精神的回归，也是对禅的本质的还原。

一、达摩禅

关于菩提达摩历来有很多争论，关于其人其事的真伪，关于传法的真伪，文献的真伪等等，人们试图从历史的角度去解说达摩祖师，然而，菩提达摩的文化意义要远超越于其历史意义。姑且勿论历史中难以还原的真实的达摩是何面目，禅门中的达摩至少是禅宗发展史上光辉的一页，是开风气的创始人物。

然而，人们对达摩禅的认识之所以众说纷纭，也与禅门中塑造的达摩形象有关。这不得不提及有关禅宗的几个重要传说。

首先是“佛祖拈花，迦叶微笑”。传说禅宗源于西天印度。早在释迦牟尼佛于灵山说法时，便拈花示众，后迦叶破颜微笑，有以心传心，教外别传的法门，这不立文字的法门便是禅宗的源头。该典故出自《大梵天王问佛决疑经》，这部经收于卍续藏第八十七册。然而，此经被人们疑为宋以后伪造，只在《人天眼目》卷五《宗门杂录》里被王安石提到，《宗门杂录》记载：“王荆公问佛慧泉禅师云：禅宗所谓世尊拈花，出在何典？泉云：藏经亦不载。公云：余顷在翰苑，偶见大梵天王问佛决疑经三卷，因阅之，所载甚详。梵王至灵山以金

① 净慧：《关于“生活禅”理念提出二十周年的一点感想》，2011年。

色波罗花献佛，舍身为床座，请佛为众生说法。世尊登座，拈花示众。人天百万，悉皆罔措。独有金色头陀，破颜微笑。世尊云：吾有正法眼藏，涅槃妙心，实相无相，分付摩诃大迦叶。此经多谈帝王事佛请问，所以秘藏，世无闻者。”此外，该故事又见于《佛祖统纪》，总的说，以心传心、不立文字、道断语言、教外别传的说法这时候已经成熟起来，才有了这一美丽传说。

这种说法使达摩祖师来华的细节更富有神奇色彩。比这一传说更早出现的是关于达摩面壁、一苇渡江、只履西归的臆想，相传达摩禅法的特点在于面壁静观，且具有神通力，所以能以“一叶扁舟”渡过江，更留下一只鞋只身西去。传说中关于达摩祖师的细节被慢慢丰富强化，又加上梁武帝与达摩会面询问有无功德这样的枝叶，并在后代的《坛经》里增加了这一情节，关于达摩的故事就这样逐步发展起来。这使与达摩相关的达摩所传禅法在宋以后更加神秘。

使达摩祖师所传禅法更为神秘的原因还在于后世公案禅的推波助澜。禅门公案里被问得最多的问题之一便是“如何是祖师西来意”。而问者得到的回答却五花八门，如问赵州禅师，曰“庭前柏树子”，问临济和尚，却说“正值老僧洗脚”，又有说“日里看山”“大好灯笼”等，或者说“一口吸尽西江水即向汝道”，说明此类问题无法回答，无法言说，所以顾左右而言他，为了表示这个问题提法不当，更兼拳脚棒打付诸行动，用行动表示这一问题的不可说。于是，由这一问题引起的反应可谓千奇百怪。更因为如此，这一问题成为无数问者的心中疑惑，成为后代禅者议论纷纭的话题，也是禅宗公案里不可避免的隐语，它暗示出一种以心传心的禅，一种艺术化的禅。在历代的公案里，这个话头被提及得最为广泛，更成为一种典型的提问方式。然而，由于第一义不可说，第一境界不可破坏的原则，这个问题往往没有答案，或答案无法宣之于口，只能靠自己体悟发现。这样一来，“如何是祖师西来意”这个问题可以说有答案，也可以说无答案，禅师们往往根据问者的根器不同而分别给予不同的回答，这无形中又增加了这一问题的神秘性、神圣性。关于祖师西来的背后这一达摩禅法究竟如何便更令人不得而知了。

传说的附会加上公案的解答使得达摩祖师禅法逐渐成为一深远悠久的符号，加上菩提达摩所留下的言说甚少，这使禅的本来面目更染上一种神秘色彩。可以说，历代祖师里关于菩提达摩的传说与臆想最为丰富繁多，各式各样的说法把历史中的达摩祖师渐渐神化为一位近乎小说式的人物。

然而，正如印顺长老所言，无论历史中的菩提达摩究竟如何，禅的精神乃在于超时空的自心体验，这是贯穿于禅宗史背后的真实。“如何是祖师西来意”与“拈花微笑”具有的意义不言而喻，不言自明。

与此真实相对的是更为原初的、平实的达摩禅。除了面壁、渡江的神话化传说，菩提达摩的思想最早体现在僧传记载中。《洛阳伽蓝记》只提到达摩为波斯胡人，在洛阳见永宁寺庄严壮丽，口唱南无，合掌连日，表示赞叹。又见修梵寺内金刚造像威仪肃穆，鸟雀不栖，鸠鸽不入，云“得其真相”。道宣的《续高僧传》才对达摩禅法有所描述。道宣评价当时流行的禅法，认为达摩禅法志存大乘，冥心虚寂，善定学，所以说达摩“大乘壁观，功业最高”。但与当时流行的僧稠禅法相比，达摩禅却不受欢迎。因达摩禅“诵语难穷，厉精盖少”，让人不得头绪，晦涩难懂，所以真正能用功励行，得其究竟的非常少。另外一个很重要的原因是达摩禅玄旨幽赜，“观其立言，则罪福之宗两舍”，志在遣荡一切相，真俗、罪福观念均不拘，绝言绝虑，与世俗说的罪福因果报应相去甚远。既非经论所教，又不倡导世俗的罪福业报，难免给人以理性难通的感觉。甚至说，“朝入禅门夕弘其术，相与传说谓各穷源，神道冥昧孰明通塞。是知，虑之所及，智之所图，无非妄境惑心”。过于简易直接，忽略修行的步步为营，是以妄境惑心为真罢了，无异于以他力所宗为正业，真妄遂难通晓。道宣认为，达摩禅法只见于定，宗旨又幽赜隐晦，以心传心未免过于玄虚。更有甚者，排小舍大，独建一家，运斤运刃，无避种生。瞥闻一句即谓五住久倾十地将满，法性早见佛智已明。“故世谚曰，无知之叟，义指禅师”，这种情况的出现，道宣认为与只重定而蔽于慧的达摩禅法不无关系。

从作为律师的道宣对达摩的评价看，至少透露出达摩禅以心传心，藉教悟宗，对经教确实有超脱之处，这是一般拘于经教的禅师们无法接受的。这种简易、直接的法门当时并未受到重视。另外，道宣对达摩禅法的理解也不尽得当。他所说似乎只注意到达摩二入四行中的理入的方面。谓达摩的二入四行是：“如是安心谓壁观，如是发行谓四法也。”所谓理入，即“深信含生同一真性，客尘障故，令舍伪归真，凝住壁观，无自无他，凡圣等一，坚住不移，不随他教，与道冥符，寂然无为，名理入也。”理入，侧重讲藉教悟宗的一面，也就是道宣所说的玄虚幽赜之处，不是看经教所能获得，同时又超越真妄对立，凡圣等一，如慧可说的“无明智慧等无异，万法皆如”，迷如瓦砾豁然自觉则是真珠。所以，理入是悟理的方面，强调心契。然而，理入只是综纲性的一面，还有修行上的四行要求，四行是用心契入后更具体的行为规定。这其中包括道宣所说的罪福两舍，然而，这种超脱世间利欲毁呵的态度却难以为大众施行理解，其价值就被道宣忽略了。

另外，对达摩禅师心自用、不重经教的批评可能与《楞伽经》在弘传中沦为教条名相这一情形有关。《续高僧传》慧可传里曾说，达摩是以四卷楞伽授于慧可，曰“我观汉地，唯有此经，仁者依行，自得度世”，可见，达摩的本意非离经叛教。这也透露出一个消息，即在达摩来华以前，《楞伽经》已经在中土流传。达摩所说深信众生同一真性，以心传心之教即来自《楞伽经》印心，这是以佛语心为宗，无门为法门的一派。藉教悟宗，特别把《楞伽经》的宗通提出来，说明远离文字妄想而达到自觉自证的宗门，这是达摩所认可的。然而，注重解释、注疏经论的经师们却不在于发挥此意，而特别对《楞伽经》的名相尤加注意，这样就形成了专事注疏的楞伽师，滞于名相而远离宗通之旨，所以慧可感叹楞伽经四世之后，变成名相，一何可悲。达摩门下不重经教，也可以说是对这种滞于名相的解经师的反感所致，这便成为道宣眼里的有定无慧，有证无教。慧可门下已经出现了对《楞伽经》弘传的不同分野，有"口说玄理，不出文记"的璨禅师，有注疏经论的经师。然而，慧可本身遭遇颇多坎坷，先有滞文者道恒禅师忌恨谤恼，视可说为魔语，甚至遭官府迫害几至死去，于是才从容顺俗，改乍托吟谣的方式说法，更使道旨幽玄，隐遁林野，光景大不如前。这种遭遇使慧可复异寻常，对滞于经教名相的害处自然深有体会，故更强调以心传心的领宗得意。所以其门下僧璨禅师才会口说玄理，不出文记，应该也是受了慧可的影响。然而，慧可所继承达摩而说的宗旨却非常明确，不能除烦恼而求涅槃，离众生而求佛，迷悟在一念之间，智愚非别，虚妄无实何空何有，仍然是无明智慧等无异，罪福两舍，超脱世俗对待观念的思维，这是在达摩禅以来就已经暗示的。万法皆如，真妄皆非，这一玄理在当时过于隐幽，以心传心不重经教，随其说法方便演化，未免有点反传统，所以慧可才遭遇道恒的非难迫害。

于是，人们眼中的达摩禅便只是藉教悟宗，以心传心，超脱经论的一流，连道宣也从定慧等一的角度来对达摩禅法提出批评。传法中的幽赜玄虚，说理上的不出文记，随时洒扫，修行上的隐忍，这种种使得人们对达摩禅自始便有误解。

达摩禅不仅是理上的凡圣等一，超脱二元，更强调行入。这是除了道宣可见的"大乘壁观，功业最高"之外更为重要的方面，壁观仅仅反映出达摩入定之深，但还见不出达摩禅的定慧见地，只有理解了行入，才知达摩禅不仅仅是有定无慧，有证无教。行入的四行，分明是从经论中引申而来，并非空口白说。

根据《楞伽师资记》里对达摩二入四行的论述，四行包括报怨行，随缘行，无所求行，称法行。不仅要理入，还要发心修行，达到行入。净慧法师对此有一个很精确的概括，认为理入与行入把理论与实践、见地与功夫缺一不可的关系很好地表达了出来。理入，就是安心，凝住壁观，无自无他，才能内心安定。凝住壁观就是为了安心，是一种安心法门，别无他想的情况下才能让心安定平和，这才是外息诸缘，内心无喘。

悟了后还要行，一曰报怨行。“谓修道行人，若受苦时，当自念言：我往昔无数劫中，弃本从末，流浪诸有，多起冤憎，违害无限。今虽无犯，是我宿殃恶业果熟，非天非人所与。甘心忍受，都无冤诉。经云：‘逢苦不忧。’何以故？识达故。此心生时，与理相应，体冤进道，故说言报冤行”①。报怨行，就是能忍辱，修忍辱波罗蜜，遇到困难不怨天尤人，而要逢苦不忧。特别是对待自他关系上，这一行更为重要。遇到苦难，要想到是无始以来我人的前世宿业所致，有苦因才有苦果，与人无忧，不怨恨他人，而是从因上来检讨自己，化解人的仇恨之心，以此面对怨憎会的情形，如是修行，自我检讨，就叫报怨行，即以一种以德报怨的心态来修行。净慧法师进一步说，这是面对人生皆苦这一普遍情况而适用的方法，只有正确面对现实，面对苦的普遍性，才不会内心煎熬，修报怨行就是对自己的一种锻炼。

二曰随缘行。“随缘行者：众生无我，并缘业所转，苦乐齐受，皆从缘生。若得胜报荣誉等事，是我过去宿因所感，今方得之，缘尽还无，何喜之有？得失从缘，心无增减，喜风不动，冥顺于道，是故

---

① 净慧：《双峰禅话》，上海辞书出版社 2005 年版，第 170 页。

说言随缘行也”[①]。逢苦不忧，是从对待苦来讲，随缘行则更进一步，从对待乐来讲，逢乐而不喜，能意识到一切事物都是流转变化，因缘和合而生，苦乐皆是遇缘而成，所以要随顺，无论逆境还是顺境都随遇而安地适应它。

三曰无所求行。“世人长迷，处处贪著，名之为求。智者悟真，理将俗反，安心无为，形随运转，万有斯空，无所愿乐。功德黑暗，常相随逐；三界久居，犹如火宅；有身皆苦，谁得而安？了达此处，故舍诸有，息想无求。经云：‘有求皆苦，无求乃乐。’判知无求，真为道行，故言无所求行也”[②]。报怨行是从反面说遇到困难应该无怨怼，随缘行是从正面说明逢乐不喜，对人生的苦乐遭遇都不感到纷扰执著，才能内心安宁。无所求行则综合前面两行，具体指出面对苦乐、逆境顺境都要端持一个无所求的态度，一切苦乐皆源于有求，所以说有求皆苦，无求乃乐，真正能够实现前两行的根本在于认识到无所求，践行无所求也就实现了前两行，所以，无所求行是对报怨行、随缘行的更高综合。不为身所累为形所役，无欲无求，才是真正的随顺因缘。净慧法师进一步解释，这种无所求并非什么都不做，并非无所事事，相反，是要积极创造有利条件，只问耕耘不问收获，才是真正的无所求。这样，努力积极地生活做事，但却不执著于事情的结果，既不好逸恶劳，投机取巧，更要积极努力。如此说来，无所求行更深的意义在于无心而为，非无为无作。就像我们修行，修行之功要日益精进不荒废，同时又要保持一种不执著的心态，整日思想念佛成佛，反而陷入另一种知见执著，慧能说出入离两边，不取任何一边见正是如此。所以，真正的无所求是连有求也忘掉，才能离开生死造作，常在道中。

---

① 净慧：《双峰禅话》，上海辞书出版社 2005 年版，第 173 页。

② 净慧：《双峰禅话》，上海辞书出版社 2005 年版，第 177 页。

四曰称法行。“称法行者：性净之理，目之为法。此理众相斯空，无染无着，无此无彼。经云：‘法无众生，离众生垢故；法无有我，离我垢故。’智者若能信解此理，应当称法而行。法体无悭，于身命财，行檀舍施，心无吝惜。达解三空，不倚不着，但为去垢，称化众生而不取相。此为自行，复能利他，亦能庄严菩提之道。檀施既尔，余五亦然。除妄修真，行于六度而无所行，是为称法行也”①。称法行，在前三行的基础上说明与法相称的重要性。种种修行方法一言以蔽之，都要符合法而行。与法、与本心的性净之理相称，除妄修真，称为称法行。达摩祖师特别引用《维摩诘经》的“法无众生，离众生垢故；法无有我，离我垢故”，说明法无众生亦无我相，只是一如相，不取众生相也不取人我相，这才是法的本来面目。一切平等无差别，这样，才能心无吝惜，自利利他，依此而行把六度法也包括在内，特别把布施波罗蜜放在菩萨道修行中的第一步。

怎么才能与性净之理相应？修布施和性净之理是什么关系？净慧法师提出这一问题，并对此作了解答。所谓性净之理，就是平等一如之理，法体无悭，称化众生而不取相，这是一种与般若智慧相应之理，只有三轮体空，不取一切相才与般若相应。所以，真正的体空就要从舍做起。只有心无吝惜，才能做到舍心，于身、命、财都无所取，为法忘躯，无私奉献，不因贪求福报而舍，才是无所求之舍，这是菩萨道度化众生的大无畏精神。度化众生并非为了饶益自己，这才是心无悭贪，如此修布施波罗蜜才是真正的称法而行，与性净之理相应而行，出于性净之理而行。其余五波罗蜜亦然，简言之，就如《维摩诘经》所说，行于六度而无所行，达到真正的如理之行，称法之行。如果说前三行是重在止恶，重在破，那称法行则重在立，重在修善，称法行把大乘菩萨道修行的根本说明出来，确实是一种正面的立。

---

① 净慧：《双峰禅话》，上海辞书出版社2005年版，第180页。

以上达摩祖师说的四行，就是在理入，也就是见道的见地之后，分证的修行，从实际的事相上来行，针对修道者的人间生活而提出。所以印顺长老说："修道者是人，是生活在人间的。无论是个人，是佛教，都要注重人与人的和谐，所以佛的律制，特别重视'息世讥嫌'。悟道者不是处身旷野，'静观万物皆自得'——自得其乐就好了。人是生活在人间的，要本着自悟的境地，无怨憎，不骄侈、不贪着，而做到自他无碍，皆大欢喜。这是'防护讥嫌'的'顺物'，也就是不违世俗，恒顺众生，从克己中去利他的。"①以理入行，依教而修，都是要与真理冥符，寂然无为，所以行的精神在顺物，随顺方便，在实际事情上三轮体空，摄化众生而不取众生相。因为修行者都是人，都是在人间生活者，生活是在人间的，所以无论个人还是佛教，都本着与人为善的精神，注意人际关系的和谐，不是独善其身，而要自利利他，在生活中无怨无悔，克己中利他，这充分体现了大乘菩萨道对人间的重视，对生命和谐的重视，这样的处世修行是以无所得为方便，真能体现出大乘菩萨的大智慧修行。这样，达摩禅在传播过程中防护讥嫌，隐忍退让，无疑是为了教护众生的方便，却不意间变成幽赜难通，禅者的生活低调朴素，与阔谈经论的名相师自然相去甚远。这种说理简易直接，修行上隐忍无为的做法，难免给人以守律不严，缺乏教证之感。这其实是对达摩禅的误解。连印顺长老也说，达摩的二入四行精要简明，"充分显出了印度大乘法门的真面目"②。然而，经过中国禅者的流传，却专重"理入"，终于形成偏重理悟的中国禅宗。

然而，一如印顺长老所说，二入四行中的前三行所引经文来自《阿含经》及《法句经》，后一行经文来自《维摩诘经》，"深信含

---

① 印顺：《中国禅宗史》，江西人民出版社 2007 年版，第 9 页。

② 印顺：《中国禅宗史》，江西人民出版社 2007 年版，第 9 页。

生同一真性”的理入则来自《楞伽经》，充分显示了达摩禅是有经教根据的，而非单纯的心语，其心语亦只是佛语。这样看来，达摩禅的教法和证法都是明确具体的，非玄虚幽赜。但是，说后世中国禅宗在流传过程偏向理入而忽略达摩禅的四行，这只是禅宗流派中的一支，这种现象还不能尽然地概括中国禅宗精神。在某个阶段，禅的发展转向理入，在某个阶段又倡导生活化的禅修，有宗派的、历史的具体需要，这是应时应机的教化的反映。说到理入，也从来只是众生同一真性这一理，并无额外言说，故禅门公案说“佛法无多子”，论理当然是精要简明的。中国禅者的流传注重这种见地的开显，首先要当机开显出此见地，才有修行的延续不绝。当然，修行中渐次性的论述也相对偏弱，所以成为印顺所说的偏重理悟的中国禅。这也恰好显示出，要恢复大乘菩萨道的生机，将禅的生命完全展现出来，无疑要回到达摩禅的二入四行里，回到根植于生活的禅世界里，顺物方便，才能庄严无上菩提。

净慧法师有见于印顺长老的这种忧虑，所以很重视返回到祖师禅这一源头来活化禅的生命。这使他在达摩祖师二入四行理论的基础上提出现代化的安心法门，这是他对达摩禅的最大贡献。净慧法师认为，达摩禅的中心思想即是安心。二入四行实际上是一种安心法门，达摩禅就是要从四个方面解决如何安心的问题，这四心是，感恩的心、包容的心、分享的心、结缘的心，也就是感恩、包容、分享、结缘。①

第一，以感恩的心面对世界。感恩者，感念天地万物之恩，包括四个方面：第一要感恩父母，第二要感恩一切众生，第三要感恩国家，第四要感恩三宝。以此来面对世界及天地万物，才能常怀祥和，有一个圆满的人生。感恩，就是要感谢，感念。针对达摩说的报怨

① 净慧：《禅在当下》，方志出版社 2010 年版，第 36 页。

行，要处理好人与人的关系，要无怨无悔，不怨怼他人，感恩就尤为重要，常怀感恩之情才不会苛求他人，才能心量广大地包容他人，凡事往积极的方面看待。所以，感恩是对报怨行的一种正面积极的说明。

第二，以包容的心和谐自他。顺着感恩的心来讲，感恩意味着包容。有包容才可以不怨怼。人生际遇变化无常，要做到随遇而安，就必须要包容，积极适应环境，才能做到随缘行。进一步说，做任何事要做到无所求行，仍然要有感恩，包容的心量，包容一切，才能理顺生活中工作中的一切关系。包容心可以说是四行能实现的前提。包容，是因为自他不二，依正不二。佛教讲慈悲是同体大悲，他者的痛苦即是自己的痛苦，人的主体和它赖以生存的环境是一体的，包括人与人，人与自然的一切关系，都应该多有容纳包涵，才是真正的和谐。

第三，以分享的心回报大众。用佛教四摄法来讲，分享包括“布施、爱语、利行、同事”。布施也可以说是一种包容，有包容心才能布施，财物、生命、知识……一切同喜同好之事都乐于让别人也分享，这就是布施。不仅是外在钱物上，内在的感情上也无私地关心理解他人，何尝不是一种分享。乐于分享可以说体现了无所求行的真精神。我们做事虽有目标，积极努力，又能与他人一同进步，抱着一种分享的态度进行，那么，工作既能团聚集体力量，又能互相学习，回报大众的同时也会得到他人的分享，这种人际关系才是和谐的，人与人的关系才是合作而非斗争的。爱语，可以说是在与人打交道过程中的礼仪要求，诚心诚意虚心对待他人，善用和谐的语言，不出语伤害他人，这同样也是一种分享，即把一种良好的富有爱心的情感传递给他人，无形中也分享了爱，让对方也感受到爱的力量。利行，这是分享中的行动的方面，积极做一切利于大众的事，这是一种人之为人的责任感，也是最大的分享。同事，即是一种共同的承担，共同的成就，这种分享即是无所求，不求于私己之行。

第四，以结缘的心成就事业。这一点相应于称法行，都是正面对佛法的建立的说明。结缘，就是要善因成善果，结四种缘。包括结人缘、结善缘、结法缘、结佛缘。缘就是条件，结缘也就是创造条件，创造能成就佛法，成就人间的条件。从众生看，是创造有利于自己成长的条件，成就人生，从佛法来看，成就众生就是饶益众生，结缘就是要饶益众生，使众生能如理而行，称法而行，进而成就出世间法，结缘也就是对佛法的成就。

这四心可以说对应于四行，是对达摩二入四行的更通俗方便的说明，更符合现代人的认知和语言习惯，也说明禅对行的重视，并非像印顺长老所理解的那样单纯偏重理入。净慧法师对二入四行的说明恰好避免了印顺长老所忧虑的禅门落入证理而轻行，偏离大乘本怀这种情况。二入里头包含了见地和功夫两部分，两者缺一不可，有见地，同时也要有功夫，有修证，才是对理入的准确把握。净慧法师认为，达摩的藉教悟宗已经把禅宗修行的根本依据高度概括出来，这其中已经包含了形式与内容，理论与实践，见地与功夫的一致。在教下，要做到解行相应，在宗下，要做到宗说兼通，解决理论与实践的根本矛盾。所以，他把达摩禅概括为安心法门，把四行与四心结合起来，在实际修行中延续了达摩的宗风传统，也活化了这一传统。历史中被传说得神秘化了的达摩及道宣眼中幽赜难通的达摩禅由此得到了平实明白的真面目，不再披上玄虚的外衣。对达摩禅的这一根本精神的回溯和修正使人们重新认识到二入四行的真实意义，这是能修能证的，应对生活中的具体的禅。所以，正如印顺长老所认识的那样，二入四行本来所说的即是人间关系的和谐，即是大乘和谐的精神，即是禅与人间生活的关系问题，这一主旨在净慧法师的进一步论述下更为清晰。达摩禅所要说明的是什么呢？就是生活中切实解决生活问题，面对生活问题的法门而已。无怪乎公案里禅师对“如何是祖师西来意”的回答总是不离生活事物，如是而已的“柏树子”“风月”“春花”罢了。

二、道信禅法

确立道场，广开门庭是禅宗发展史上光辉重要的一页，这是禅得以延续流传的转折性事件。在黄梅双峰山，四祖建立了禅宗门庭四祖寺，随后，又有五祖寺的建立，经过两代祖师的努力弘传，禅宗终于成为唐代以来禅法的中心，达摩禅这时才呈现出它应有的光彩，名震天下。

达摩之后，慧可、僧璨的禅法仍然延续着幽赜隐遁的风格，禅法的流传之不易可见一斑。直到四祖道信，宜地而居，才使固定僧团的形成成为可能，只有这样才能有稳定的信众团体，有适宜弘法的安定的环境，有自己的群众基础。“世界是名相的世界，人类是共住的人间。在现实人间弘阐禅法，是不能忽视于此的”①。印度传统的头陀行专务游化，达摩便是这种作风，这种形式在信众并不普及，条件并不成熟的汉地确实难以为继，在世间弘扬佛法，如何与世间保持联系，如何应对世间法而异时异地的说法，是佛法所不能忽略的问题。而黄梅祖庭的树立，对禅门家风的开创，对僧团的维护确实起了很大的作用。择地开居，营宇造像，“更符合释迦佛正法住世的大原则，从团体生活轨范中，陶贤铸圣”②，这不得不说是禅宗史上的光辉事件。

道信禅法对禅宗发展的贡献，首要便在于宜地而居，此开辟出一条适应禅的生存发展的路线。禅是人间的禅，是不离众生的禅，故禅的发展也应适应人间，也应有其延续性。创立禅寺即是对正法久住的保持维护，禅不能独立于世间，没有依凭，不能心口默传而流离散失。也是自道信创立禅门祖庭以后，禅宗祖师们的经教言辞才得以流传后世，制度化的发展是禅的精神延续的首要保障。

---

① 印顺：《中国禅宗史》，江西人民出版社 2007 年版，第 32 页。
② 印顺：《中国禅宗史》，江西人民出版社 2007 年版，第 33 页。

其次，道信禅法广开方便，有教无类，这也是宗门大兴的原因。四祖的禅法，净慧法师认为是完全继承了达摩禅以来佛语心为宗，诸佛心第一的思想，所以，道信禅法的特点即是系心念佛，从《入道安心要方便法门》便可看出来。

达摩以来禅师们大都不出文记，所以，道信的“入道安心要方便”只见于净觉的《楞伽师资记》。净觉对“入道安心要方便”的引述内容较为完整，被认为是研究道信禅法的宝贵资料。当然，净觉曾师事北宗神秀，又是玄赜的弟子，此是值得注意的背景。其中，印顺法师对“入道安心要方便”的研究较为详细，他的《中国禅宗史》对这篇关于道信的文献做了大量引述摘录，并对这篇文献做了文段大意的梳理，颇具参考价值。另外，近人杨维中先生对这篇《入道安心要方便法门》做了校释①，他根据巴黎伯-3436号抄本和伦敦斯-2054号抄本为参校本，并对比《大正藏》和诸多前人校本，大体依据印顺法师《中国禅宗史》里对这篇文献的分段，而提出更为详细清晰的文献校释。

大体上看，人们还是比较认同印顺法师对这段文字的解释，认为道信禅法正如印顺法师所说，有三个特色：第一，戒禅合一。《入道安心要方便法门》一开始便说道信禅师有《菩萨戒法》流传，可见，道信禅法是重视戒的，同时，又说依据《文殊说般若经》的一行三昧为法要，这样一来，这一菩萨戒是与般若法门相合的。印顺引《大乘无生方便门》说，菩萨戒是持心戒，这样的戒是以佛性为戒，护持心念不起，即能顺佛性，则是菩萨戒。这一戒法显然与慧能后来授无相戒相关，以佛性为戒，以心为戒，这与一念顿超佛地，众生含同一真性的禅宗法流相应。也体现出在对待教的态度上的谨慎，戒定慧三学

---

① 杨维中：《四祖道信大师〈入道安心要方便法门〉校释》，《中国禅学》第三卷，中华书局2004年版，第1页。

始终不偏废。

第二，《楞伽》与《般若》合一。依《楞伽经》印心，又依《文殊说般若经》“一行三昧’”悟入，是《楞伽》与般若法门的统一。印顺法师认为这是因为道信曾游学南方，深受南方般若学的影响。①

第三，念佛与成佛的合一。顺着般若来说，念佛是即心念，非净土念，即念佛心当下是佛，这是道信念佛禅的方便法门。

印顺法师提出的上述看法概括了道信禅法的基本思想内容。然而，除此之外，对《入道安心要方便法门》这篇文献的梳理则仁者见仁，智者见智了。

净慧法师对道信禅法有过一番研究，他非常重视道信禅法在禅宗发展中承上启下的阶段性作用，更注重挖掘四祖禅风的独特性，希望能回到慧能以前的宗门传统中获取有关禅的更原始内容。而更重要的原因在于，净慧法师认为达摩禅的见地与功夫在道信禅法中得到更好的传述体现，这是实践性的禅，可修的禅，无疑是生活禅的重要思想资源。他在黄梅四祖寺首届禅七法会上就首先讲解这篇文献。

他将《入道安心要方便法门》的主体内容分为五部分，认为其中分别讲述了一行三昧、无念安心、解行并重、悟解法相、守一不移这五个问题。②从“我此法要”开始是讲第一个问题。从“《普贤观经》云”开始，讲无念安心，从“略举安心”开始讲解行并重，从“又曰：用向西方否”开始讲悟解法相，从“古时智敏法师”到“不须致疑惑”讲守一不移。此后的部分为“如人学射”至结尾，这部分净慧法师没有再划分，应可视为最后一部分。

他认为，《入道安心要方便法门》的开篇就表明了四祖禅法的关键：“我此法要，依《楞伽经》‘诸佛心第一’，又依《文殊说般若

---

① 印顺：《中国禅宗史》，江西人民出版社 1999 年版，第 44 页。

② 净慧：《守一不移》，赵州柏林禅寺 2011 年，第 74 页。

经》'一行三昧'，即念佛心是佛，妄念是凡夫。"[①]这里把四祖禅法的见地和功夫简明扼要地表达出来。四祖禅法既是依据达摩禅的"诸佛心第一"为见地，依据达摩以来《楞伽经》的教法，同时又依据《文殊说般若经》的"一行三昧"为功夫，净慧法师抓住这一点，始终从见地和功夫两方面出发来理解四祖禅法，理解禅宗，把握四祖禅的精神。安心，也就是如何将《楞伽经》"诸佛心第一"与《文殊说般若经》"念佛心是佛，妄念是凡夫"结合起来。

"诸佛心第一"，是从达摩以来以心传心上说，佛语心为宗，心这一观念尤为重要。所谓心者，又和念佛联系起来。在修行中，念佛即是无所念，即是从心念，是起正念而非妄念，达到无所念才是真正的念佛心，否则只是凡夫妄想。所以，四祖引用《大品般若经》说"离心无别有佛，离佛无别有心，念佛即是念心，求心即是求佛"。只有心无杂念纯然清净念佛，才是真正的念佛，念佛的真义在于用心念，用心求，只有这样才能达到心、佛、众生三无差别，离心外无佛，只有从心求佛，即心即是佛，在念佛之念、从心念上达到佛的境地，解释了心与佛无二无别的特点，也体现出禅的法门是一种心法，是以心为宗之法。依于《楞伽经》的诸佛心第一，强调见地上的心佛无二，引申到修行实践上，则提出念佛要无所念，无杂念，从心念，把念佛作为调心的法门。另外更重要的是，与《文殊说般若经》结合起来，依于无所念最后连念佛这一念也抛弃，才是真正的无念。一行三昧即是般若见地下的修行法门，四祖禅法无疑受到了《般若经》的影响，而无形中与摩法虚宗相应，禅门带有般若的风格，并不奇怪。[②]

① 净慧：《守一不移》，赵州柏林禅寺 2011 年，第 8 页。

② 对于胡适所谓《金刚经》革了《楞伽经》的命之说，印顺认为并非如此。达摩禅本有《般若》虚宗的风格，加上道信禅法曾受教于盛唱般若学的南方，所以自然与《般若》相融合而悟解般若为即空而妙有，此是禅宗受到南方三论宗、天台宗的影响所致，非慧能之后突然的革命之变。见印顺：《中国禅宗史》，江西人民出版社 1999 年版，第 44 页。

一行三昧，是说“法界一相，系缘法界”，从见地上说，法界一切法皆从因缘和合而生，法界一切法即是一如相，此如相平等无差别，所以即一实相，认识到这一点，即以法界无差别相为系念，认识到一切分别皆虚妄，而法界法法平等，实为一相，这样就达到三昧的境地。“以我们当下一念心系缘法界，直见空性，一切法因缘所生，其性本空。当下一念心完全安住在诸法缘起性空的境界上，不起分别，进入正定，即为一行三昧”①。所以，一行三昧是以般若空观入定的方法，在此过程中专心一致系心念佛，心一境性，这是念佛与般若结合的法门。以此诸法实相，法界一相来观如来，念佛即不是一种往生西方的净土念佛，而是当下直心念佛，念佛的心念里不求佛现前，不求观想，不取相貌，这是道信念佛禅与心的结合所特有。念佛的时候连念佛这一念最后也不执著，将注意力与念佛紧紧联系在一起，就是守一。如是则能生起正观，观佛不在外，不在他，而在自心，皆由自心，这时候才知道自心是佛，不假外求，进入正定。

第二部分进一步讲如何安心念佛。所以这部分是谈“无念安心”，这可以视为接着第一个部分的一行三昧讲。《入道安心要方便法门》接着便引用《普贤观经》对业障的论述来具体谈修行中如何安心的问题。首先是忏悔业障。在修行时先明白业障源于妄想，端坐念实相。端坐念实相是一种实相忏，用禅定的方法观实相。忏悔的同时摒除贪嗔痴三毒心、攀缘外境起心动念的攀缘心、觉观心这三心。觉观心看似一个好的事物，但仔细推究起来，有觉有观就意味着有寻有伺，对诸法寻求推度实际上仍是有知解，有知解还不能进入更深层的禅定，所以，有觉知力观察力只是某个阶段，最后无念修行中连觉观也要抛弃，这三心排除了，才能进入实相。这里值得注意的是，净慧法师指出，某些文本在这一句上有断错句的现象，把觉观心与后一句

① 净慧：《守一不移》，赵州柏林禅寺 2011 年，第 10 页。

“念佛”连读，变成了“觉观心念佛”，这就文不对题，觉观即还有能所，以觉观心来念佛，则仍然还是凡夫念，还是妄念，这是需要指出的。后一句是摒除三毒心、攀缘心、觉观心之后，“念佛心心相续”，这样念佛才是排除了杂念，如此才能以念佛心持续不间断地念佛，直到忽然澄寂，这时候更无所念，前念后念不生，一心不乱，才有三昧现前的可能。无所念者才是真正的念佛，念佛心名无所念，唯此念佛而无别念，把直心成佛表达出来，念佛与成佛结合起来。此时识无形、佛无形，即是说心识无相貌，佛无现前相貌，此即是安心。

然而，修行并未完结。在此情况下还要不断用功，“常忆念佛，攀缘不起”，要常常保任意念，“看此等心”，即看住如来真实法性之身，常现在前，这是修行不间断的功夫，也是保任的功夫。

以上两部分从一行三昧和安心念佛出发，可以说是“入道安心”的主体，后面开始设问回答人们对上述论述的疑惑。所以，印顺法师对文段的划分是以此为第一部分。并且把后面“略举安心”句归并此部分中。而净慧法师把“略举安心”作为第三部分的开始。应该说，这句话是一个承上启下的句子，放在前面，侧重说明观业障而断妄相是安心法门如何运用的其中一例。放后面，则侧重说明安心法门无量数，无法穷尽。因此姑且为众生设几个常见疑难加以解答，紧接着便抛出设立问答的几个问题。这句话的划分可以说无关宏旨，各有各的道理。

印顺法师根据这篇文字的大意作出的划分是概括性的，问答之前是道信安心思想的内容主体，问答部分是为众生设疑解惑，最后一部分是引证“古时智敏禅师”的辅助说明，“文段最长，内容深浅不一，可说是道信门下不同传行的杂录部分”①。应该说，印顺法师的划分大体上能见出《入道安心要方便法门》这篇文献的整体格局，但

① 印顺：《中国禅宗史》，江西人民出版社 2007 年版，第 46 页。

最后一部分文段过长，引用智敏禅师之后大段地讲守一不移，也难怪净慧法师将这部分独立出来划为讲“守一不移”的一部分。另外，文末引用射箭比喻之后，又具体谈到初学坐禅的基本修习方法，既像是对守一不移的补充说明，又像是净觉自己的辑录，对前面“慎之慎之”的附带补充，况且最后有一段评价老庄之语，最后这部分确实可看作杂录。只是“智敏禅师”这段内容较为完整，似乎难以将其与文末的杂录合并观之。所以，把引用“古时智敏禅师”谈守一不移这段独立出来使文义更为清晰了。这种划分更具体而微，便于理解。

另外，对于印顺法师所说的第二部分，即问答部分，净慧法师又作出细分，将这部分的五个问题分开看。前四个问题讲“解行并重”，“用向西方”这一问题则讲的是“悟解法相”。我们先来看这种划分的根据。

关于“解行并重”的四个问题是：（1）“如来法身若此者，何故复有相好之身，现世说法？”①（2）“何者是禅师？”②（3）“云何能得悟解法相，心得明净？”③（4）“临时作若为观行？”④

第一个问题承接上文无念安心来说，既然念无所念，一切诸事皆如来一法身，那么为何又有相好之身现世说法？以此解释相乃众生妄心所见，因众生有妄想，所以随顺众生而现世说法。若从安心法门上说，修心尽净之后，便知《金刚经》所言：如来实无法可说。因众生无量而说法无量，无量法皆一法生，此一法即是众生心，一切法从心流出，当泯然清净时，则知实无所谓相，不取相见。所以，无相无不相名为实相。由般若见解释了相之后，道信进一步将之与安心联系起来，当坐禅时常常觉照，密切关注识心初动，看妄想从哪里来，观照

① 净慧：《守一不移》，赵州柏林禅寺 2011 年，第 34 页。
② 净慧：《守一不移》，赵州柏林禅寺 2011 年，第 39 页。
③ 净慧：《守一不移》，赵州柏林禅寺 2011 年，第 42 页。
④ 净慧：《守一不移》，赵州柏林禅寺 2011 年，第 51 页。

妄想的运运流注，以金刚慧斩断烦恼，以智慧心观照烦恼，才能使念起即觉，一觉便休。达到知无所知，能洞察宇宙万物的一切智，那么，这就是菩萨的一相法门了。可见，第一个问题主要从如何理解有相好之身现世说法来谈，是对一般大众说。

第二个问题具体谈到了身为禅师又应该怎么做，这涉及行的问题。所以问何者为禅师。道信的回答是，不为静乱所恼，要善用其心，若常住于止，则心容易昏沉，若久住于观，则心易散乱。也就是说，止观要双运，不可偏其一，才能定慧等持，这是佛所安住的境界，以此安心才能度众生。

紧接着第三个问题综合了前两问，怎样才能悟解法相，使心得明净。这里道信从修行的方面回答，真正的悟解法相既不念佛，亦不捉心看心，不思维不计心，不观行不散乱，只须任运，心念不来不去，随缘任运，心自明净。直任运，说明修行要顺其自然。然而，道信在此又下一转折，任运难以做到，对一般人而言怎样呢？或可谛看，看管住我们的烦恼心，看一年或数年，或听人说法，即得悟解。可见，看心是一种达到心性明净的渐修法门，可以通过看住内心执著妄念逐渐使之不散乱来实现明净。而任运是一种较高超的方法，一般人恐怕难以达到。要根据修行者根机的不同而定。所以，为人师者，这是顺着上面如何为禅师来说，悟解法相要看禅师怎么分辨不同修行者的根机，对他们应机说法，让他们采取不同的修行策略。

这里引用了《华严经》的理事关系作比喻，又引用《涅槃经》对修行的四个层次作了说明。如菩萨身量，本自具足，如善光夏日，般若照见，如身无边涅槃，任运无为，又其性广博，自由无碍。《华严经》和《涅槃经》都讲到了修行的四个层次，《华严经》侧重从悟理方面说，《涅槃经》则从用功的不同阶段来说，偏重功夫。净慧对比这两者之后说，道信禅法的特点与前两者不同，既高度重视见地，又特别注重功夫，所以从行、解、证三方面对修行的四个层次作了划分。因此道信接着说，学者有四种不同，“有行有解有证，上上人；无行有解有证，中上人；有行有解无证，中下人；有行无解无证，下下人也”①。当然，从这种划分看，似乎还是解更为关键，无行有解尚可为中上人，而有行无解则只能为下下人了。可见，见地对众生的重要行，这是对“云何能得悟解法相”的说明，这一问顺着解来说行，将看心之修行纳入其中，带出解行并重。所以，第四个问题才会接着问，临时做什么观行？这是延续第三个问题里提到的直任运来说了。特别是临到紧要的生死关头怎么观照自己，这个问题是修行者行上特别关心的问题。而这个问题的回答与前所说一致：直须任运。可见，修行的保任功夫很重要。上述的三个问题从修行的效果来谈，如何到达的问题始终是行的问题，所以，前三个问题里提到更多关于解与行的关系问题，尤其是提到止观并重，这三个问题可以说是对解行关系的回答。

为什么把第四个问题“用向西方不”独立出来呢？可能是因为这个问题在临时观行之外更敏感，特别是涉及如何理解西方佛土这一问，这一问的更深层回答乃在于要解决如何理解法相的根本性问题。如果不能正确理解法相，那么，对最终的西方佛土这一问就不能洞彻明了，就不能斩断生死执著，修行的最后关头就有可能落入有行无解的境地。所以，这一问也可以说是悟解法相的临终一问，关键一问。

道信对这一问的回答是：心本不生不灭，究竟清净，不须另觅西方。此为慧能所继承，慧能在《坛经》里更引《维摩诘经》之语说明心净则佛土净这一道理。道信更引《华严经》说无量劫一念，一念无量劫，无论在时间还是空间来讲，国土的清净与心之清净是平等无差别的。为钝根众生才向令西方，非利根说。接着强调般若见的重要性。菩萨能行深般若波罗蜜，所以化度众生无生死我爱见，这是菩萨

① 净慧：《守一不移》，赵州柏林禅寺 2011 年，第 50 页。

的大智慧大慈悲。灭度无量众生实无一众生得灭度，不见空与不空，才是善解色空义，悟解法相。所以，这一问确实对如何悟解法相有一明确解答。并且说，要善于用心，理与行不相违，才能为人师。

这一问的下面有一段“或复有人，未了究竟法”，这段话是对以上菩萨应作如是空观悟解法相的进一步言说，为人师者应该注意哪些情况呢？以下就列举或有不同的几种情形，说明如何避免常见、断见，更总结作为佛弟子对一切法相当作何观，概括对“用向西方”这一问的圆满回答。这里需要提到，杨维中的校释认为，此段中“或复有人”以下不适于并为“用向西方”这一问题下的语句。他的理由有二：一是文本格式看，“或复有人”与前句有两字空格；二是认为后面已经转换了主题，是谈论如何以“真心”传法的问题，前面则谈论的是菩萨如何证空，两者没有非得关联于“用向西方不”这一问的充足理由。[①]这一说法有一定根据，但理由似乎也不充分。格式上的空白难以作为判断文章前后分际的充足证据，此是一。另外，后面的内容虽因为“或复有人”这一句式起了变化，但视为对前文的补充更为合理。且不说“或复有人”的句式在佛经里所起的辅助说明性作用，此句之后连续举出根机不择而说法、有常断见而说法的危害，说明对生死关头的问题，对生灭法的大问题要审慎对待，说明净土法门是择根机而说法的产物，接续前面佛为钝根众生说向西方，而菩萨则行深般若空观而能悟解法相而来，从而总结要悟解不生不灭，这才是对佛法的如实理解，才是悟解法相。所以，“或复有人”之后的句子不宜视为开辟出“如何以真心传法”这一新问题。毕竟后面的解说仍是在前文不生不灭、善解空的内容上周旋，并未提到“如何以”的真心问题，而是旨在辨明佛弟子应该树立什么样的见解，应该如何认识“用

① 杨维中：《四祖道信大师〈入道安心要方便法门〉校释》，《中国禅学》第三卷，中华书局2004年版，第3页。

向西方”的来龙去脉，从而正确理解这一问题，了解诸佛菩萨说法的深意。所以，仅从“真得心者，自识分明”这一句难以得出另辟“如何以真心传法”这一结论。几次“或有人”的出现恰构成并列说明的关系，并未突出真心这一主题。若将这部分归入印顺法师所说的第三杂录部分，与前文的关联性就难以看出来了。从文义的顺畅和逻辑的衔接性来说，我们认为还是印顺法师和净慧法师的这一划分更合理。

对于第五部分，也就是印顺法师认为属于杂录的最后部分，净慧法师认为讲的是守一不移的问题。这部分之后，“如人学射”比喻以下是否属于前部分，净慧法师没有提及。我们先看守一不移的部分。引用智敏禅师（据学者们考证多认为是智颉），是为了说明解行相扶在于知心原。心之根原又回到全文开篇的心佛关系问题，引用《无量寿经》重申诸佛法身入一切众生心，是心作佛，佛即是心，心外更无别佛这一主旨。即照应了开头的诸佛心第一，佛语心为宗的楞伽法门，又点出即念佛心是佛的一行三昧，念佛即念心得以结合起来。这里更从智敏禅师的话里引出五个意思，作为心即是佛的具体说明，包括：知心体、知心用、常觉不停、常观身空寂、守一不移。净慧法师认为，前四点是在用功不同阶段所要达到的目标，而怎样达到这些目标，关键就在于守一不移，甚至认为从修行功夫上说，《入道安心要方便法门》的核心内容就是守一不移。守一不移就是一行三昧的具体运用，安心的关键在于把心视为“一”来持守，借用傅大士所说，守一不移有一个过程。首先是修身审观，观自身空净，从而空净眼，以般若空观来看待事物，专注地看一物，昼夜不间断，以智慧眼空净眼看物，如果心起妄想，则及时摄住，就像用绳子系住鸟之足，鸟欲飞则摄取住它一样。这样摄心乃至达到入定状态，则泯然心自定。最后总结，前所说五事是依据大乘正理，有经文所陈，表明是藉教悟宗的传统，非自己妄说。文中的五事，净慧法师认为是“我此法要”开篇以来说的五个问题，即一行三昧、无念安心、解行并重、悟解法相、守一不移。

这里有一些疑问，印顺法师和杨维中均认为此处所说的“五事”是“凡有五种”的知心体、知心用、常觉不停、常观身空寂、守一不移。而净慧法师却认为这里的五事是对前文的整个概括，并根据他自己对文义的理解将此五事作为划分全文的依据。从文义的衔接性来看，前所说五事更为明确的所指是与前面的“凡有五种”相关联的，况且后文紧接着用如人射箭来比喻如何守一不移，达到三解脱门。若所说的五事已经总结了前面的内容，后面这部分的文义就难以令人理解了。当然，净慧法师的划分与他对文字的梳理有关，前面所讲的五部分作五个问题分别看待也有其根据，从所说的五事看，此五事“并是大乘正理，皆依经文所陈，非是理外妄说。此是无漏业，亦是究竟义”①。此看作是对全文的总结也无不可，但从前后文的通顺性看，却缺乏充足理由和必然依据。

应该说，如人射箭这部分是对前所引智敏禅师和傅大士之言守一不移的再度解说，应归并入前文中。另外，后面却出现对初学坐禅如何修习的两段文字，这部分倒是可以视作杂录观之。这部分内容大概是由于时间关系，净慧法师没有加以说明。但这部分对初学坐禅却有一番讲解，具体到如何观心，如何端身正坐，宽衣解带的问题，最后虽回到前文对安心的论述，强调即时豁然，还得本心，仍不失为单独讲禅定的一部分。

总的看，净慧法师对《入道安心要方便法门》的文义论述还是较为清晰的，虽然在文段的划分和“五事”的理解上与前人有些不同，但并未影响他对道信禅法的整体把握。道信禅法的见地与修行，一行三昧与念佛的结合，守一与安心的融合，这都是净慧法师抓住的关键词，也把安心的法门清晰地表达出来。对道信禅法的实修性的强调成

① 净慧：《守一不移》，赵州柏林禅寺 2011 年，第 74 页。

为生活禅实际操作中的理论资源，也引发净慧法师对生活禅修习次第的探讨。

三、慧能禅

六祖慧能可以说是禅宗史上最鲜明光辉的人物，因为他被研究得最广泛，讨论得最多，他作为中国禅的创立者的地位得到人们普遍的肯定。净慧法师对慧能禅的研究与前人略有不同，他站在捍卫佛法正统性的角度，对近代以来争论纷纭的《坛经》版本问题提出了自己的看法。

胡适认为，《坛经》非慧能所造，而是神会及其门人的杰作，更提出神会才是禅宗的真正创立者，这源于他对自伦敦大英博物馆发现的三种神会语录，并从日本带回敦煌本《坛经》的影印本的研究。他的这种看法虽然受到来自各方的批评，但无疑引起了人们对《坛经》的重视，同时促使关于《坛经》版本问题的探讨达到一个新阶段。胡适对后来的禅宗研究产生了关键性影响，一是发现关于神会的文献残卷，引介日本流传的敦煌本《坛经》，其次，提出《坛经》为神会所造，神会是禅宗的真正创立者。

人们肯定胡适对禅宗文献的发掘功劳，但胡适所提出的上述观点却不能令人信服。由于敦煌本《坛经》的发现，人们对慧能禅的思想原貌究竟如何这一问题产生了极大的兴趣。郭朋校释了这一本《坛经》，还发表了《〈坛经〉对勘》等文章，他受到了胡适的影响，认为敦煌本《坛经》最接近《坛经》古本，而后来流行的宗宝本，则是后世之徒篡改伪造。他的结论甚至比胡适更激烈，认为慧能从一个佛性论的真心一元论者被后世改造为一个般若性空论者，时间越晚出，则《坛经》被篡改得越多，私货越多。他的这种说法大有以敦煌本《坛经》衡量后代惠昕本、契嵩本、宗宝本《坛经》的趋势，直接地说，就是以敦煌本来否定其余版本的存在价值。这样一来，不同时期出现的不同版本的《坛经》从一个文献学问题演变为一个思想价值问题，从一个历史问题变为一个验证真伪问题。关于《坛经》版本考证问题的背后逻辑是：时间越早，内容越真，越有价值，反之，则伪。时间的先后成了判定禅宗文本的价值的唯一标准，这无疑让人难以接受。然而，由于胡适对近代学术的但开风气之功，对禅宗文献资料的发掘之功，他的这些对禅宗思想研究的结论或多或少也影响了一代人，使后来的禅宗研究者无法绕开胡适的问题，而是沿着他的问题提出进一步思考。

在日本，胡适的这种观点不乏同调，矢吹庆辉、关口真大就持这种观点。宇井伯寿虽不这么说，但也认为《坛经》有神会派的门人附加增补的内容，柳田圣山则认为《坛经》是属于牛头禅系的法海所编。这些观点无疑把《坛经》看作发展中形成中的文献，随着时间的不同，《坛经》的内容也多多少少有增补修改的痕迹，并非一时一地的某一人的杰作。

在台湾，印顺法师对这一问题也作出正面回应，他总结出上述学者的观点，一则认为胡适所发现的敦煌本（此为矢吹庆辉在英国发现的斯坦因写本）《坛经》是现存各种版本中的最古本。另外，认为敦煌本《坛经》最接近古本，存在着一个古本《坛经》，这是后来所有现存的《坛经》版本的原型。印顺持后一种看法，但对于《坛经》为何者所记，是否与神会有关这一问题，他提出新见。

首先，印顺认为，存在着一个《坛经》原本，这一原本是后来各本的依据。但从《坛经》原本到敦煌本，至少已经有过两方面的重大改补。一是“南方宗旨”的加入，二是敦煌本的修补，体现在“坛经传宗”的加入。而敦煌本所依据的底本来自岭南悟真和尚，而“悟真所传，敦煌本所依的底本，是修改过的‘南方宗旨’本”①。

① 印顺：《中国禅宗史》，江西人民出版社 2007 年版，第 202 页。

他指出，敦煌本《坛经》是现存各本《坛经》中的最古本。他的依据是：《坛经》的内容大致分为两部分，一是主体部分，慧能在大梵寺开坛说法的内容记录，第二部分是《坛经》的附录，慧能平时与弟子的问答、临终嘱托，身后情形。而第一部分是原始的《坛经》的主体，在宋代契嵩的《六祖大师法宝坛经赞》中所赞的《坛经》内容依次是“定慧为本”“一行三昧”“三无”等，而这就是慧能在大梵寺说法的内容，这部分内容的次第与敦煌本相同，所以，他认为敦煌本比现存的其他本更为古。“契嵩所赞的《坛经》内容，就是大梵寺说法部分，次第完全与敦煌本相同。这是敦煌本《坛经》，为现存各本《坛经》中最古本的明证”①。

然而，就神会与敦煌本的关系来讲，敦煌本所依据的底本，绝对不是神会一派所作，因为“敦煌本所说的无相戒，形神对立，慧能事迹，传承说，都与神会的传述不合”②。这就否证了胡适关于《坛经》为神会所造的种种说法。神会对《坛经》的贡献在于特别将《坛经》传宗突出出来，将《坛经》作为定南北是非宗旨的要约，“依大义禅师碑铭，说神会门下对《坛经》有什么改变，那只能证明是‘坛经传宗’这部分”③。

关于敦煌本的“南方宗旨”则绝非神会杰作。理由有二，首先，从时间上看不成立；其次，从内容上看不成立。内容上的不同至关重要。敦煌本认为色身无常而性是常，所以传法偈有“佛性常清净”一说。无念为宗，无相为体，无住无本也说明是从清净真如起用，有法身体。这是南阳忠国师所呵斥的南方宗旨——色身无常性是常。然而，“身心无常而性是常的对立说，在神会的语录中，没有明确的文证”④，

① 印顺：《中国禅宗史》，江西人民出版社 2007 年版，第 185 页。
② 印顺：《中国禅宗史》，江西人民出版社 2007 年版，第 205 页。
③ 印顺：《中国禅宗史》，江西人民出版社 2007 年版，第 188 页。
④ 印顺：《中国禅宗史》，江西人民出版社 2007 年版，第 199 页。

所以，印顺法师认为，忠国师所批评的南方宗旨并不能代表神会宗旨，而更接近洪州门人。只不过因为“南方宗旨”的加入要早于神会的“坛经传宗”，敦煌本里头的“坛经传宗”本是在“南方宗旨”的基础上增补而来，所以难免让人以为“南方宗旨”就是神会一系的思想。实际上，“南方宗旨”是从长江以来的曹溪门下所流传出来，与神会无关。神会只是将受到“南方宗旨”修改过的敦煌本加以补充，把传宗付法系统明确化，加强了次第传授的意义，逐渐使后代难以将其从曹溪原本的初形中分离出来，传宗与南方宗旨的杂糅变成一个历史事实。

第二，存在着一个古本《坛经》。从惠昕本序中有记述“古本文繁”，宋代吏部侍郎郎简为契嵩作《六祖法宝记叙》也说契嵩得“曹溪古本”，而古本的特点是文繁、文杂，“‘文繁’与‘繁杂’的古本，一定是将《别传》的传说，编入《坛经》而成”[①]。这里的《别传》指后人传说慧能事迹而作的《曹溪大师别传》，而宗宝所编的宗宝本则认为前人对《坛经》的编撰互有得失，遂纠正之，略者详之，大有嫌古本简略之意。印顺法师认为，宗宝所依据的德异本即是被憨山大师重刻的曹溪原本，德异本序文中提到“古本节略”。可见，古本在后代流传中，被删节或是被增补的情况都存在。这样一来，以文字内容上的繁简来判断现存的《坛经》各版本的权威性如何的方法就缺少了说服力。

净慧法师对《坛经》版本问题也做过一些研究，曾在 1982 年以笔名拾文在《法音》上发表了《〈敦煌写本坛经〉是“最初”的〈坛经〉吗？》一文，1987 年，又在《法音》上发表了《关于慧能得法偈的再探》一文，仍然坚持前一篇文章的观点。1996 年，净慧法师在石家庄为信众讲《六祖坛经》时，仍然保持了之前的观点。2005 年《禅》刊将这一讲经刊出，名为《六祖坛经讲记》，净慧法师对《坛

---

① 印顺：《中国禅宗史》，江西人民出版社 2007 年版，第 209 页。

经》研究的基本观点一以贯之地保持下来。可以说，这几十年间，他对《坛经》版本问题的看法基本没变，但并未停留在对版本问题的寻根究底上，而是从实修实证的角度肯定《坛经》的价值。

首先，对《坛经》版本问题，他不同意胡适、郭朋等人所提出的并且在学界比较流行的看法，即认为敦煌本《坛经》最古，是各版本的范本，并因此贬斥其他版本的价值。同样是引用各版本序言的资料及文证，他与印顺法师一样发现了《坛经》版本的流变过程之复杂，并非单纯的从简到繁。但他更进一步认为："'坛经'的发展演变并不像中外许多学者所指出的是一个由简到繁的过程，即敦煌本—惠昕本—契嵩本—宗宝本等；而是一个由繁到简，又由简复原的过程，即古本（或曹溪原本）—惠昕本（或类似之本）—敦煌本（或类似之本）—契嵩本（复原本）。"这一观点为《坛经》版本研究提供了一个新的视野，使那种以历史进化论的观点来看待版本流变，以时间先后来判断文本价值的做法受到质疑。然而，出于维护曹溪本《坛经》的护教精神，净慧法师在具体论证上也有一些粗疏。"在文章中，很明显是把敦煌写本的抄写时间（唐末宋初）说成了是成书时间"①。实际上，即使敦煌本《坛经》是现存最古本，也不能因此说明其理论价值就高于晚出的其他版本。正是在这一意义上，净慧法师批评了郭朋那种以敦煌本来抹杀、否定其他版本价值的观点，这才是净慧法师的深意——不要过度迷信敦煌本，执指为月。

净慧法师还认为，在敦煌本之前，存在着一个更古的繁本，这一古本《坛经》才是最初的《坛经》，他称之为《曹溪原本六祖坛经》。从维护宗门正统性的传法使命来说，他认为身为曹溪的门人没有理由保留了六祖的衣钵和真身，却不珍视六祖所传的《坛经》，所以，关于慧能的语录没有理由不在曹溪保存下来。因此也就没有理由

---

① 杨曾文：《敦煌新本六祖坛经》，宗教文化出版社 2011 年版，第 201 页。

因为发现敦煌本《坛经》而否认在南方流传的其他版本的《坛经》的真实性。

其次，从内容上说，净慧法师认为，慧能的传法偈“本来无一物”比敦煌本的“佛性常清净”要更符合慧能的思想。他是从文义的角度来作出这种判断的。他认为，“菩提本无树，明镜亦非台。本来无一物，何处惹尘埃”的工整性、连贯性更好，与神秀的呈心偈针锋相对，犹如狮子吼斩断葛藤，手眼独到。而“佛性常清净”缺少这种排山倒海，雷霆万钧的一气呵成之势，虽然内容上并无不可，但显得平庸乏味，拖泥带水。从用词的独到性和文义的精妙而言，净慧法师的说法不无道理。

再次，“本来无一物”与慧能的法门“无念为宗，无相为体，无住为本”一脉相通，“菩提本无树”，即无相为体，“明镜亦非台”，即无念为宗，“本来无一物”，即所谓无住为本之意，这三者是慧能对戒定慧三学的另一种表述，契嵩也是作如此解释，这说明“本来无一物”的传法偈更能反映慧能思想的精髓。

另外，郭朋认为“佛性常清净”与“本来无一物”针锋相对，意思相反，是把佛性论的慧能篡改成虚无主义的慧能，更认为“本来”一词是惠昕等人对性空论的误解，是将性空误解为本无，再以本无来篡改佛性。这种说法激起净慧法师的极力反驳，将佛性有与性空无对立起来，将佛性与般若对立起来，这不仅非《坛经》本意，可以说非佛本意，这种将两者对立看待的做法无疑是对佛教的误解。更令人疑惑的是，“本来无一物”的“本来”如何能理解成“本无”？“《坛经校释》的作者认为：‘这句偈语的首窜者先把《般若》‘性空’误解为‘本无’，再以‘本无’来窜改‘佛性’”①。这种“联系”的论据是不充分的。“本来无一物”可以说是一种否定性的思维，但这

① 净慧：《关于慧能得法偈的再探》，《法音》1987年。

种本无并非虚无主义，郭朋对慧能传法偈的解释确实难以令人信服。甚至有学者说："从般若学说来看，'佛性常清净'与'本来无一物'并无根本差别。"①因为"佛性常清净"是从第一义谛的诸法实相说，"本来无一物"也是第一义谛的毕竟空。所以，两首偈语的差别是在于究竟何者更活泼巧妙，更能体现慧能的思想。从《坛经》文本中描述的慧能对学人的开示可见，活泼的、灵巧的说法更能体现慧能禅的生动、不拘一格。

总之，对于版本上的争议，净慧法师坦言："我从什么角度来思考这个问题呢？因为六祖说法是在南方，记录《六祖坛经》的法海禅师就是韶关人，六祖的衣钵和真身都保存在韶关的南华寺。我们佛教界历来的传统就是非常重视每一位祖师有形有相的遗物，认为遗物是法的代表、法的化身、法的体现，我们尊重这些遗物就是尊重法，这是从事相上来讲以事显理。那么对于真正记载六祖大师法语的《坛经》，他们没有理由不重视，没有理由不把它作为无上的法宝。所以在曹溪——就是六祖真身的所在之地保存了一部曹溪原本的《六祖坛经》，这是理所当然的事，所以我对学术界关于《坛经》版本的种种说法，包括胡适先生在内，还有我们台湾的印顺大师，我都不能接受他们的意见。因为他们大都没有到过南华寺，没有那种真切的体验。"②

可以看到，净慧法师更看重《坛经》文本的思想价值，他从一个宗教者的体验来看待经典，维护在佛门中广为流传的版本，有他自己的护教情结。同时，更是围绕《坛经》的内容本身来看待版本的纷争，不是独立地割裂地看待版本问题，这使《坛经》研究不至于沦为纯粹的文献学研究和干巴巴的历史考证，而是以佛法真义来活泼地看

---

① 杨曾文：《敦煌新本六祖坛经》，宗教文化出版社2011年版，第224页。

② 净慧：《〈六祖坛经〉与生活禅》。

待经典中的差异。不以时间出现的先后来否定文本的价值，动摇禅宗的根基，这才是维护佛法纯正性所需要的。在文献学上虽然有过度解释的急切，导致在一些具体论证上引起其他学者的非议，但瑕不掩瑜，这种从禅宗思想出发，依法不依人，依义不依语的态度对佛学研究的方法问题无疑有巨大的启示。

从一个修行者的角度看，净慧法师最关注的还是《坛经》的文本精神。他把慧能视为中国佛教发展过程中里程碑式的人物，到慧能那里，中国佛教的特质被挖掘出来，这不仅是禅宗的，而且是整个中国佛教发展的关键。正是慧能的“佛法在世间，不离世间觉”使中国佛教在历史上度过各种困难，始终与社会发展同步，这种积极入世、利乐有情的菩萨精神成就了中国佛教。所以，净慧法师始终立足于禅，立足于《坛经》，并且始终像慧能一样灵活透脱的根据应世方便说法，在新的时期把慧能禅的精神用生活化的语言表述出来，把慧能禅的精髓通过生活禅提炼转化出来，这既是对慧能禅的继承，同时也是发扬。净慧法师的《〈六祖坛经〉讲记》即带有这样一种应机教化的特点，慧能禅即处处体现着生活化大众化的特点，慧能禅的精髓就是建立一种生活化的禅。

1. 有用才有佛法

《坛经》里慧能向众人说：“一切修多罗及诸文字，大小二乘，十二部经，皆因人置。因智慧性，方能建立。若无世人，一切万法本自不有。故知万法本自人兴，一切经书，因人说有。”这里开篇就把佛陀应机说法的特点表明出来，一切经书，既要契理，也要契机。净慧法师对契理和契机做了归纳，契理，就是不违背传统，契机，就是不违背时节因缘（当下）。时间每天都在迁流变化，众生的心态也会每天有变化，所以，契理契机归纳起来，就是要使佛法的传承不违背佛说，同时又不违背众生的根机和需要。

同时，慧能又说，此法门有八万四千智慧，因人有八万四千尘劳，所以方便施设，真从真如性起用，以智慧观照一切法，那就见性成佛道了。净慧法师抓住《坛经》里这个“用自真如性”的“用”，佛法，就是要有用，“听经学法，就是要用，念念用得上。有用才有佛法，不用就没有佛法了”①。经是死的，只有在行动中将之行动化，令人信受奉行才成为活法。佛法就是要对每个人都起作用，能在生活中将经书的道理融化到我们的言行中，使人能依法修行，这才是真正地发挥作用的法。所以，佛法是要我们去实践的，活的法，只有对我们有用，让我们受用，才是佛法的本意。“有人依法修行才是法，法要起作用。法不起作用，好比药方，再好却没有人去用，众生的病好不了”②。

2. 道在生命

慧能说“世人若修道，一切尽不妨。常自见已过，与道即相当”。净慧法师把这句话的重点落在“一切尽不妨”，也就是说，修道不论环境处所，不论个人身份，一切都不相妨碍，一天 24 小时，无论在不在寺院，行住坐卧都可以用功，不会受到时空的限制。现代人每天都要上班，能够真正修行的时间实在有限，从人一生的时间分配来看，一个人一辈子躺在床上的时间至少有一半，所以，净慧法师更联系到人的生活习性来说，连睡觉，躺在床上的时候也不妨碍修行。“一个人一辈子至少有一半的时间是躺在床上，老了、生病了，躺在床上的时间就更多了。年轻的时候可能没有那么多的时间，年轻的时候是三八：八小时工作，八小时吃饭、休息，八小时睡觉；到了老年，就对半开了。既然一切时一切处都可以修，躺在床上同样可以用文字般若来提起观照般若，也就是要觉照当下。老年人躺在床上修，起观照容易；年轻人躺在床上，起观照不容易。修行的关键就是

① 净慧：《〈六祖坛经〉讲记》。

② 净慧：《〈六祖坛经〉讲记》。

要时时保持觉照。能够起觉照，‘一切尽不妨’：不论在什么时间，不论在什么地方，不论采取什么形式，都可以修行”①。

从修行的条件上说，即是修行不需要什么特殊环境或条件，修行的着眼点在于后面那句“常自见己过”。这是修行的落脚点。说要在什么环境什么时间什么条件下修行，这都是外在的因素，真正的修行只有这一条，只落实到这首先的一条，即常常反省自己。常常反省自己，可以使人远离是非，不要老是看别人不好，老是以他者为非，这种分别心和知见会使我们常常生活在烦恼中。能够常见自己的过错，这非常不容易，到了反求内心，才能识心见性，才是真正的与道相应。

道在哪里呢？慧能说得好，“色类自有道，各不相妨恼。离道别觅道，终身不见道”。道并非脱离生活之外的高深玄远之物，道就是平常日用，净慧法师解释“色类”，就是我们这个生命的当下，就是我们的生命体。生命由色和心，也就是科学上称为物质和精神的两部分组成。而我们的身心就在我们日常生活中，就是我们的菩提自性所在。生命现象本身就是道，“这个道可以用‘菩提本自性’那一句话来讲——‘菩提自性，世人本自有之’。道既是我们的菩提自性，这个‘菩提自性’应该有两个方面，即能证的智和所证的理。能证的智就是文字般若和观照般若，所证的理就是实相般若。‘色类自有道’就是指能证的文字般若、观照般若和所证的实相般若。这就是道。也就是我平常所说的，包括方法、过程和所证的境界、所达到的境界，或者说受用”②。简单说，净慧法师认为，“色类自有道”即是说“菩提自性，世人本自有之”，这句话里就说明了能证的智，所证的理均在外面的日常生活中，就是我们的日用常行，而这个日用常行之道就

① 净慧：《〈六祖坛经〉讲记》。
② 净慧：《〈六祖坛经〉讲记》。

在我们自身。

因此，下一句慧能说“各不相妨恼”，道在我们每个人心中，同时各人自心虽有烦恼，道却不因烦恼而消失，虽人尚未发觉自身本具的菩提般若之智，但道的障蔽只是一时，犹如慧能说的晦云遮月，每一个人都在道中，只是暂时没有感觉到、体认到罢了。离开色类，离开我们的生命体本身，就无法寻觅道。所以说“离道别觅道，终身不见道”，迷即烦恼，悟即菩提与此一致。在一念心转变之间，而非身内身外，道就是我们的生命活动中不断认识自身、觉悟自心的过程，不可能离开我们的妄想心之外去寻找一个真心，道就是我们自身。

推广开来说，“佛法在世间，不离世间觉。离世觅菩提，恰如求兔角”。道是我们生命的觉悟，是个体生命的转化，而能使人识心见性，转化生命之道就在我们自身，这要靠我们自己的努力。佛法，使人觉悟的道理，就是要对我们自身有用之法，一切佛说就是为了使我们的生命觉悟，佛法就是对世间的说法，所以，佛法就在我们的生活中，须臾不离世间。而这四句话也成为佛教界各宗各派共同的座右铭，这是佛教能够长期发展并与社会相适应的根本出发点。对于世间与出世间的问题，这是要从见地上说的，净慧法师说：“六祖不是通过表面的形式来谈世间与出世间的，而是从见地这个特殊的角度来划分世间与出世间。”①世间与出世间并不是两个空间，而是一个空间。它们的差别在于见地上的理解。“正见名出世，邪见名世间”，正见，就是般若智见，认可菩提自性世人本自有之，就是具备正见，就是出世间，反之则是心外求法，落在世间执著中。“佛法在世间”并不是说佛法就等同于世间，而是说不能离开世间去求觉悟，离生死求涅槃。世间与出世间的关键在于“转”，转烦恼为菩提，转迷为觉，在世间当下就是出世间了。所以，这个转说的就是我们的见地有没有

① 净慧：《〈六祖坛经〉讲记》。

达到。因此，出世间就是对世间的净化与超越，而不是脱离世间。世间法即是菩提觉。

3. 佛法的生活化

《坛经》里有一段是韦刺史为慧能大师设大会斋，这是古代人们供养出家人的一种方式，而打斋完毕后，住持法师就要对请斋的人进行一段开示。《金刚经》里一开头也讲到佛到舍卫国乞食，乞食毕后洗脚打坐，弟子方才问法。而现在东南亚一些佛教国家还有这个传统，把和尚请来吃饭，吃完后向和尚问法，这种方式，净慧法师认为实际上是把生活和佛法融为一体的体现。这是值得保留并延续下来的一种方式。只是现在流于庸俗化，“现在，在我们中国大陆，到寺院里请上堂斋，和尚也说法，但是，说的是什么谁也听不懂，因为就是些四言句，这个就太形式化了。有时候，居士请大和尚到家里去吃饭，吃完饭就闲聊，这个又太庸俗化了。如何把佛陀时代的古风恢复来，和尚到居士家里不说世间的话，多说佛法，开示修行，这是一个非常值得提倡的事情”①。可以说，打斋的形式如何适应现代社会的情况，又保留其原有的意义，是值得思考的，这也是佛法如何生活化的一个具体问题。

佛法，是修心之法，那么，韦刺史又问，在家的人如何来修行。这便引出六祖对在家修行者的教诲。在家修行，总的说“但依此修，常与吾同处无别。若不作此修，剃发出家，于道何益？”这个此，便是六祖做的《无相颂》，这是六祖对日常生活中如何修行的具体看法。净慧法师把这个颂看作在家修行的基本法则，可以说，这个准则就是禅的生活化的体现。这首《无相颂》全文如下：

心平何劳持戒，行直何用修禅。

① 净慧：《〈六祖坛经〉讲记》。

恩则孝养父母，义则上下相怜。

让则尊卑和睦，忍则众恶无喧。

若能钻木出火，淤泥定生红莲。

苦口的是良药，逆耳必是忠言。

改过必生智慧，护短心内非贤。

日用常行饶益，成道非由施钱。

菩提只向心觅，何劳向外求玄。

听说依此修行，西方只在目前。

净慧法师多次提到《无相颂》①，认为这个十八句的在家《无相颂》是成佛的宝典，是在家人修行成佛的指南。这个颂，实际上是在家人行为准则的指导。首先，要心平，常行直心，就是要受戒，防非止恶，心平行直，就是自然受戒。其次，在人际关系上，首先要报父母恩，孝养父母，与周围的人和睦相处，礼貌谦让，这就是在家修行了。同时，在家修行中也有六度。所以，日用常行可以把六度包含进去，不必一定要施财才可以成道。六度又可以用戒定慧三学来概括，一个人的生活心态良好，能有道德的约束，这就是戒，有智慧，能够心态平衡稳定，做事情有判断力，就是定慧一体。定慧，也就是行和解两方面得结合起来，有正确的见解，同时又能践行，以定来除妄想，以慧来观照内心，就是定慧一体。他说：

在我们日常处理工作与生活当中的问题时，也存在这个问题。如果佛法不能够应用在生活当中，不能应用在办事当中，佛法也就没有太大的用处。一事当前，你要很好地下判

① 净慧法师另有对十五颂“说通及心通……”《无相颂》的解说，这是整个慧能顿教的法门。两个无相颂的所指不同，但均非常重要。

断，你要排除一切不正确的意见，这就要用意来排除。但在排除的过程中，你的心态如何？你是怒发冲冠，骂骂咧咧，还是怎么做，这就看你有没有定了。你既要把问题解决得恰到好处，又不伤害到人，而且你自己的心态还是安详自在，这是不是“即慧之时定在慧”呢？一件事情在稳定发展的时候，大家都很安和。一个团体、一个事业，在稳定发展之时，你是一个当事人，你可能在这时候有两种不同的心态。一种是很满足了，觉得不错了，事业很顺利了，自己可以安安静静地休息了(这也可说是定的一种向外的表现)。在这时候，你要有智慧来抉择。你要知道，任何一种稳定的状态都不会持久，事业也是如此。你继续运用你的智慧，帮助你如何来思辨、来安排，使你在稳定当中还要求得发展。在稳定当中不发展，人家进步了，你还在原地踏步走。所以佛法能够运用在生活上，运用在工作当中，这是绝对可以的。如果说不可以运用，或者说，只能运用在某一个方面，那佛法就既不圆满又不圆融。佛法是圆满的，是圆融的——所谓圆满是讲世出世法同时具足，没有缺陷。①

净慧法师从一个人处理生活上的具体事情出发来解释定慧一体，可以说独发新意，正是因为他从生活化的角度理解禅，才能把慧能禅的思想融化到现代人的理解范围，《无相颂》也就是对我们日常生活的行为关系解释，这是佛法生活化的一个样板。两首《无相颂》归结起来都是要教人破执。破执就是出世间，然而，破执却不是根本目的，而是一种修证上的体验，一种境界。破执之后还要入世度生，要成就众生，所以，还要入世修行。入世修行，就是要保任，不退转，

① 净慧：《〈六祖坛经〉讲记》。

保任我们的正念，就像慧能说的，要真如起念，于念离念，念念觉悟，那就念念在了生死。保任我们的正念，就是要看管我们的心，破除妄想心，这是日日需要修行的，也是困难的。所以，要说到每一天的修行，就不能避免谈到我们的生活，在日常生活中如何修行如何保任我们的心，这就要有一种禅的生活。净慧法师说："谈到生活禅，我自己从学习佛法、修持佛法的过程中体会到，生活禅是最难的修行法门，是最高的修行法门，是最契合如来本怀、契合历代祖师本怀的法门。"①生活禅的难就在于保任的难，要念念看管好，调伏好我们的心，就要留心，观心。所以说，生活中处处有禅，处处在考验我们，要把生活真正禅化，这需要很大的意志和毅力。一切法门最后都可以纳入到生活禅当中，"说即虽万般，合理还归一"②。这是净慧法师对禅的归纳，对整个中国佛教的归纳。可以说，他把禅作为一切法门的依归，禅的方法和内容囊括了佛说法的一切模式及内容，佛法无多子，虽千般应机万般随顺，实际仍是一，理本来如此而已。

4. 常行直心

怎么做？怎么在生活中行禅？净慧法师对坐禅有一番生活化的归纳。慧能的核心思想"三无"观念中实际上已经解答了怎么做的问题。"无念为宗，无相为体，无住为本"实际上是对戒定慧三学的概括。但在理论上说明了如何行还不够。在禅行中，一行三昧和一相三昧相辅相成，被祖师们反复说到。对现代人来说，一行三昧是专业术语，慧能大师用生活化的语言将一行三昧解释为"于一切处，行住坐卧，常行一直心"，维摩诘说"直心是道场，直心是净土"就是这个意思。慧能说："莫心行谄曲，口但说直。口说一行三昧，不行直心。但行直心，于一切法勿有执著。迷人著法相，执一行三昧，直言

① 净慧：《〈六祖坛经〉与生活禅》。
② 净慧：《〈六祖坛经〉与生活禅》。

常坐不动，妄不起心，即是一行三昧。作此解者，即同无情，却是障道因缘。善知识！道须通流，何以却滞？心不住法，道即通流；心若住法，名为自缚。若言常坐不动是，只如舍利弗宴坐林中，却被维摩诘呵。善知识！又有人教坐，看心观静，不动不起，从此置功。迷人不会，便执成癫，如此者众。如是相教，故知大错。”这段话大有深意。一行三昧就是修行中纯然无杂乱，专心一致的境界，《文殊般若经》解释为“法界一相，系缘法界”，就是一种一心专注的状态，这个状态在慧能看来是必须在一切处，在我们日常的行住坐卧，一切的言行举止中都要去培养的，在我们的举手投足在在处处都能凭直心，无杂念去行，才是真正的专注，真正的三昧。这个直心，净慧法师说，就是我们的真如心，真如法性即是本来如此，所以，这是最直的，是如其本来的面目，没有一样东西比得上如其本来更究竟。而这个真如，净慧法师作了相当现代化的解释：“‘如其本来’用我们现在的话来讲就是要实事求是。对客观事物的反映一点错误也没有，一点错误的判断都没有，那才叫实事求是。能够做到那样，就是真如。”①直心，真如心，这在教外人士看来是高远而难以达到的境界，甚至出家众在看到这些术语的时候，也难免两眼蒙眬，而真如，如其本来，又何尝不是如实，实事求是？这种思维的转化看似简单，一般人却难以想到。净慧法师用平实的语言对真如、直心加以解释，这个解释既巧妙，又拈出平常人熟悉的词汇，轻而易举就把一个佛教概念融入人们的认识中。真如这个概念就清晰了。做到了事实求是，才能在生活中，一切言谈举止中如实地展现自己的本心，就是本心的如实体现，那么我们就住在道场中，就住在净土中。“直心是道场”才能实现。如其本来面目，也就意味着一种活泼的，流通的佛法，实事求是本来就是一种流动的眼光，所以下文说，道须流通，佛法是活的，

① 净慧：《〈六祖坛经〉讲记》。

是人的佛法，人的心是活的，不是死寂的，关键在于人心。所以说，道的流通在于人心的流通，心不住法，就像《金刚经》说的“应无所住而生其心”，慧能说的“无念为宗，无相为体，无住为本”，不被法缚，才是直心、真如心、实事求是心。净慧法师认为：

> 所以佛法讲一切东西，讲空、讲无，你都不要把它看作是死的，不要一听到讲空就什么都没有，一讲无，连山河大地全都没有了。我过去也曾经讲过多次，空不是没有，不等于没有。当然有人现在把空理解成为数学上的零，这种解释对于接引具备现代知识的人可能有一点好处。空是什么？空就是真如，空就是佛性，空就是运动、发展、变化，空就是一切。为什么要说空？就是要把你的执著去掉，如实地来显示一切法的真如本性、真如本相；你能如实地显示真如的本性本相，那就是空。空掉的是本来没有的那些东西：执著，我执、法执，是空掉那些。最后连空掉我执、法执的念头都要空掉，那就直契真如本怀，那就是常行直心。所以佛教破的那些东西——佛教讲空、不坏世间不是说，这个桌子空，就把它打烂了吧。打烂了，它也没有空，还有几块板子在！不是要打烂它，而是要把在这个桌子上所起的分别心去掉，去掉了这个就对了，这是理解佛法的一个关键的地方，是空掉本来没有的东西。一切事物，本来没有人相，没有我相，没有众生相，没有寿者相，我们拼命地要在上面安种种相，你安了种种相，就不符合真如本身的状态。①

这里净慧法师举了一个常常被人们误解的“空”为例，空并非头

---

① 净慧：《〈六祖坛经〉讲记》。

上安头，脚上安脚，要空掉的是本来没有的东西，而不意味着破坏事相上的事物的存在。空的关键在于如何去掉我们的分别心，去掉我们一贯以来头上安头脚上安脚的执著，所以，要灵活地看待“空”，不能做死物的理解，不因为空而认为山河大地全然没有，否定一切事物，这才是一种实事求是的态度，事物如其本来的样子如何可能没有事相，如何可能不存在不被感知？如其本来，是空不碍有，真如心、直心才可能在日常生活中不紊乱。否则，我们每日处于世间法当中，如何可能安心、静心、专心一致。一切行住坐卧中都要行直心，既如其本来，又不碍假有，这确实是净慧法师说的何其难，这是生活禅的难度所在，也是真正处于生活当中的修行者所能体会到的难。难就难在众生的分别心。如何把行住坐卧中一切都看为道场，如何把俗事看成佛事来做，这需要我们时时刻刻保持一颗又纯又直的心。

严格说，“成佛是要把像尘沙一样多的烦恼和迷惑都破除干净，那样才能成佛。那就是说所有的障碍都要扫荡干净，就像一股智慧的狂飙，要把天空中的乌云一扫而空，真正显现大光明、大自在，那才是成佛的境界。带孩子就不是佛事，那完了。那佛法就有局限性，佛法就不能在带孩子的这件事上去落实，这个很现实。你们要好好地体会。不好好地体会，佛法在这个社会、在这个时代，就会被排除到社会生活之外，因为，你信仰的佛教在社会生活当中不能落实，佛教的作用不大”①。这里净慧法师又举了一个具体的例子，日常生活中，哪怕带小孩这样的事，也是要直心而行，如果佛法在这件俗事上有碍，那佛法就不能在这件事上落实，佛法如何能运用在我们的生活中，对我们起作用？这岂不违背了佛法饶益众生的救世精神吗？从生活化的角度说，有用才有佛法，所以佛法应该在日常生活中给予我们指导，如果我们在生活中感觉到佛堂与家庭的分别，感觉到在家无法

① 净慧：《禅的理论和实践》。

修行，那还没有做到真正的直心是道场，没有像维摩诘说的那样行住坐卧常行直心。试想想，一个现代人每天都要上下班，一天里有几个小时是可以完全坐下来参禅悟道？如果非要把道场和日常生活处分成两截，那要每天都静坐修行几乎不可能。而人们的这种疑惑和顾虑是因为分别心，把生活与禅修对立起来。慧能禅，《坛经》里的直心是道场的精神并没有被现代人所理解。所以，维摩诘说，“若言常坐不动是”，舍利弗宴坐林中就不会被维摩诘所呵了。

真正的坐禅，并非静坐，“不舍道法而现凡夫事，是为宴坐”，坐禅，应该抱着度众生的态度，哪怕现凡夫事，也是智慧心起现，为众生说法故，这是真正的宴坐。同时，坐禅的关键在于身心是否调伏，静坐枯思，心如死水非坐禅，“心不住外，亦不住内，是为宴坐”①。这说明慧能禅重在观心，心不住法即是，不拘泥于是否静坐，所以，慧能批评看心看静的坐禅法，看心看静，是把修行看作一个静态的相上的东西，正如凡夫到佛堂才端身正坐，才觉得是修行，在家却不修行，不做佛事一样。太拘泥于相上的是否清净，而没有看到禅的本质是活泼的流通的，是直心的，无碍的。只有在任何事相上都打得开，才是禅，才是真正的没有分别心，否则，一入俗事便远离佛事，那佛法于我们的日用常行又有何交涉影响？于我们的为人处世，成人成才有何影响？因此，禅法一定是可以体现在一切行一切处的，道在平常日用中，才是真正的慧能禅，这是慧能禅不同于神秀的地方。慧能禅就是维摩诘居士所说的不二法门的禅：“不于三界现身意，是为宴坐；不起灭定而现诸威仪，是为宴坐；不舍道法而现凡夫事，是为宴坐；心不住外，亦不住内，是为宴坐。”坐禅达到了维摩诘所说的这种无分别境界，生活中还有何处不是道场，不是直心呢？这种坐禅的精神就是一种生活化的、大众化的精神，其本身在面对一

---

①《维摩诘经》。

切事相，面对日用常行时都是直心不退转的，唯有这种直心，才体现出慧能禅的境界。正是有鉴于此，净慧法师说：“我感觉到它真是一种大众化的佛法、生活化的佛法。”①只有大众化、生活化、平民化的佛法，才是真正的人间佛法，才使佛法有强大的生命力，根据这样的禅的精神做人做事，我们的人生才有希望，社会才有希望，“因为远离了偏执，远离了片面性，远离了种种的人我是非，使我们真正处在一个和乐温馨的大家庭当中，那样就是人间净土的实现”②。

四、临济禅

慧能之后，禅宗发展进入分头弘化期，一花五叶开五家七宗，曹溪禅成为天下禅门的源流。其中，南岳怀让门下有马祖道一，后有百丈怀海，怀海有弟子黄檗希运，后希运门下出了临济义玄，这是临济宗的由来。临济禅之所以为后人重视，在于其宗风之简易又峻烈。世人所熟知的禅，要数这种棒喝交驰，迅疾快捷的临济禅。而在净慧法师看来，临济禅的可贵之处在于体现了禅宗的独特大智慧，与之相应的，是体现禅宗大慈悲的赵州禅，两者构成生活禅的重要思想资源。生活禅不仅继承了如来禅、祖师禅，更接续禅门宗风，发扬临济禅和赵州禅的精神。甚至说，“临济禅、赵州禅和生活禅都是一脉相承的，它们之间是一个统一的关系。”③所以，净慧法师把临济禅、赵州禅作为祖师禅的代表，并认为这种禅是生活化、大众化的禅，临济禅、赵州禅、生活禅由此成为一个整体，生活禅是新时期对临济禅、赵州禅的发扬。

从临济禅来看，临济义玄在黄檗希运门下，他的悟道因缘是三度棒打，所以其风格峻烈，简易直接。临济义玄被打的原因在于三度询

① 净慧：《禅的理论和实践》。
② 净慧：《入禅之门：六祖禅法》。
③ 净慧：《生活禅与临济禅、赵州禅一脉相承》。

问“如何是佛祖西来意”这一问题，这既是佛门中的常见问题，也是关系佛法根本的问题，所以，这个问题既重要，也非常难回答。临济义玄抓住了这一主要问题，却因没有自心主宰，内在光明尚未打通，所以三度被打。黄檗希运可谓老婆心切，希望能让生理上的剧痛刺激使他完成心理上的跳跃，可是这种逼迫式的激烈行为却没有一下子被临济义玄所理解。所以，临济义玄往大愚和尚处，经过大愚的一番点拨，方才明白黄檗希运的苦心，这下一悟却是彻底的，乃至说原来黄檗希运“佛法无多子”，即刻否定其师的言教，也说明此时的临济义玄已抓住了佛法的根本。

由于经过棒打式的启发，临济义玄悟道后也形成了棒打风格。他这种激烈严峻的禅风即与他的悟道因缘有关。他的疑情在于人们常问的“如何是佛祖西来意”这一问题，而这个问题的答案在于自身，不能让别人代为解答，而这一问题背后的深意则在于个人要自己做主，寻找到自己的主人公——佛性。所以，悟道后的临济义玄特别强调主体精神。这种强调人的主体精神的做法甚至极端到要呵佛骂祖的地步。为了让人彻底摆脱经教束缚，彻底返回内心，不得不把一切执见斩断。执著于佛祖言说，对我们发挥主体精神也是一种干扰，一种障碍，为了把一切障碍清扫干净，于是有呵佛骂祖的反常态举动。在临济义玄三度询问“如何是佛祖西来意”的时候，他其实已经陷入对佛祖言教的执著当中，甚至三度被打仍不醒悟，所以，悟道后的他才会对经教有一番超越的认识，只有连经教也去掉，才能达到真正的不执著。因此，我们能在临济义玄身上看到彻底的主人公意识和极高的主体性，最能体现修行者的主体精神。他要做的就是横扫一切知见，把不思善、不思恶以前的本来面目彻底挖掘出来。

于是我们看到，在《临济语录》中提到最多的一个问题：“如何是无位真人？”无位真人，即是我们心中那个当下的自我，那个在我们心中大放光明的佛性我，这个无位真人，要我们众生剥落一切知见后方才能见到。这是我们每个人的生命本源。慧能所说的自性佛被临济义玄用“无位真人”表达出来。与之相关，就是临济禅师常说的“随处作主，立处皆真”。净慧法师解释得精妙：“什么叫立处呢？立处就是当下。”①当下就是真理，真理是具体的，佛性没有须臾离开我们，只是我们日用而不知，这便是众生的迷惑。就像临济义玄未悟道以前，终日询问的只是“佛祖西来意”，这个立处，就是直指人心，当下告诉你，指示你，让你自己承担起来，“你就会用佛的要求来要求自己，用佛的心怀来改变你个人的那种众生心怀”②。这个当下，没有其他语言来说明，只好呵斥，震聋发聩地呵骂，通过行为主义式的表达使人陷入“当下”的境地，念兹在兹，这一瞬间就是你本心呈露之时。这个无位真人便在立处得以显现。为什么要呵斥？三界无安，犹如火宅，明明身在水火之中尚惘然不觉，无明何其苦？黄檗希运用棒打临济，何等急切？临济呵斥学人，何尝不是同样的老婆心切。当下若能自我觉照，获得真见解，便是无位真人，没有谁可以替代你。

然而，一般学佛的人可能没有那么高的目标，要真正觉悟，直达心源，一般人可能想不到那么多。净慧法师有感触：“一般学佛的人往往有这样一个目标。就是要死得好，要死得明白清楚。”③这个目标可以说是针对生死问题的，然而，这是尚未了断生死烦恼的目标。这个目标却不是学佛的唯一目标，如果仅为了死后风光，那愿力太小，没有心量，就无法抵住生死，就不可能来去自由，无位真人也就没有自作主宰。所以临济禅师说，要放得下我们的念念驰求心，当下便与佛祖无别，起心动念听法者谁，正是我们自己，这个真性，立处即佛，何须向外寻求。说来说去，还是要敢于承担，敢于做主，便是慧能说的识得本心，便能成佛。

---

① 净慧：《生活禅钥》，第89页。
② 净慧：《生活禅钥》，第89页。
③ 净慧：《生活禅钥》，第99页。

说起来好像很容易，“成佛要说容易，容易到了极点，弹指之间就能进入极乐国土。要说不容易，那也是深不可测，不可限量，让你摸不着头脑”①。所以，临济义玄在悟道后说原来黄檗希运“佛法无多子”，说来说去其实就那么一句，没有多余的话，这看似容易。然而，正是当下的、立处的一刻具有决定性，在临济禅师们戏剧性夸张的言辞动作中让人感到深不可测。更进一步说，虽然当下已真，但如何保证处处皆真，每一个当下都由无位真人做主宰？这不能不说是困难的。所以，立处皆真这个道理既是当下的，又是场所性的，在在处处皆真，才是立处皆真，而非一时一刻之真。这个道理非常彻底，也很透彻，“道出了禅宗的特色”②。

为此，净慧法师认为，临济禅的佛法无多子是大智慧的，洞然明白的，同时也需要我们好好保任。如果认为临济禅只是让人摸不着头脑的一呵了事，那无疑没有把握临济禅的真谛。慧能禅的宗风虽然简易直接，但并非故弄玄虚。悟后起修才能保任我们的无位真人，这个保任，虽然不是按照戒定慧次第修行，但也是很严肃的事，这种方法更直接，同时更彻底。临济禅师常用一首偈表达悟后起修：“临流不止问如何？真照无边说似他。离相离名人不禀，吹毛用了急须磨。”临流不止，就是在证悟以后，内心里的微细念头，各种善、恶、无记的念头不停地生灭，这个时候应该怎么办？下一句就说，要真照无边，用最直观的般若智慧洞察这些念头，用我们的无位真人做主宰，不被妄念牵引，只此一法，别无他说。然而，这些念头离相离名，细微处难以把握，所以要千万注意，哪怕已经有暂时的立处皆真，也要善于磨刀，就像吹毛剑虽然锋利无比，犹如我们的智慧快速斩断杂念，但时间长了，仍要不断磨砺它，使菩提心日日长，暗示我们即使在开

① 净慧：《生活禅钥》，第89页。
② 净慧：《生活禅钥》，第89页。

悟以后，仍要不忘本心，时时提起觉照，念念处处都不懈怠，这就是保任。可见，呵祖骂佛只是一时的表象，临济禅师们通过这种极端行为方式要表达的是严肃的主体，只有破除一切知见，超佛越祖之后，我们的认识才有飞升，才可能进入严肃的内心世界，呵佛骂祖是一种秋毫不放过的态度的极致表现。所以，临济禅用独具一格的方式表达了禅宗的大智慧，体现了像大将军一般冲锋陷阵的勇气，大快人心。

然而，要怎样把斩断情见的反常举动化为立处皆真的真实诉求呢？这不得不说是既困难又能显现临济禅大智慧的地方。在接引学人方面，临济禅为人所称道又不解的无疑是四料简。

四料简就是临济义玄接引学人的四种不同点拨情况，根据问话者的根器来选择运用何种方法点拨他，就是料简。这四种不同情况是：有时夺人不夺境，有时夺境不夺人，有时人境两俱夺，有时人境俱不夺。然而，这种料简又不能太痕迹分明，否则便破坏了让问者自悟，自己寻得无位真人的初衷，于是便有了四种料简语录。比如临济的弟子克符上座问“夺人不夺境”，临济禅师却说“煦日发生铺地锦，婴孩垂发白如丝”。前一句指境，后一句则出人意料，婴孩怎么会发白如丝，可见这个人不存在。这就是夺人不夺境，但却不说破，而是用了一句诗来表达。对于我执比较重的人，首先只能让他在对话中消解对人我的执著。

又问，如何是夺境不夺人？临济禅师回答：王令已行天下遍，将军塞外绝尘烟。这句诗同样是一个譬喻。王令已遍行天下，将军在塞外自然也可以安守无事，前句指人，作为主宰的我依然没有执著了，而作为境的塞外自然可以安歇无事，对于法执比较重的人，就不需要去执著外在环境的纷扰了，可以高枕无忧了。所以，这句话是对法执比较重的人的开导。

人境俱夺时，临济禅师的回答是“并汾绝信，独处一方”。这个典故是说一个唐代的将军吴元济，自己把守一方，不服从中央，形成独立王国。这是我法二执均很重的表现，所以人境俱夺就是这样一种情况。

人境俱不夺呢？就用“王登宝殿，野老讴歌”来形容。这时候国泰民安，老百姓也安居乐业，各不干扰，这种境界双方均比较和谐，比喻我执和法执均比较轻的人。

当然，这种譬喻式的说法也许已经难以被现代人所理解，但可见临济祖师在接引学人的因材施教方面下了很大功夫，这种教学方法灵活多样，同时也是很严谨认真，毫不含糊的。虽然这种诗化的语言可能难以为现代人接受，但这种因材施教的方法却应该传承下去。关键是，临济禅的“四料简”表达了接引学人时的一种灵活求真的态度，既要简易直接，同时也要处处皆真，逼迫学人急中生智。所以，净慧法师说得很透彻，四料简只是临济禅师用来接引学人的一种权宜之计，千万不能将其公式化、模式化，否则，本身立意灵活多变的临济禅就变成了刻板的死法，如何能真正叫人契入？这是我们必须意识到的。“临济禅师的话和他接引人的具体模式并不是非常重要的东西，重要的是临济禅师的那种求法的精神”①。

佛来佛斩，魔来魔斩，要不是真正经历过大彻大悟的阶段，又如何可能轻易达到？临济禅风表面看起来峻烈激荡，实际上却包含着“不是一番寒彻骨”的磨砺，没有坎坷艰苦的修行锻炼，又如何可能体会其中的真意。所以我们才说这种大智慧的相当难得，一般人所看到的故弄玄虚，虚张声势并不是临济禅的真精神，那种表面风光背后的赤裸裸的直面生活的坦然才最为可贵。没有此等气节和魄力，又如何有面对生活勇往直前的大智慧？因此，说临济禅体现了禅的精神，体现了生活化的禅的特色，确实如此。也可以反过来说，那种面对生活的无畏又精进的大智慧，就是临济禅、生活禅了。

---

① 净慧：《生活禅钥》，第 94 页。

五、赵州禅

日本学者阿部正雄曾提到，六祖以后最有代表性的两位禅师就是临济祖师和赵州和尚。前者代表了智慧，后者代表了慈悲。这个观点可以说对净慧法师有一定的启发。净慧法师也是从智慧和慈悲两方面来看待两者的，同时也善于发扬临济禅的智慧、赵州禅的慈悲。

赵州禅，用净慧法师的话概括，就是平常心、本分事而已。这既是慧能禅的精神，同时也是对慧能禅的发扬光大。赵州禅师，法号从谂，他生活在中晚唐时期，据说活了一百二十岁。他的名声之高不仅因为他的年龄，还因为他活到老学到老，一生都在参修，树立了自己独特的禅风，所以被人们尊称为“赵州和尚”。他从学于南泉普愿，而南泉普愿又是百丈怀海的弟子，百丈又是马祖道一的弟子。马祖道一是南岳怀让的弟子，这样算下来，赵州和尚是六祖法脉下的第五代。南泉普愿继承了马祖道一的禅风——平常心是道，他的行事也独具特色，“南泉斩猫”的公案就是最好的说明。平常心是道可以说是对慧能禅的概括，道在扬眉瞬目间，在生活中，所以说日日是道，头头是道，处处是道，道就在我们的日常生活中。马祖开示说：道不用修。因为道在生活中，一切现成，关键看我们有没有平常心。

平常心看起来很平常，可是却非常不平常。马祖说“无造作，无是非，无取舍，无断常，无凡无圣”，就是把一切对立执著都扫除掉，就是破执，然而，一般人的生活里很少有人能做到。无造作，即是不刻意，不人为去想去做，一般人如何可能在应对生活事物时不起意不有为？无是非，这个更难，庄子说滔滔者天下皆是，现实情况是此亦一是非，彼亦一是非，有人就有是非，如何可能消除二元对立之心，破除自我的知见，真正站在“是非”本身考虑问题？普通人的是非仅仅是一己之见，我执太多才造成意见不统一。要做到无是非之心，就要忘却人我，忘却物我分别，确实不易。从道的角度说，“认为道在神龛上，道在经书里，道不在生活中，道不在言谈举止中，把道完全看作是圣洁的，就有是、有非。这样来认识道，道就有了局限性。实际上，道无处不在，没有局限性，没有是与不是的分别，所以叫无是非”[①]。什么是道？无分别心才是。普通人认为修道必须在禅堂，在家就觉得困难重重，这便是将道放在神龛上。又有人认为，凡是印有“佛”字的纸一片也不能掉在地上，否则如临大敌，慌乱紧张，这在信众那里尤其常见。然而，纸掉在地上有时候纯属自然因素所致，又或者，借用一张纸就可以为别人遮风挡雨，或帮助他人获得便利，如何可以看成不圣洁？抱着这种眼光来看待道，看待佛教，已经把道看作死物，看成有限，如何体现道的无处不在？无法在一切洒扫应对中自然流露，又如何是道的本意。以此来指责他人，是非如何能不起，如何可能做到平常心？

再者，无取舍。有求皆苦，有爱便有求，有求便有取，有取何能不有舍？有什么事情是可以任由我们去主宰驰求的呢？当然没有。然而，众生有爱，有欲，有求，能做到无取舍之心的又有几人？如此看来，无取舍心是何等不平凡，何等不寻常？马祖道一的平常心之不平常意义可见一斑。

无断常，无凡无圣则是从佛法的角度上的更高要求了，没有常见断灭见，了解因缘所生法，我说即是空，了解凡圣等一，才能超凡越圣，实现自我的飞跃，这些更不是众生所能轻易实现。所以，所谓的平常心其实并不简单，甚至可以说，与众生的常规思维相去甚远，南辕北辙！一切造作、是非、取舍、断常、凡圣等对立面都消解，都能统一起来，才是真正的洒扫应对，这种无分别智才是平常心。平常心正是一种不平常心啊！

然而，赵州和尚为众生做了一个榜样，活脱脱地演示了全幅生命

---

① 净慧：《守一不移》，第 221 页。

如何不平常，如何在生活中处处是道，在他的平常生活里生动地展现了这种举手投足在在处处不离道的禅者境界。赵州和尚一生都在参访修行，八十岁才驻锡观音院（今河北柏林禅寺所在地），之前的六十五年里足迹遍布神州，有诗形容他：

> 赵州八十犹行脚，只为心头未悄然；
> 及至归来无一事，始知空费草鞋钱。

这首诗的意思与唐代无尽藏尼的“终日寻春不见春，芒鞋踏破岭头云；归来笑拈梅花嗅，春在枝头已十分”有异曲同工之妙，同样是孜孜不倦的修行参访，赵州和尚直到八十岁才感到归来无一事，空费草鞋钱，这个漫长的磨炼过程艰辛可想而知。最后领悟到向外寻觅只是空费草鞋钱以后，才算是有所收获，意识到即心是佛。

赵州和尚的禅风，净慧法师归纳有四个特色，一是“平常心是道”，二是“本分事接人”，三是赵州关，四是赵州桥。

“平常心是道”是赵州和尚对马祖道一禅风的继承。《赵州和尚语录》上卷开篇就是这一则“平常心是道”：

> 师问南泉：“如何是道？”泉云：“平常心是。”师云：“还可趣向不？”泉云：“拟即乖。”师云：“不拟，争知是道？”泉云：“道不属知，不知。知是妄觉，不知是无记。若真达不疑之道，犹如太虚廓然荡豁，岂可强是非也！”师于言下顿悟玄旨，心如朗月。①

这则语录同时也讲述了赵州和尚的悟道因缘。他向南泉普愿禅师

---

①（唐）文远记录、张子开点校：《赵州录》，中州古籍出版社2001年版，第1页。

询问“如何是道”，结果得到了“平常心是道”这一回答。赵州还想进一步询问，抱着一种知识性的头脑，结果南泉却说，道不在知不知的范围，道非思议可及，拟向即乖，真正是第一义不可说之义，而赵州却打破沙锅问到底，如果不拟议，那如何知道是不是道？这时南泉只好从境界上来回答：真正达到了道的境界，平常心的境界，那就会廓然洞开，如明月高悬，朗朗自明，这如何可说。所以，平常心妙不可言，又非言说思议可及，赵州和尚这时才心有所悟。

赵州和尚悟道后遵循“平常心是道”这一旨意，在接引学人时常常寡言少语，以此表明这一境界的不可言说。如有僧问“离四句、绝百非时如何”，赵州却回答“老僧不认得死”，接着僧又说“者个是和尚分上事”，希望能得到明确指示，这一僧人同样落入了赵州过去问“如何是平常心”的知见里，于是赵州只好说：“离四句、绝百非，把什么指示？”①又有僧问“如何是和尚家风？”赵州答“内无一物，外无所求”，问“如何是归根得旨”，赵州答“答你即乖”②。凡是第一义上的问题，均不可说，所以赵州只能如此回答。面对知见太重的学人，甚至还要加上行动指示，如一日赵州示众云：“拟心即差”，有僧便追问“不拟心时如何”，赵州于是打三下，既然未得用言语来表达，只好用行动来代替言说，道不得处即打。

其次，赵州对“平常心是道”这一句话的具体内容有新的发展，赋予“平常心是道”以生活化的内容。南泉的说法太简洁，除了让赵州破除知见，领悟道的不可拟议，没有对平常心做具体的描述。而悟道后的赵州却发扬了这种平常心，在日常生活中体现处处是道的精神。如有僧问“如何是道场”，赵州回答“从道场来，从道场去，脱体是道场，何处更不是”③，在生活中没有分别心，一切处都是我们

① (唐) 文远记录、张子开点校：《赵州录》，中州古籍出版社2001年版，第89页。
② (唐) 文远记录、张子开点校：《赵州录》，中州古籍出版社2001年版，第89页。
③ (唐) 文远记录、张子开点校：《赵州录》，中州古籍出版社2001年版，第57页。

的修行场所，这就是道场，有僧问如何是平常心，赵州甚至回答“狐狼野干是”[①]，没有界限，没有分别，破除人我物我，才是真正的平常心。用平常心对待生活，则生活中的一切事情莫不是修行的事情，所以当学人问“了事底人，如何？”[②]也就是询问悟道后的修行如何，修行者在顿悟后是一种什么状态，赵州回答“正大修行”，说明顿悟后正是修行的开始，真正的修行生活仍为改变，那这种修行是什么呢？赵州和尚接着说：“著衣吃饭。”悟后的修行无他，就是生活事，穿衣吃饭世人看来如此平常，却从未把它当作修行事，这就是一种分别心。学人不解，接着问：“著衣吃饭寻常事。未审修行也无？”赵州劈头说：“你且道我每日做什么？”[③]一般人都如此学人一样，认为穿衣吃饭算不得修行，赵州反其道而行的回答令人瞠目，而这种以生活事为修行事，以修行心做生活事的状态才是真正的平常心，生活与修行完全融为一体，恰恰是净慧法师所说的生活禅。赵州禅师的平常修行已然是一种生活禅式的修行了。

“平常心是道”还体现在用语的平常。这也是赵州和尚对平常心是道的形象诠释，也体现出赵州禅风的生活化平常化。赵州和尚喜用生活习语、日常生活中的事物来回答学人的提问。如有僧问，如果有外方人忽然问起“赵州说什么法”，该如何回答。可见学人对赵州禅风的简约朴实有点无法理解，找不到一个“术语”去描述赵州家风，赵州自己却回答：“盐贵米贱。”[④]言下之意即是无法可说，根本没有什么高深玄远的东西，甚至也就是一般的柴米油盐而已，所以赵州又示众曰“佛之一字，吾不喜闻”[⑤]。越是看起来高深的专业的词，

①（唐）文远记录、张子开点校：《赵州录》，中州古籍出版社2001年版，第40页。
②（唐）文远记录、张子开点校：《赵州录》，中州古籍出版社2001年版，第47页。
③（唐）文远记录、张子开点校：《赵州录》，中州古籍出版社2001年版，第47页。
④（唐）文远记录、张子开点校：《赵州录》，中州古籍出版社2001年版，第60页。
⑤（唐）文远记录、张子开点校：《赵州录》，中州古籍出版社2001年版，第89页。

越显得刻意有为，为了使学人放下这种知见，更要以日常事物来形容，令人意外。况且，这处处在在皆是的平常心需要学人自己去领会，别人无法代劳。就像生活中的平常事也必须是自己动手，否则便没有真知。有僧问："急切处，请师道。"赵州和尚却说："尿是小事，须是老僧去始得。"①用日常生活中这样一个小事把道理说俗，乃才是说死，才是置之死地而后生，唯有在最粗鄙的地方都能意识到必须亲力亲为，才知道凡圣无别是何种境界。禅就是当下的生活化的事物，没有另外安立什么事物，如此而已。

学人多执著于此，没有真正做到将禅融入生活中，就无法体会什么是平常心。有问"如何是学人自己"，赵州和尚的回答是："吃粥了也未？"突然间插出个吃粥了没有，令人意外。问者答已经吃了。赵州和尚接着说"洗钵盂去！"②为什么要拈出吃粥这件生活事来呢？正因为学人自己须就是学人自己，无人可替代，正如吃粥洗钵这件事一样，都是要自己亲自去做的，吃粥洗钵是何等自然，百姓日用而不知，其实这生活中行动中的我们就是我们自己，不是旁人，只是我们没有用心，没有意识到罢了。同样的，有两位新来的学人拜访，赵州问"上座曾到此间否"？一人说不曾来过。赵州便说："吃茶去。"另一人则回答"曾到"，结果赵州同样说"吃茶去"。不管来没来过，都一律地叫先吃茶，来过与否无关紧要，关键是要先亲自尝试一番，就像喝茶一样，冷暖自知，只有自己亲自尝过，才知其中滋味。更何况不同时节尝到的味道又不同，此时与彼时尝又不同，生活日日新，禅也是日日新，这日日新的禅哪天不需要我们去亲身体会呢？只有日日吃茶，才好似日日修行，就是这个道理，把吃茶这种平常事也当作修行事一样，平常心的养成就不远了。赵州禅的道理，可以说看

①（唐）文远记录、张子开点校：《赵州录》，中州古籍出版社2001年版，第74页。
②（唐）文远记录、张子开点校：《赵州录》，中州古籍出版社2001年版，第70页。

似简单，其实不易，用平常话说禅，自然看似简单，但这里头却寓意深刻，可谓难。所以赵州自已说“老僧者里即易见难识。若能会得，天下横行”①，可见其深。

赵州禅的第二个特点——以本分事接人。这个特点表明了赵州禅是直截了当的，同时也切中要害，是解答众生困惑的根本，只回答佛法的根本，不涉及旁的问题。用净慧法师的话说，赵州禅是专业化的，高精尖的，解决的是人生大事，这个根本大事就是本分事。把这一根本问题解决了，人生问题才会豁然开朗，人生才圆满，这也是佛以一大事因缘出的意思。赵州曾说，此事没得商量，是祖师传来的本分事，如僧问沩山“如何是祖师西来意”，这都是根本性的问题，宗师须以本分事接人，不说别的事，表明宗门是顿门，是心法，是简要直接的。所以，赵州示众曰：“老僧此间，即以本分事接人。若教老僧随伊根机接人，自有三乘十二分教接他了也。若是不会，是谁过欤？已后遇著作家汉，也道老僧不辜他。但有人问，以本分事接人。”②这段话表明赵州禅是关注佛法根本问题的，是为了解决人生根本问题而做出回答，其余的事自有经教可学，何须来问。可见，三乘经教所能教给世人的是佛法，而真正要领悟禅的精神，必须是活脱脱的冲口一句，也只有活脱脱的冲口一句，生活化的日常语才能体现禅者境界的生动高妙，这绝非经教可言。正由于禅的境界超出经教可言说的范围，正因为第一义谛的不可拟议，赵州才会如此说。赵州禅的教学方法也不是随顺根机，只牢牢守住一句：以本分事接人。不管学人悟道与否，只开示最根本的紧要的一句，只告诉你本分的一句，其余就靠自己去领悟。

然而，本分事是什么呢？净慧法师认为，本分事就是我们的本来

---

①（唐）文远记录、张子开点校：《赵州录》，中州古籍出版社2001年版，第23页。
②（唐）文远记录、张子开点校：《赵州录》，中州古籍出版社2001年版，第21页。

面目。佛法要解决的问题就是每个人的本分事。而这个本来面目，要从自己的实际情况出发去寻找，从菩提心、菩萨道、菩萨行中去寻找。每个人实现和解决自己本分事的途径和过程不尽相同。所以学人问赵州“如何是本分事”，赵州指着问话者说“是你本分事”，学人又追问“如何是和尚本分事”，赵州却只说“是我本分事”。[①]可见，我的事就是我的事，别人也代替不了。每个人都有自己的本分事，虽都是人生大事，但谁也代替不了谁。更直接的回答还有一处，某僧问“如何是学人本分事”，赵州干脆说：“与么，嫌什么！”[②]这里“与么”是赵州和尚常用的句首语气词，“嫌什么”这一回答可以说是一种反问，言下之意“何者不是学人本分事”，在在处处都关乎我们的本分，生活中何处不是禅？世间从不缺少悟道因缘，只是缺少发现和觉悟此生活禅的心灵而已。赵州和尚的回答简要冷峻，既有启发性，又体现用语直白，本分事即是本分事，无他而已。这一本分事其实也是对“如何是道”“如何是祖师西来意”诸如此类的问题的归纳。佛法的根本也就是众生疑惑的根本，赵州禅所要接引开悟学人的就是要去关注关乎我们生命生死这一大事因缘的问题。

净慧法师从大乘精神上说，这一本分事便是佛法的根本，即大乘佛教的利他精神，每个人都能够在修行菩萨道的过程中不断觉悟自身，超越自身，完善自身，赵州禅所要开示的便是这种奉献精神。这一精神可以通过赵州禅的第三、第四个特点看出来。净慧法师从赵州语录中归纳，赵州禅的第三个特点便是赵州关，第四即是赵州桥。赵州关和赵州桥这两个公案可以说体现出赵州禅的奉献精神和慈悲心。

赵州关在这里不是一个地理概念，而象征着赵州和尚接引学人的紧要关窍，过得这一关，领悟这一关，也算参破赵州禅，得着一点赵

---

①（唐）文远记录、张子开点校：《赵州录》，中州古籍出版社2001年版，第148页。

②（唐）文远记录、张子开点校：《赵州录》，中州古籍出版社2001年版，第58页。

州法门。

师问新道：“从什么处来？”云：“南方来。”师云：“还知有赵州关么？”云：“须知赵州关者。”师叱云：“者贩私盐汉！”又云：“兄弟！赵州关也难过。”云：“如何是赵州关？”师云：“石桥是。”①

赵州关即是赵州为学人设立的疑难处，同时也是通往觉悟大道的把关口，所以说石桥是，也从这里可以看出赵州关与赵州桥一脉相连，过了赵州关，就到赵州桥，就算是悟道了。在赵州禅师的语录里，赵州关暗喻一种禅的境界。从整个赵州语录看，这种境界与无的公案有关，通过“无”的公案可以看出赵州和尚为学人设立的疑难就在这里。

“无”的公案在赵州语录里出现过几种说法。首先是狗子有无佛性。有学人问“狗子有无佛性”，赵州回答“无”，学人又问：“上至诸佛，下至蚁子，皆有佛性。狗子为什么无？”赵州回答：“为伊有业识性在。”②

《从容录》里有一条记载与此相反，有僧问赵州“狗子还有佛性也无”，赵州却说“有”，僧继续追问：“既有，为什么却撞入这个皮袋？”赵州说：“为他明知故犯。”

同样是询问“狗子有无佛性”，结果赵州却给予两种相反的回答。另有一处某僧提问“狗子还有佛性也无”，赵州却回答：“家家门前通长安。”③可见，“狗子有无佛性”这个问题可以说是没有答案，或者说答案多元。表面上是在回答狗子是不是有佛性这个问题，

①（唐）文远记录、张子开点校：《赵州录》，中州古籍出版社2001年版，第101页。
②（唐）文远记录、张子开点校：《赵州录》，中州古籍出版社2001年版，第36页。
③（唐）文远记录、张子开点校：《赵州录》，中州古籍出版社2001年版，第86页。

深层问题却是人的执障有无。执障有，故有业识在，物我分，故说“明知故犯”。并非狗子真无佛性，乃学人不自知，同时不能因佛性有而忽略后天努力，故只好说无。有业识和明知故犯这两种解释是异曲同工的，均说明流转轮回的有和佛性有的不冲突。只是学人不知，硬要纠缠在实际的有无分界上，赵州才做出不得已的说明。历来禅师都认为，赵州和尚的回答大有深意，不可做寻常事物的有无来理解。天童禅师认为，赵州心真语直，同样一个问题可以道有道无，《从容录》认为这是一种以毒去毒，以病医病的方法。其实，有也好，无也好，“家家门前通长安”这一回答已经告诉了我们赵州的本意。问题的关键不在于实际的有无，而在于如何通过这一问题通达大道，说有说无均无碍于我们通达赵州关。

净慧法师从无门关来解释，禅宗是以无门为法门，无路可走，无路可寻处获得急中生智，这就是无的智慧。无就是一个门，非实际事物有无的无，而是本源的无，身心脱落，超越二元对立的无，无代表了禅的一种最高法门，慧开禅师讲《无门关》，便把赵州的这一公案作为禅宗的第一关。大慧宗杲也把赵州的这种无看成一个最高境界，无就是无本身，无就是一个整体，无就是指破除一切执著后的最高境界。这个无也可以说就是学人本分事，就是赵州所要告诉学人的。所以，当有僧问：“一日看多少经？”赵州却回答：“阇梨不会看经。”又问：“和尚一日看多少？”赵州却说：“老僧一日只看一字。”①这里可以看出，赵州日日所参便是这一“无”字，一个“无”字里头包含了禅法的精髓，平常心是道，故道不可拟议言说，只日日如此，生活如禅罢了，其中滋味又难与人言，这一紧要事本分事便是“无”。无不是没有，不是不作为，无是赵州和尚的直心所见，当下直语，没有多余的话头，就此一字足矣。故当学人问“如何是和尚家

---

①（唐）文远记录、张子开点校：《赵州录》，中州古籍出版社2001年版，第162页。

风”时，赵州只说“内无一物，外无所求”，既然内外皆无，不就是最高的“无”了吗？这个无的智慧，可以说在法尔道理上简直没法言说，法尔如是，只有靠自己去体会才真切，在语言文字不可描述不可分析处，只好保持沉默。这个无的境界，就是诸法实相。

经过历代禅师的解释，慧开禅师直接把赵州关作为禅门第一关，这就演变出无门关的说法。无门关比赵州关更直接表明这一公案的精神，也就是要参这个无。无可以说代表了大智慧，赵州禅的生活境界如此，禅的境界也是如此，一个无字概括了禅的精神。

与之相关，“赵州桥”这个公案可以看成赵州对自身的总结。如有僧问“如何是佛法”，赵州便答“赵州桥”，佛法就是一种救世度人的精神，就像赵州桥度人一样。表面是指桥的连通功能，实际上又表达了自己的心愿——普度众生。当有问“如何是赵州桥”，赵州更直呼“过来！过来！”[①]赵州桥就是要度你，就是要让你从此岸通达彼岸，所以直呼“过来”便足以表明赵州桥的用意所在。又有僧问“如何是石桥”，赵州则回答得更直接：“度驴度马。”[②]这就把赵州桥的寓意表露无遗，赵州桥既是普度众生的桥，同时也是赵州普度众生的心愿，一切众生，驴马都可以从这里走过，佛法就是这种像桥一样的承载精神，能涵容一切事物，体现出赵州和尚的博大胸怀和慈悲精神。

由此，关于生活禅的内在根据得以确立起来。如果说赵州关是一种开启智慧的疑难第一关，象征着觉悟人生的大智慧，那么，赵州桥则象征着一种无私奉献的精神，“由这两个公案，我们可以引申出‘觉悟人生’的大智慧、‘奉献人生’的大慈悲。这就是我所提倡的生活禅的根本所在”[③]。

---

①（唐）文远记录、张子开点校：《赵州录》，中州古籍出版社2001年版，第78页。
②（唐）文远记录、张子开点校：《赵州录》，中州古籍出版社2001年版，第78页。
③ 净慧：《生活禅钥》，第118页。

第二章　生活禅的传承：近代"生活禅"

在佛陀说法的八万四千法门当中，为何禅能独独脱颖而出，成为中国佛教的代表，成为维系和接续当代人的佛教精神的纽带，其中既有历史因缘，也反映出宗门的特色。禅宗说法正如临济禅师说的，"原来佛法无多子"，既没有对佛陀教法增加一分，也未曾减少一分，法尔如是便法尔直心呈现。若说有增益，也仅是把直心呈现的高妙淋漓尽致地表现出来。这直心呈现，以心传心的高妙，又是那么简易直接，佛法的精神尽在不言中。为令众生开示悟入佛法，法门有千万种开示，但禅宗只抓住一点，抓住佛法的那点真精神，层层剥落，将佛法本身来个去执化的检视，这真精神便活脱脱灵光闪现出来。禅宗，是既直接，又生动的。同时，禅宗又是有中国特色的，它的特殊性在于除了延续佛陀教法精神之外，还体现出震旦民族的说法特点，将佛应机说法的方便善巧开示出来，使佛法在中国获得了前所未有的生机，也获得了更广大涵容的意义。而这背后的历史机缘，则不得不追溯至近代以来的佛教复兴运动。

近代佛教的命运正如近代中国的命运一样，饱经磨难而历劫奔波，社会的动荡不安，国家的风雨飘零无不对近代佛教产生着影响。过去那种山林式的佛教面目被世人所鞭挞诟病，更有被学者们以美育代宗教所取代之势，寺院被军阀征占的情况屡见不鲜，僧人们几乎无立锥之地。而太虚大师挺身而出，为佛教的发展奔走呼告，他的身体力行向世人充分说明了佛教是可以有益于社会，有益于人生，可以为现时代所服务的，佛化运动在他的倡导下广泛流传，佛教无疑已经加入到救亡图存这一近代中国的历史主题中，并发挥着积极救世的正面作用。人生佛教由此成为近代中国佛教发展的一个新路向，沿着这一路向而走出的人间佛教道路成为中国佛教发展的主题。佛教的人间化、人生性也说明佛法不离世间觉，佛法是当下的，救世的，肯定人生的。同时，这当下的佛法也是生活化的，生活禅便是顺着这一人生化的佛教的指向而来。从人生佛教、人间佛教到生活禅，佛法的宗旨未变，但宗风更明确，当下性的气息更浓，也反映出接续近代以来的佛化人生路向这一宝贵传统。

一、契理契机的人生佛教

对于近代佛教改革的势在必行，太虚大师有一番深刻体会。他所践行的佛教改革，是晚清以来救亡图存，内外交困的社会动荡局面的逼迫性产物。此亦是太虚人生佛教所谓契机的由来。对此，太虚有言：“但今震旦沙门，有未可自安于此者。佛法施行一切国土，贵适乎时而当乎机，随顺差别必观因缘。就吾国言，中国今为宇内贫弱危困之国，民心苟惰，政治飘摇，风化凌夷，生业艰苦，于是张扬爱国，尊奖利群，乃以图存。”①对治动荡社会民不聊生惨淡经营的唯今之计，则只有适时而变。所谓“今世诸国森列，弭争乏术，有一不能独立者则群起分夺，大乱斯成。中国土广且肥，民众无匹，若非有以自卫自存足持一时趋势之平，则将召祸地球”②，正如整个社会各个层面所遭遇到的近代西方列强冲击一样，佛教在清末民初所遭遇的衰败同样无法幸免。此是佛教在清末以来所面临之外部环境所决定。

① 黄夏年编：《太虚集》，中国社会科学出版社 1995 年版，第 11 页。
② 黄夏年编：《太虚集》，中国社会科学出版社 1995 年版，第 11 ~ 12 页。

虽说社会救亡图存的外部因素激发了太虚参与社会活动，救国救民的决心，但此亦是佛教在近代求生存求发展的需要。从目的上言，太虚积极参与社会革命活动的姿态即来源于对乱世之中佛教衰败景象的救治，所以，倡导佛教改革是实现振兴佛教而不得不为之的手段。

为此，太虚从内部追溯了佛教在中国的发展路径，并对晚清之际佛教发展的颓败有深刻认识。归结起来，中国佛教发展到近代，自身也到了不得不变的生存瓶颈中。旧有佛教发展出的两种弊端——山林佛教及鬼神佛教已经到了无可救药的地步，已丧失了佛教本来精神，而又遭世人痛斥为迷信之流。特别提出“人生”一词，就是为了对治佛法的流弊。“向来之佛法，可分为‘死的佛教’与‘鬼的佛教’。向来学佛法的，以为只要死的时候死得好，同时也要死了之后好……还有说：佛法重在离开人世的精神；但死后不灭的精神，具体地说即为灵魂，更具体地说，则为神鬼。由此，有些信佛者竟希望死后要做个享福的鬼，……故即为鬼本位论”①。这里所说“死的佛教”就是山林佛教，以为佛教只重视人的死后，修行也是为了末世的风光而已，使佛教表现出隐遁避世的消极面，远离现实人生苦难逼迫的真实环境，与社会救亡图存的历史大潮风马牛不相及。与之相关，就是一种鬼神佛教，鬼本位论的佛教。这与清以来佛教经忏之术的惑世，超度亡灵有关，使人们迷信死后解脱，灵魂不灭，将佛教视为死的佛教，鬼的佛教，此与近代科学风潮之兴起亦背道而驰。更重要的是，这两方面均不能代表佛教真精神，反而构成佛教自身发展的障碍，由山林佛教和鬼神佛教气氛下培养出的僧众素质自不堪言。丧失了本来面目的佛教就不免成为社会批判和抵制的对象。近代以来庙产兴学运动的风起云涌就是出于此种对佛教消极面目的认识，将佛教化入迷信之流一并消灭既满足了人们对迷信鬼神的痛恨，更能使占有山林土地

① 黄夏年编：《太虚集》，中国社会科学出版社 1995 年版，第 223 页。

的佛教资产纳入救世利生的实际需要当中。这使近代佛教无疑遭遇到前所未有的危机，饱受批评。

所以，围绕如何让佛教走出近代内困外交之局而力图振兴之，可以说是太虚大师适时而变的倡导各种革兴行为的根本原因。人生佛教理论就是在太虚大师践行近代佛教改革运动的过程中孕育而生。一方面，太虚大师的人生佛教主张在当时看来属于革兴之举，倡导佛教改革是太虚大师推动近代佛教复兴运动的主题。另一方面，人生佛教的主张又不能说是完全激进的标新立异，相反，所谓复兴，正是要回归佛教精神，回归佛陀本怀，将过去被扭曲遮蔽的佛教精神恢复过来并发扬光大才叫复兴，复兴是要扫除那种歪曲佛法的世俗化、鬼神化的尘障，特别是要维护中国佛教的本位精神，这就使人生佛教的革兴运动带有既激进又传统的一面。人生佛教可以说是对中国佛教传统的复归，在复归基础上的继承和发扬。

1. 佛教本位的新

首先，在太虚自述其佛教改进运动史中，可以看到太虚大师早年的佛教改进运动总体上是激进的，涉及全国范围的佛教界的整体性改革。这一时期的他与革命党人有所接触，并受到社会无政府之共产主义影响，与孙中山之三民主义一拍即合。如言：“无政府主义与佛教为邻近，而可由民主社会主义以渐阶进。”[①]反映在整顿僧制上，则提出寺产公有[②]的集产制度。不仅如此，他还积极组建新型的佛教联盟团体弘誓会，该会的一大特点就是不论僧俗均可入会。对寺院入会条款，则有“凡寺院完全加入本会者，由本会派人住持，即为本会所公有，皆由本会调处，不得复以私人资格占为己有”[③]一项，完全抛弃佛教寺院原有的剃度传法及住持制度，大有将佛教寺院完全公有化

① 印顺编著：《太虚法师年谱》，宗教文化出版社 1995 年版，第 30 页。
② 见《上佛教总会全国支会部联合意见书》，《太虚法师年谱》第 29 页。
③ 印顺编著：《太虚法师年谱》，宗教文化出版社 1995 年版，第 28 页。

为一社会组织之趋势。后又言佛教同盟会，章程中的其他诸如自由组织、平等博爱等思想亦与时俱进。如此种种，友人均多加相劝，如言“勿以特别组织，‘宜乎合同而化’”①，又仁山居士言“不愿另立无谓之新名词，再挑动顽固辈恶感”②。此种佛教改革制度，不但涉及僧界人士，更把世俗佛教信众均一并囊括，其雄心及激进程度可想而知。

然而，在共产、公有的大同理想和自由民主的总体精神下，全国范围内的佛教制度改革所面临的问题是多方面而具体的。从佛教与社会外在环境关系言，首先要解决的是政教关系问题。围绕着如何利用佛教资源发展教育兴办利生事业，政治与佛教的关系出现了一种动荡和紧张。如太虚大师在 1913 年《上参众两院请愿书》中言：“根据信仰自由一条，实行承认政教分权。凡佛教范围内之财产、居宅，得完全由佛教统一机关之佛教总会公有而保护之，以兴办教育、慈善、布教等事业。……否则，亦宜根据一律平等之条，切实保护；并规定佛教徒（僧众）同有参政之权。”③其中政教分离与佛教徒享有参政权便是一矛盾。按此说法，太虚大师从保护佛教寺产的角度考虑，抵制政府庙产兴学之举，故有政教分离之说。然在当时由不得佛教人士自作主张独善其身的条件下，则又希望政府能在乱世之中按照平等原则赋予佛教徒参政权，以免于在政府的兴办教育夺取寺产的行为中佛教界立于无权干涉之地。故不得不享有参政权，防止越过僧团直接兴夺庙产的事件出现。两个方案，无论政教分离还是政教不分，均体现出佛教与当世社会政治关系的紧密性。就书中所谓佛教自行兴办教育而言，也是出于防止政府介入干涉僧界财产而提出。换言之，与其接受政府及地方官僚强占寺产，不如自行组织兴办教育和慈善，改变人

---

① 印顺编著：《太虚法师年谱》，宗教文化出版社 1995 年版，第 28 页。
② 印顺编著：《太虚法师年谱》，宗教文化出版社 1995 年版，第 28 页。
③ 印顺编著：《太虚法师年谱》，宗教文化出版社 1995 年版，第 29 页。

们对佛教消极遁世的认识，积极参与自主兴学，如此则免于庙产兴学过程的外在压迫，使僧团日常生活有所安顿。

值得注意的是，太虚大师在政教关系上的首要考虑是选择政教分离。其第一要义是保证佛教寺院财产的公有性和佛教自有性，即保证佛教在制度和财产上的自由，若此点无法实现，才退而求其次的选择参与政权防御保护自身利益。而政教分离在当时之社会形势下却不可能实现。印顺法师也在对太虚之《整理僧伽制度论》中对此评论，认为太虚的论中“尤以‘政教分离’，决非中国政情所能许！”[①]由此看，太虚的初期佛教改革虽态度激进，但始终立足佛教自身，在政教关系上表现出的矛盾性贯彻始终，成为他激进中保守，保守中激进的真实写照。

庙产兴学的外部刺激所反映出的佛教改革过程中太虚思想的复杂性还可见于 1921 年的《修改管理寺庙条例意见书》中。其中有两项值得注意。其一是第一章第七条“各寺庙得自立学校。但宗教寺庙所立者，于经典外须授以普通学科”[②]，第三章第十八条“寺庙财产不得抵押或处分之。但左例各款不在此限：一、因充学校暨教务或公益事项必要之需用，经管理人呈请地方官核准者”[③]，以上两条均与教育兴学有关。仍是上面所述的观点，与其让官绅乡党之辈借兴学之名驱逐僧徒，不如自行发展教育，同时既注重提高自身素质，又积极加入全民教育当中，甚至寺产在兴学及公益事业面前还可有上呈核查的退步，佛教改进运动过程的复杂性不言而喻。

1927 年太虚作《僧制今论》，已将眼光着眼于二十万僧尼，比前之《整理僧伽制度论》全国范围的僧俗八十万已大大缩小。其在上海

---

① 印顺编著：《太虚法师年谱》，宗教文化出版社 1995 年版，第 40 页。
② 黄夏年编：《太虚集》，中国社会科学出版社 1995 年版，第 377 页。
③ 黄夏年编：《太虚集》，中国社会科学出版社 1995 年版，第 380 页。

有改良经忏活动，乃为谋取经济基础以作新僧运动。①对于此，印顺评论仍尤言其思想之保守："时革命风暴，迫在目前，大师不依'僧制今论'，与研究佛学者相联络，导一般僧众从事资生工作，乃欲藉改良愚迷陋习之经忏生活以谋发展，似非善策！使当年三民主义革命而真能实现，则'经忏'决为取消而非改良也！"②可见激进与保守之因素在太虚大师佛教改进运动中的张力。

1928年，庙产兴学运动仍在继续，中央大学部爽秋向全国教育会议提庙产兴学之具体方案，引起僧界震动。1930年部爽秋又成立庙产兴学运动促进委员会，种种欲将佛教纳入改革之举才使僧界新旧之争暂时消歇，一致呼吁反对，最终在太虚等人的多方努力下寺产才得以保住。全国佛教徒会议在此种情形下召开。太虚大师在《告全国佛教徒代表》书中更言："庙产兴学已打消，再言整顿僧寺、兴办教务等，徒惹人厌！"③由此进一步强调当务之急乃在于全国性的佛教会能保持团结，努力振兴佛教事业。相形之下，庙产兴学为来自社会的外在压力，若庙产兴学无法成事，则转向佛教内部自身整顿发展更为要害。此又是在社会力量的逼迫性改造前提下才动革兴之头脑。庙产兴学是应社会需要而生，非佛教内部自身发展的要害问题。

进一步说，佛教革兴并非对佛教传统的完全颠覆背离，否则，佛教本来面目不存，何来革兴可言！1928年太虚大师作中国革命僧训辞，即彰显出佛教本位的改革主题。针对当时"革命空气仍极浓厚，大有不革命不能生存之概！故僧众亦觉得有革命的需要，曾受过僧教育的僧众，咸以为：佛教不革命就不能适存，非来个佛教革命不可"④。太虚大师拨革命之正，谓"中国的佛教革命，决不是抛弃有

① 见印顺编著：《太虚法师年谱》，宗教文化出版社1995年版，第126页。
② 印顺编著：《太虚法师年谱》，宗教文化出版社1995年版，第126页。
③ 印顺编著：《太虚法师年谱》，宗教文化出版社1995年版，第178页。
④ 黄夏年编：《太虚集》，中国社会科学出版社1995年版，第420页。

二千年历史为背景的僧寺，若抛弃了僧寺，以言广泛的学术化、社会化的佛教革命，则如抛弃了民族主义而言的世界革命一样危险！”①越是在革命空气日益浓厚的历史演进条件下，太虚大师佛教本位的传统思想越鲜明。1937 年，太虚讲《新与融贯》，明确表示：“佛教中心的新；即是以佛教为中心，而适应现代思想文化所成的新佛教。……若不能以佛教为中心，但树起契机标帜，而奔趋时代文化潮流或浪漫文艺的新，则他们的新，已失去了佛教中心的思想信仰，而必然的会流到反俗叛教中去！这都不是我所提倡的新！中国佛教（华文）本位的新：是以中国二千年来传演流变的佛法为根据，在适应中国目前及将来的需要上，去吸收采择各时代各方域佛教的特长，以成为复兴中国民族中的中国新佛教。……本人所谓中国佛教本位的新，不同一般人倾倒于西化，麻醉于日本，推翻千百年中国佛教的所谓新。亦不同有些人，凭个已研究的一点心得，批评中国从来未有如法如律的佛教，而要据佛法的律制以从新设立的新！”②

可见，太虚大师所谓的革兴，是要时刻以佛法为本位，以中国佛教为根据，而不是学习西方或日本式的全盘照搬，不切合中国传统的崇洋媚外。不以佛法为中心，便会使佛法流于世俗法，离经叛教，丧失佛法精神。不以中国佛教为本位，便会使佛法变成西化日化的外邦法，强行的克隆复制无疑是对佛法的歪曲，不符合契理契机的精神，这种新已经背离了中国佛教的本来面目，应该引起人们的注意。

1939 年，在《复亦幻书》中，太虚更论及日本明治维新后佛教发展的弊病，即对日本社会生产和文化组织的整体过于迁就，而渐失佛教真实性。他明确反对一味苟求生存而入俗的做法，回顾自己所经历的佛教改进运动，他体会尤深：“余民四前，揆度我国将成一欧美式

① 印顺编著：《太虚法师年谱》，宗教文化出版社 1995 年版，第 138 页。
② 印顺编著：《太虚法师年谱》，宗教文化出版社 1995 年版，第 230 页。

的民主国，故作《整理僧伽制度论》，为适应之建设。然以国内军阀割据，政变迭生，及欧战后俄国革命成，形势异前；迨民十六，遂适应改为《僧制今论》。民二十后，外感世界经济大恐慌，内觉中国佛教会，无由有全国之健全组织，另为《建僧大纲》之拟议。今更缩为先建一《菩萨学处》。皆因中国经济政治尚无一确定之趋向，不能如近代日本佛教与整个经济政治文化，成就联系的功效。然其屡变，皆与整个中国相呼应而起，且皆从佛教根本信念流出。惜乎你等都不能深切注意研究及此，轻易看过，致新进后生亦漫不经心而妄生訾议。要之，佛教必须从根本信念上立起。从有根本信念的广大信众上，增进成立住持佛教的僧众，则纵为适应生存环境，变更僧制，甚而退出僧众，亦必仍为佛教之信众。否则，但为个人或一群人生活求出路，别无超俗向上之意义，存佛教之名而无佛教之实，又乌用是佛教僧寺为哉！愿你与诸友生同体究之！”①可见，虽然佛教是要应时应机的革兴，但这种革兴不能以牺牲佛教本位为代价换取，不能一味迎合世俗而丧失佛教精神。一切的革兴仍然要以佛教根本信念为基础，要首先确立根本信念，才能保佛教之名的同时更维护佛教之实。

结合太虚大师的佛教改进运动略史看，此透露出太虚大师不断适时而变的原因。他最初是在着眼全国僧寺制度范围下力图振兴佛教，后来随着革命形势的加剧，社会救亡图存的危机盖过了佛教自身生存发展的种种困顿，而转入世界视野，希冀先从改善佛教发展的外部社会环境出发，认识到只有改变社会局面才能改良佛教，由此游学世界，希望通过广泛影响社会政要人士弘扬佛法，所以后来回到中国，他又切实地从建立一个菩萨行道场着眼，希望通过一个规范的弘法道场的建立逐步开始世界佛学苑的梦想。这其中贯穿着以佛法救世及自救的两条路线。自救不暇与救世心切的两种力量逼迫着太虚大师在历

① 印顺编著：《太虚法师年谱》，宗教文化出版社 1995 年版，第 240 页。

史潮流的变化中不断调整思路，最终仍回到整顿佛教自身的菩萨行道场来，回归他所谓的佛教本位文化的新上来。

2. 人生佛教的本位——禅

人生佛教理论的提出是在随时而变的佛教革新运动中渐渐成型的，而其来源则与太虚大师自身的佛学理念息息相关。包括他的判教思想、对大乘佛教精神的解读、对中国传统佛教的维护及近代科学进化思想的影响。

首先，太虚大师早年习佛生涯中对《楞严经》有切证体悟，他的思想是“于会合台贤禅宗关于起信楞严的著述，加以融通抉择”①；他的证悟经验，是“一夜，在闻前寺开大静的一声钟下，忽然心断。心再觉，则音光明圆无际。从泯无内外能所中，渐现能所内外、远近久暂，回复根身座舍的原状。则心断后已坐过一长夜；心再觉，系再闻前寺之晨钟矣。心空际断，心再觉渐现身器，符起信楞严所说。从兹有一净身果明觉的重心为本，迥不同以前但是空明幻影矣——乃从楞严提唐以后的中国佛学纲要，而楞严摄论即成于此时”②。这奠定了他尊中国佛教传统的台、贤、禅之流，而不同于内学院欧阳竟无反传统之流，尊印度唯识学的立场。两人在后来的《大乘起信论》之争中也立场不同，太虚力图维护尊《大乘起信论》之台、贤、禅宗这些中国主流佛教宗派，甚至不惜作起信唯识释，力图调和欧阳竟无所谓起信伪论。

基于对佛陀说法契机的认识，太虚大师尤其强调佛法弘扬的契机性。契理与契机构成太虚大师在人生佛教理论中的两个重要因素。太虚强调佛陀说法的因病与药，“佛在世时，当机说法，随闻而解，随解而行而证。……故法贵当机”③，至此，他将佛法流传历史分为正

① 印顺编著：《太虚法师年谱》，宗教文化出版社 1995 年版，第 42 页。
② 印顺编著：《太虚法师年谱》，宗教文化出版社 1995 年版，第 42 页。
③ 黄夏年编：《太虚集》，中国社会科学出版社 1995 年版，第 45 页。

法、像法、末法三时期。正法期在佛住世时，故依声闻行果趣发大乘心；像法期在佛灭度后，依天乘行果趣获大乘果，由此出现密教大兴，而佛灭后的第三千年的近代为末法期，依天乘已不适时而有被混于迷信神权的危险，应依人乘行果趣大乘行，即强调成人方成佛，注重人生道德修养，“从完成人生以发达人生而走上菩萨行的大乘觉路”①。

他将佛法修行的预期效果分为四点，一是人生的改善，二是后世增胜，三是生死解脱，四是法界圆明，而从中国佛教发展的实情来说，他认为中国佛教过去在修行上过于偏重第二、三点，即偏向来世福报和生死解脱，而这两方面又与五乘中的天乘和声闻、缘觉乘相关，然对于人乘而言，则对应人生改善，这在中国过去的佛教中是相对缺乏的，大乘则可综合这四点，所以，“今之所讲人生佛教，为对治向来偏重于如上二者，故特重于人生改善而直接法界圆明。换言之，今之人生佛教，侧重于人生之改善，特出者即能依之发菩提心而趣于大乘之佛果。”②如此则从人生之改善而发菩提心，行菩萨道，从而融摄第二、三点，即综合了全部佛法而适应时机而成大乘佛道。此种契机，既对治了过去山林佛教与鬼神佛教的弊病，又在理上契合佛陀说法众生随类得解的机感差别。而提出人生涵盖佛教，则在于突出人在众生类中的特殊性，他将人作为六道众生升沉轮回的枢纽，特别强调出人生的意义和生活的价值，这在他对治吕澂先生所写的关于佛陀证道因缘分析的《生活与生死》一文中也有详细论述，此不赘言。

而在对中国佛教的解读上，太虚即人成佛思想还与他受禅宗的影响有关。上已提到，他最初的证悟体验来自楞严起信一系经典的熏习，而豁然顿悟的体验则与禅师们悟道过程相似。他认为中国佛教的

---

① 黄夏年编：《太虚集》，中国社会科学出版社 1995 年版，第 47 页。
② 黄夏年编：《太虚集》，中国社会科学出版社 1995 年版，第 225 页。

特质恰恰在禅。此观点他不止一次提及：“中华之佛教，如能复兴也，必不在于真言密咒或法相唯识，而仍在乎禅。”[①]这是他不遗余力撰文与欧阳竟无内学院一派争论起信真伪、法相唯识分宗，加入新唯识之争等佛学理论问题的深层原因。在他看来，动摇起信的价值，不仅关涉中国传统主流之台、贤、禅能否成立，还关乎中华佛教之兴衰。起信唯识之调和思想也来源于此。

与欧阳竟无批判印度佛教来华之后伪论兴起，佛学渐失其真的总体评价不同，在太虚看来，中国佛教自有其特殊价值。而禅宗则最有中国佛学特色。他甚至认为禅宗的产生是中华民族之先古们的智慧觉心，直证佛陀说法之觉源心海，乃前无古人后无来者之智慧光明。他说：“佛心与自心印合无间。与佛一般无二的圆明了体现了法界诸法实相，即身便成了与佛陀一般无二的真觉者。……活泼泼地以表现指示其悟境于世人，使世人各各直证佛陀的心境。此为佛学之核心，亦为中国佛学之骨髓。”[②]如此评价，可见他对直指人心，见性成佛的赞扬。这一点与他人乘进趣佛乘有直接关系。即人成佛，反求内心，从治心发起道德修善，才进趣菩萨行，如此种种，说明人生佛教在契理上是切近中国传统主流之台、贤、禅的，尤其是切近禅宗主张的。人生佛教理论可以说是禅宗传统在近代的新诠释。在这一点上，太虚不仅不能视为激进，反而相对反传统最勤的欧阳竟无内学院一系而言更保守。如果说欧阳先生代表了近代佛学发展的反传统路向，而太虚恰恰代表了回归中国佛学传统的本位派、保守派。

对于太虚大师的人生佛教理论，印顺法师认为，依人乘进趣大乘，没有经说依据，而有急于求成的危险，他归纳太虚的人生佛教“一、理论的特色是至圆；二、方法的特色是至简；三、修证的特色

---

① 印顺编著：《太虚法师年谱》，宗教文化出版社 1995 年版，第 119 页。
② 黄夏年编：《太虚集》，中国社会科学出版社 1995 年版，第 50 页。

是至顿”①，“大师的思想，核心还是中国佛教传统的。台、贤、禅、净（本是“初期大乘”的方便道）的思想”②，而“真正的大乘精神，如弥勒的‘不修（深）禅定，不断（尽）烦恼’，从广修利他的菩萨行中去成佛的法门，在‘至圆’‘至简’‘至顿’的传统思想下，是不可能发扬的”③。

太虚大师受禅宗的影响，在理论上表现出即人成佛的实践行动力，在鼓舞人心上确有提撕向上的积极意义，至于印顺法师所担忧的小因求大果的情况，准确说，太虚大师在人生佛教理论上还强调圆渐。即人成佛大有文章，对太虚而言，即人包括了做人的方方面面，包括一个人道德修养的整个人生过程，需要一步步从道德修行开始，“佛教教人修行，最先达到完全之人格，然后发展至于超人，至于超超人，至于微妙，至于无穷境：故人而上有菩萨焉，有诸多菩萨焉而后成佛。夫以步骤的发展，合于科学之有次序性也。修行一步即成果一步”④，这一点既是应近代科学兴起之机的需要，即“今以适应重征验、重秩序、重证据之现代科学化故，当以圆渐之大乘法为中心，而施设契时机之佛学”⑤，又含有修行的渐次在里面。当然我们不可能推测是契机应科学之需要还是因成佛之契理需要而带来此种圆渐的说法，但可以肯定，太虚大师在理论上强调圆融性，在实践上又怀有禅师们顿悟自心的浪漫活力，故虽倡圆渐，但对渐的论述不够详细。而在行动中，他又往往表现出人乘至佛乘的直接跨越性，而省略中间

①《华雨集》第四册，第 44 页，印顺法师佛学著作集光碟，中华电子佛典协会(CBETA)制作，Ver.4.0 版。

②《华雨集》第四册，第 44 页，印顺法师佛学著作集光碟，中华电子佛典协会(CBETA)制作，Ver.4.0 版。

③《华雨集》第四册，第 45 页，印顺法师佛学著作集光碟，中华电子佛典协会(CBETA)制作，Ver.4.0 版。

④ 黄夏年编：《太虚集》，中国社会科学出版社 1995 年版，第 232 页。

⑤ 印顺编著：《太虚法师年谱》，宗教文化出版社 1995 年版，第 139 页。

乘的渐进性，如“但官为好官，农为好农，商为好商，工为好工，便是菩萨道”①，“人成佛即成，是名真现实”②表现出极大的随顺世俗性。圆与渐的关系在人生佛教理论的尺度中似乎圆更占首位。

圆包含了契机，包含了对现实社会的随时应变，同时圆的性格也来自于中国佛教台、贤、禅宗的主流品格。其他如倡八宗平等，破欧阳竟无法相唯识之分，作《起信论唯识释》等，均是调和佛教宗派差异而随顺教化的表现。太虚有言：“以中国原有儒道各家深远之文化，故佛法来中国不得不由宽容含忍调和教化以出之，因此乃最富于容和性；今日的中国，尤为一切异教异学争鸣之地，非出以更大之容忍融和，莫由施展其教化。”③

可见，他的人生佛教思想继承了这种融合性，既是尊重中国佛教的特点，维护传统本位，又是现实发展的需要，就佛法而言，教化方便是有根据的：“善学佛者，依心不依古，依义不依语，随时变通，巧逗人意。依天然界、进化界种种学问、种种艺术，发明真理，裨益有情，是谓行菩萨道，布施佛法。终不以佛所未说而自画，佛所已说而自泥，埋没己灵，人云亦云。”④此中教化方便在他那里发挥到极点，如所谓修行宜出家则出家，宜在家即在家，不论僧俗，农禅、工禅等等，把传统佛教的融合精神推向现实的高峰，从而也表现出面对落魄现实惨淡人生的一种无奈的激进。此种激进包含了对乱世的悲愿和悲心，此种貌似无原则的随顺世俗只有在特定的时代背景下才能得到更好的解释。

3. 即人成佛的真现实论

人生佛教，既是对佛教在近代发展的一大设想，是一种由人乘进

① 印顺编著：《太虚法师年谱》，宗教文化出版社 1995 年版，第 83 页。

② 印顺编著：《太虚法师年谱》，宗教文化出版社 1995 年版，第 233 页。

③ 黄夏年编：《太虚集》，中国社会科学出版社 1995 年版，第 355 页。

④ 印顺编著：《太虚法师年谱》，宗教文化出版社 1995 年版，第 15 ~ 16 页。

趣大乘的佛法，同时又是切合现实的。在当今时代，末法时期，人是成佛的主体，以人生为中心，完成从人生而走上菩萨行的大乘觉路有其普遍的机宜。这就是所谓的真现实。1938 年太虚大师再论人生佛教的真义，作《即人成佛的真现实论》，说明了人生佛教的契理契机性。这首真现实颂本身是缅怀亲人之作，其中后两句成为脍炙人口的名言："仰止唯佛陀，完就在人格，人成佛即成，是名真现实。"①仰止唯佛陀，说明人生佛教之根本不离佛法大意，不违背佛陀教诲，而手段则是通过个人人格的完成，成为一个有德行的人，健全的人，才能通达成佛之道。后两句则说明，在当下的机宜中，成人之道已经是成佛之道的修行的一部分了，这才是现实人生中的成佛之道。

此话怎讲？太虚大师首先说，佛法原则本在于契理契机，所谓契理之理，指诸佛诸圣所证的诸法性相之理，所谓契机的机，则是众乘中已修未修众生行果之机宜。契理，才能不失去佛法之本来面目，契机，则能应机教化，必不使一众生远离佛法之外，契理契机，才能符合大乘菩萨道救度众生、不舍众生的精神。再依中国佛教的历史国情看，中国佛教别成禅宗、净土宗，不同于印度梵行，而转向寄身于自耕自食的农林生活，此则下启末法期的人间佛教。净土则流传日本，变为真言宗，切合人间生活的需要。又如藏传则以像法期密教为主，宗喀巴救之以正法期的戒律教理，都是特殊环境造就的产物。而无论是正法期的超欲梵行，还是像法期的注重咒术，均不符合末法期的需要。"末法期佛教之主潮，必在密切人间生活，而导善信男女向上增上、即人成佛之人生佛教。锡兰等地律风，虽有切近人生者，然侧尚离欲出世，对人世资生物用及人治理救济均鲜积极的心行。西藏密宗对资生济众虽较有积极精神，然以习修欲界天身而迷信多神，甚违近代思想。日本真宗似为开末法人生佛教之最前进者，然托弥陀净土安

① 印顺编著：《太虚法师年谱》，宗教文化出版社 1995 年版，第 233 页。

心，又何若直指人心见性成佛的唐代禅宗更切人性？”①重视咒术，不免陷入神教之中，有违近代以来的科学实证思想，离欲出世，则难免对救世利生的现实人生需要淡漠，这也不是近代以来救国救亡运动所需要。唯有积极入世的人生佛教，特别是唐代以来禅宗那种直指人心见性成佛更能大快人心，切合人性，救度众生。可见，末法期成佛的重心在人道，人生佛教的倡导由此而出。

在人生中倡导佛法正道，首要便是成人。成人，是从保持人的业果而言，怎样使人人学佛法，以佛法自救，以佛法救国，在机宜上说，就是要人们先了解佛法，以学习佛法来帮助人们树立正确的人生道德观，不滥杀无辜，不争掠抢夺，在业果上，使人类首先不失去人性，保全、完善其人性，养成健康向上的人格，才能有完满的人间社会。有了这完善的人生为依据，人类才不至于亡族灭种，化解此人生的危机，才能进一步使人们了解佛法，修行佛法，这是末法时期趣进大乘菩萨行果的唯一出路。“换言之，即从人生的进化，走上大乘菩提行果也。”②

特别是就中国而言，“中国二千年来的文化主潮在儒化，故尤不得不行此人生佛教，亦最适宜行此人生佛教为各国倡”③。这适应中国文化特点的积极向上的人生，重视现实生命的人生，自然与中国化的佛教宗派——禅宗联系起来，在末法时期倡导禅宗式的即人成佛便在情理之中。即人成佛，就是依据直指人心而见性成佛，依人生而增进成佛，发达人生而进化成佛，此就是太虚的即人成佛的真现实论。因它是符合现实，契理契机的，是名为真现实。

值得注意的是，即人成佛并非一种禅宗末流的简易方便法门，非一蹴而就可得。倡导即人成佛，有印顺法师所忧虑的急于求成，不事

---

①《太虚大师全书》，第460页。

②《太虚大师全书》，第462页。

③《太虚大师全书》，第464页。

修行的危险，但即人成佛的主旨与修行本身并无必然冲突。太虚大师在论及《本人在佛法中之意趣》中说到，即人成佛的提法是为了弘化方便，“无求即时成佛之贪心”①，佛法本不限于现身的、此世的立足，而普遍及法界一切众生。众生的发心修行，也不是以此世为目的，修行不应为空间时间所限，是超出一切时空的。唯其如此，才能精进无息，行满果成。所以，成佛之道需要不断努力精进，抱着但求耕耘，不问收获的精神，才能自悟悟他，心量广大才能修行圆满。怎么可以施设立地成佛，即身成佛来许诺众生，引发希求即身成佛的贪心。所以，即人成佛是为随顺应机的方便而说，绝不可理解为不假修行当下即成的简易法门！印顺法师所说的无法体现出弥勒精神的忧虑，实在不是太虚大师的本意！

更应该注意的是，太虚大师虽言中国佛教的特质在禅，虽有即人成佛的真现实论，但他的主张绝不同于禅宗末流的故弄玄虚，没有真实参究，何来即人成佛？对慈氏不断修行，深入禅定，太虚大师是极力赞成。他所说的中国佛教的特质在禅，便是明证。普遍以为，此中国佛教的特质在禅的论调专就中国禅宗说，这其实是一种误解。虽然在八宗平等之外，太虚大师的确更亲近于台、贤、禅。特别是对禅宗的宗门直悟本心，感觉无比畅快。但太虚大师所赞叹的绝不是末流禅、不事修行故作神秘的狂禅。太虚有言，中国佛教的禅是对印度以来禅定修持的统称，这里的禅不是专指禅宗。说中国佛教的特质在禅，是广义地比对南洋、日本、西藏而言。南洋佛法特重律仪，西藏则在于密咒，日本则在于闻慧及通俗应用，实际身心修证功夫较少。“从以上各地特质比较起来，反显出中国佛教特质在禅。”②

中国佛教的特质在禅，这有其历史原因。一则与来华僧人之弘扬

---

① 印顺编著：《太虚法师年谱》，宗教文化出版社 1995 年版，第 210 页。

②《太虚大师全集·中国佛学特质在禅》，见 http://tx.foyuan.net/book/index.html。

有关，僧人的端肃仪态，幽深静默的风度，持咒修禅时表现出的智慧神妙，初期神通的传说等，使人产生“仰之弥高，钻之弥坚”的观感，激发人们进一步探索修学的兴趣，希望能从佛法的深奥神秘中获得神功妙智。“学人皆从禅中去参究，探索其秘奥，遂即成为中国佛学之特质在禅。”①其二，禅的风行还与历来文化中崇尚简朴高逸有关，魏晋的名士风流即是一种崇尚自然，玄旨幽远的做派，不尚言论辨析，而求得其大全即可。说到底，是中国文化中的一种综合的思维和天人合一的精神。不求辨名析理，只求精神超拔的气质感应。这使佛教初传时便乐于在山洞崖壁之间，养成一种简单静谧的生活习惯，禅修亦以简要示人。这两方面构成梵僧来华领受中国传统文化的特殊因缘。

中国佛教的特质在禅，并不专指禅宗。在禅宗以前，教门的禅被太虚称为“依教修心禅”，是依于教而修习，包括重调呼吸的安般禅、重五停心观的五门禅、重持名念佛的念佛禅、观实相的实相禅四种。可见，太虚所谓禅宗以前的四种禅，均是偏重定学的禅定之禅。

与前面的依教修心禅不同，禅宗之禅是一种宗门禅，又被太虚称为悟心成佛禅。不立文字教外别传，显示禅宗之禅不同于教门的修习法。直到禅宗的出现，才把定慧并重、突出自心超绝的慧解的中国佛教之禅突出出来，这佛心直证的活泼心境，可以说是中国佛教的骨髓。

可见，太虚大师所谓的中国佛教的特质在禅，虽突出禅宗的宗门特殊性，但并不专指禅宗，而涵盖整个佛法西来中一贯的梵行之法。是要以禅宗来融摄贯通五乘，以禅宗精神容纳禅修之实践法门，从而建立依人乘趣向大乘行果的未来世界佛学之路。所以，即人成佛的真

---

①《太虚大师全集·中国佛学特质在禅》，见 http://tx.foyuan.net/book/index.html。

现实论，是在近代中国的特殊形势下所能想到的振兴佛教的办法。“因为在这个时代里，如果是脱离现实人生，或否定他或与他毫无关系而来阐扬佛法，无论在中国还是在世界都是说不通而且不可能的；必须要讲明佛法乃是发达人生的学理，乃可通行”①。

严格说来，太虚大师是抱着一种诸宗平等的观念，试图在现时代融摄各宗派，将佛法的真义尽可能完整地继承发扬。所以他称自己并不是专门继承某一宗派的徒裔。古代的宗派传承有严格的系统，专弘本宗，而“本人在佛法中之意趣，以为由佛之无上遍正觉所证明之法界性相，为度众生应机设教，则法有多门；故法本一味而方便门则无量无边。……所以，本人观察佛法之五乘共法、三乘共法、及大乘不共法，原为一贯。在教理解释上，教法弘扬上，随宜施设，不专承一宗以自拘碍”②。无论五乘还是三乘划分，都是义理一贯的，是施设方便所做的区分，偏说某一派如何，并不能得见佛法之全貌。在这种精神下，太虚大师自然不会因特重禅宗而置其他宗派于次要地位。

实际上，太虚的人生佛教旨在即人成佛这一大方向下，本着行在菩萨戒本，志在整理僧伽制度的愿心，一切以现实的需要为依据。即人成佛，并非一般人所理解的完成世俗所说的人格即是成佛那种论调。即人成佛并非要把佛法低陷到庸俗的人类生活中，乃是“从现实人生中去不断地改善进步，向上发达，以至于达到圆满无上的人格”③。因为，唯有到成佛时，人格才算是圆满，是以佛陀为旨归，所以才说仰止唯佛陀。这是从完成普通人格而发更大的菩提心去完成圆满的人格——佛的过程。使佛法不失发达向上的积极的人生修行范围，成为积极进取趣向大乘的菩萨行。这期间，菩萨道的次第修行并

---

①《太虚大师全集·中国佛学特质在禅》，见 http://tx.foyuan.net/book/index.html。

② 印顺编著：《太虚法师年谱》，宗教文化出版社 1995 年版，第 210 页。

③《太虚大师全集·中国佛学特质在禅》，见 http://tx.foyuan.net/book/index.html。

无偏废，六度四摄的实行也不断，才是行在瑜伽戒本。怎么能说是至简至顿的成佛法门？若以此末流的禅宗来理解太虚的即人成佛说，就未免流于俗见了。即人成佛的理念虽是简明扼要的，直澈心源的，但过程绝不是脱离修行的。

二、人间佛教

如果说，在太虚大师那里，人生佛教是实践性的、入世性的，那么，在印顺法师那里，则人生佛教更应该走向理论性、历史性。人间佛教的提法，就是要在人生佛教的基础上，进一步为佛法在当代的契理契机寻求理论依据，这也必然要对人生佛教的精神进行理论追述，历史还原。印顺法师由此不遗余力地返回圣典，试图从印度佛教，从佛陀本怀去反思人间性，并最终提出人间性乃佛教的题中之意，为近代佛教的走向作出了理论总结，勾画出人间佛教的未来蓝图。可以说，人间佛教是继承着太虚大师人生佛教思想而来，又表现出新的异趣，即突出佛法的场域和生存环境，这对佛教在当代的发展有着重要影响，人间佛教也由此成为近代佛教中不可绕开的永恒话题。

印顺法师自言，受到太虚大师的影响很大，也非常敬佩太虚大师，认为太虚大师有特别的宽容和慈悲精神，对救僧护教尽心竭力，永不气馁，悲愿至高。同时，对人事对教义，又有无限的容忍，对佛教的未来发展又有深刻的远见，这些都是当时非一般人所能及。尤其是不单从某一宗一派来论断佛教，极力向世人展现佛法的真面目，这种广泛性和实践行动的大气魄，确实令人敬佩。然而，印顺法师对太虚大师人生佛教的提法，却也不是全盘接受。佛法要契理契机，这固然是很重要的，然而，对至顿至简的过于圆融，他有一种担心。这适应时代的契机性怎样才能不脱离佛法，避免过于圆而不能显佛法真义，这是印顺法师所顾虑的事情。正如前文所提到的，这随顺应机的度在哪里，这简易法门如何能体现真正的大乘精神，如何能体现菩萨行的成佛法门。可以说，印顺法师对真常唯心系没有太虚大师那种发自妙心的自觉体验和真心认同。对于宗门向上一机的圆顿，印顺法师持保留态度。当然，他的这种担忧是从佛法的普及性来讲，在普遍的适用性、社会性上，怎样能保持佛法的真义，不离佛法面目地向民众弘扬佛法，这是他关心的问题。

印顺法师在《研究佛法的立场与方法》中自忆出家因缘：从小就生长在一个佛法衰微的环境中，在家乡海宁，佛法只是赶经忏。“我知道佛法后，就找几部经、论看看，看了以后，我生起两种感想，一是佛法的理论很高深，佛法的精神很伟大；另一方面，我觉得佛法是一回事，当前的佛教又是一回事。代表佛教的，如我家乡的出家人，好像与我经上看到的佛法，有相当大的距离。”这眼中看到的世俗佛法是怎样地不能像佛经中所传达的佛法精神，是怎样的不能与经论中高深的佛法相比，可想而知。世俗化的，流于鬼神经忏的佛法，在印顺法师心中留下很深刻的印象。所以，出家之后，他一心想了解佛法是怎样慢慢的演变，其原因何在，这成为他研究佛法的动力。这也是印顺法师之所以一直关注佛法的流变，担心佛法过度世俗化的原因。为了让世间面貌呈现出来的佛法与经典精神相一致，为了让世人认识到什么是真正的佛法，他对佛教的革兴运动自然多一重担忧。这促使他一直立足于印度佛教，立足于寻找佛教的源头，在原始经典中寻找真正的佛陀精神。

1. 为人之佛

佛陀之为佛陀，首先在于历史中的有出生有姓名的佛，换言之，这意味着佛陀是有体性与生命的，这就是佛陀的法身。所以经中有说“见缘起即见法，见法即见佛”。佛陀的特殊性就在于他体悟了人生的真谛——缘起正法，见到了生命的本质。缘起性就是佛陀的法身，所以，由这证悟缘起的如平等而建立的佛教僧团，是和合僧，是和合众的集合。“在佛陀之所以为佛陀中，佛弟子的整个身心，成为佛陀之一体”[①]。这就把佛法一下拉回人间，落入人间，与近代讲实证的经验主义的风潮暗合。

其次，说到佛陀的出家，这与印度一般的隐遁梵行不能相提并论。佛陀的出家并非消极的厌离，而是不忍看到世间杀戮的残酷，生民的艰难。从佛本行经看，世尊觉悟的经过是起源于对人的一生生老病死各种苦难的深切同情，对人世间、人与自然界一切万物生命的怜惜促使他非要来解决这人生的苦乐问题不可，非要来证悟这生命现象的本质不可。佛陀之发心不可不谓大，不可不谓慈悲。正是对人间真情至爱的深切感受使他能切实地体会到生命的珍贵与残酷，而努力去探索发现这痛苦的根源。释尊离开王宫，这种弃世行为才真正是走入人间的开始，弃世是忘却私我，直面生命本身，直面生活的现实，而不是沉沦于个人的五欲享受中。释尊在接受弟子敬礼时，却说不摄受众，即不愿意以统摄者的，居高的身份来教化众生。这恰恰是佛陀正觉这缘起正法的完满实践。在整个僧团的建立和佛陀教法中，可看到的是一个与众生同甘共苦的平等的度化者，这才是真正关切人间生活的表现。时时与众生一起面对苦乐，可谓“为家忘一人，为村忘一家，为国忘一村，为身忘世间”。这离世的，出世的意义，根源于对宇宙人生的一种真切关怀，这样才是真正的为大众，为世间。“忘世才真正的走入人间。”[②]

再者，从佛陀的悟道经历看，佛本在人间而成，这凸显出人间的重要性。印顺法师提出，正确的佛陀观即是要看到佛到底是在人间而成，是即人成佛的。“如来在世间，不言有与无；如来涅槃后，不言有与无。……从本生谈的启示中，佛陀的因地，修行菩萨道的菩萨，并不与俗见者所见一致。菩萨早已断了烦恼，具有超越声闻弟子的能

---

① 印顺：《佛在人间》，第6页，见《印顺法师佛学著作集》网络版。
② 印顺：《佛在人间》，第13页，见《印顺法师佛学著作集》网络版。

力。所以正确的佛陀观，是证无生法忍菩萨，断烦恼已尽；成佛断习。这无生法忍菩萨，虽然随机益物，但成佛还是在人间。‘诸佛世尊，皆出人间，不在天上成佛也’。《阿含经》如此说，初期大乘经也如此说。正确的佛陀观，是不能离却这原则的”①。也有说佛成佛已久，在人间的不过是示现，也有说成佛在天上，不在人间，印顺法师认为，这有将佛天化的意味。就流转的变化，缘起的无常来说，本来佛在天而天，在人而人，本没什么可执著的。在六道众生中说法，自然有示现不同。但就人来说，我们人类是在人间的，我们所认识的佛陀自然也是人间的佛陀。所以，首先要理解的是佛陀在人间的确实性，确立起人间正见的佛陀观。佛在人间是即人而成的，只不过在大乘佛教的发展中，人们把佛陀遥想为天上所成，依着人乘发趣向大乘，又依着天乘将佛陀天神化，成为升上天的佛。这就远离了原初那众缘和合的法身佛。因此，印顺法师说：“佛陀怎样被升到天上，我们还得照样欢迎到人间。”②根据还是《增一阿含经》所说的诸佛世尊皆出人间，不在天上成，折射出“人身难得，佛法难闻”的特殊意义。

2. 人间的对治

人间的提法，在近代以来的救世风气中极为普遍，很多僧人都主张建立人间性的佛教，这本来是出于对佛法契理契机的考虑而形成的共识。在适应现代社会的人事方面，提倡人间佛教，顺理成章。然而，在太虚大师的人生佛教之外提出人间佛教的主张，这对印顺法师来讲有特殊的意义。一方面，自然是继承太虚的人生主张，要重视现实的人生，解决现实人生的问题；另一方面，又不同于一味的求生，还要对治天神化的一头。

---

① 印顺：《佛在人间》，第 14 页，见《印顺法师佛学著作集》网络版。

② 印顺：《佛在人间》，第 16 页，见《印顺法师佛学著作集》网络版。

人生佛教的提法，有两个意思，一是对治佛教末流重死和重鬼的倾向，即那种以为学佛就是为了死得好，死得风光，有去处！连带地相信有鬼的存在，相信人死为鬼，鬼又可以转生轮回为人，甚至有人认为信佛就是要先信鬼，这种以鬼为本的见解加深了人们对佛教的误解，使佛法沦为经忏鬼神之说，与迷信无异。这自然也失却佛法的本来精神。所以，人生佛教的提法，就是为了对治这种鬼本的、重死的邪风，还佛法的本来精神。因此，人生佛教第二个方面的意义，印顺法师认为即是显正。显出佛法应该重视现实人生，而且是从佛法的根本上去说，这是佛陀本怀，佛法是成就人生的，依着人乘正法修成完善的人格，由此渐趣大乘，实现佛成。即人而成佛，显出这是人生佛教树立的见解。

那为什么要在人生佛教之外又进一步提出人间佛教呢？印顺法师在这里体现出他与太虚大师不同之处。首先，就契理契机来说，佛法若只重契理，则未免曲高和寡，若只重契机，则成一味顺俗，离却佛法真相。人生佛教本是既契理而又契机的，从对治的方面说，纠正过去佛教重死重鬼的倾向，从显正的方面，则说明此为大乘佛法的真精神所在。但印顺法师认为，人生佛教虽然已极好，但却不是尽善尽美。特别是从对治的方面说，人间的提法比人生更具有广泛的有效性。因为在五趣中，人正好处于中间。人以下有地狱、饿鬼，人之上又有天神。就人所处的阶段来看，人间更突出成佛的场所性。既不是偏于重死的重鬼的一边，同时也避免了天神的泛滥所引起的天化、神化，这就同时对治了偏于神与永生。人间的提法，恰好同时对治了两边，"真正的佛教，是人间的，唯有人间的佛教，才能表现出佛法的真义"[1]。人间，既突出佛法弘扬的根本对象，也突出成佛的场所，这才达到究竟彻底而又最适应现代机宜，也就是契理契机！

---

① 印顺：《佛在人间》，第22页，见《印顺法师佛学著作集》网络版。

当然，印顺法师所谓人间的提法并不是否认十方诸佛，我们所在的人间世界曾经有佛出世，就我们人类而言，释迦牟尼佛是在地上，在人间而成，所以《增一阿含经》里说诸佛世尊皆出人间，非由天得。这甚至说，在十方世界中总有人间世界，人间是成佛的必要场所。再从佛的说法看，佛说法的对象主要是人，十二缘起也是就人的一生生老病死来说，五蕴、十二处、十八界的分类也依着人而产生，人最符合这说法的情况，所以，法本为人而说，一切说法本是适应人类的情形而安立的，可见人在其中的重要性。佛出人间，为人说人法，何其明确。

其次，从教史演进的角度说，印顺法师认同太虚大师对佛教发展的三期划分，在正法期，佛陀说法是以声闻道为中心，那时的学佛者多以声闻行果趣入大乘。像法期，则多依天乘行果进趣大乘，这是因为婆罗门教重天法的影响，处处以佛化的天国为修行的理想，产生了天神的姿态。而到了第三阶段，末法期，则依人乘行而趣入菩萨道。因此重声闻小果的，逃避山林，为时代所不许，而重天乘的则被斥为迷信。现时代只有依据人乘修学菩萨法，发心直趣大乘，才是应机而可以宏通救世的佛法。因此，现时代所提倡的人间佛教，就显出第三期的以人乘趣向菩萨法，即摄取印度初期、中期二期中的人菩萨的慈悲与智慧，而从悲起智，由人发菩提心，度一切有情，直趣无上菩提，这就脱落了那种天神化的倾向。

所以，印度法师所谓的对治天神化，即针对印度大乘晚期的佛陀梵化现象，把佛神化的加以崇拜，神佛不分。从人间的眼光看，这是把现实人间的佛陀天化，是佛梵合流的产物，使佛教最终在印度走向神秘、迷妄的末路。从佛教在印度发展的这一兴衰史看，印顺法师更坚定地认为，只有确立佛在人间，以人为本的本教，才能使佛教不会变质。当然，印顺法师并不否认佛陀为人道之外的众生说法，在天上成佛，但那都不是作为人类的你我所能知的，那是天上的教化，已经无关于人，对其余众生教化的适应性也无关于人间的教化，自然是从人本身来抉择佛教，以此来说人间佛教。所以，人间佛教的提法已经是显正，在佛陀说法中确立人间法的地位，同时也是对治，这是在人间的说法，非天上非鬼道，使佛教能在人间恢复其本有的精神。

从教史的角度说，这末法时期的人间佛教，便是从佛的本怀所出，即人而成佛。在这一点上印顺法师最终与太虚大师达成一致。“从佛出人间的意境中，一重人间，一重佛道。这我们称为人间佛教的，不是神教者的人间行，也不是佛法中的人乘行，是以人间正行而直达菩萨道，行菩萨而不碍人间正行的佛教。从来所说的即世间而出世，出世而不碍世间，今即称为即人而成佛，成佛而不碍为人。成佛，即人的人性的净化与进展，即人格的最高完成。必须确定人间佛教决非同于世间的慈善事业，是从究竟的佛乘中，来看我们人类，应怎样的从人而向于佛道”①。

3. 人的殊胜

人间佛教的提法不仅强调了成佛的场所，人的地位，而且这一提法是出于对人的基本特性的考虑得出。这构成印顺法师独特的人性论思想，他对人的论述和认识可以说代表了佛教中对人性的一些基本看法。

首先，人在众生之中有其普遍共通性，即与众生一致的自然属性。从共同点说，首要的是“一切众生皆依食住”，这是人与其他众生共有的，凡有生命者都要获得饮食，通过饮食使生命延续。鸟兽虫鱼莫不如此。说到食，则佛法提到四种，这与一般理解的食物不同。有段食、触食、思食、识食。段食指日常所吃的饭菜等食物，即一般意义的可供身体所需的物质资料。触食，则指六根与境接触而产生的延续生命的力量，可以理解为动态的机体活动，如跑步、按摩、洗澡

① 印顺：《佛在人间》，第73页，见《印顺法师佛学著作集》网络版。

等。思食，指众生在食物的获得之外，还会有一种生存下去的希望、意志，即思虑意欲之意，要有活下去的欲望，才有生命延续的动力，这一层意义上的食确实显示出佛教对人的生命认识之深刻，不仅获得吃的食物就可以维系人的生存，还要使人活得有意义，有意志，才是一个人格完整健康的人。再进一步说，还有识食，这就从自我意识的角度来界定人的生命活动的中心在于那精神活动，自我执著身心而不坏，生命才会流转，精神主体在人的生命过程中的重要性可见一斑。这四个方面的食，虽然第一种和第二种其他动物都有，但第三种和第四种属于精神活动方面的食，则显出人的优胜性，人在众生中不仅能存养身体，而且还需要靠精神活动延续生命，这才是人类。人生来就有这样那样的需求，这四个层面的食，可以说把人的生理心理需求都包含在内了。

其次，“一切众生皆以爱欲而正性命”，爱欲，应分别观之，爱与欲有分属不同，佛说爱莫过于己，对自我之爱，对他者之爱，都是广泛意义上的爱，这爱不一定是从生理所发，但更多地又与欲望相连，欲望起于对外界所取的执著，但更多地起于生理所发，特别是男女淫欲，淫欲之爱结合起来，成为众生一切行为的根源，人类的产生也是源于这最初的男女之欲。所以，爱欲合并观之，更多地指向男女之情，情欲交合，成为一切烦恼痛苦的根源，这乃是人类及至欲界天的特征，连一分的鬼、畜都有，特别在人身上则显得突出罢了。

再次，自我感。这也是众生共通性之一，佛说因缘和合，一切事物都是和合而成，是一个相互关联的统一体。然而，一切众生都能分别我与他，能将自己从他类中区分出来，将自己从群体中分离出来，就是一种自我感，这种我执，自我独立性不仅在人身上，在其他动物身上也可见到。如麻雀、蜜蜂为自己筑巢觅食，蚂蚁会分工搬运食物等等，执著于自我的真实自性，由此而引发贪嗔痴，这就是无明的开始。反过来说，人的身上也具备这种众生性，且表现得更鲜明，杀戮、嫉妒、争战、抢夺、厌恶、淫乱等，世间苦厄都体现出众生性的平等。

然而，在这兼有自然属性的欲望追逐，又有精神气质的自我爱欲之外，人类还有其特殊性，这是人可以成佛的关键，也是佛在人间的关键，正是由于人的特殊性使人可以在众生中脱颖而出，成为佛陀说法度化的主体。印顺法师认为，基督教对人的灵与肉的区分，偏重于人的灵性为上帝所赋予，人应追求灵性，不免偏向于灵性的生活，灵肉分离。而理学家所谓的天理与人欲的区分，则将人心与道心相对，偏于强调人欲，以人心来合道心，不免偏于理性。还有一些人将头脑发达，直立行走，会用火，能说话会表达等作为人的特性，这都不够确切。

印顺法师认为，人的殊胜处在佛经记载中有三事，这是人超过鸟兽虫鱼等他类，甚至超过天上的特殊所在。一是忆念（末那沙）胜，末那沙在梵语里与末那同语。人能思维能分别一切法，能忆念过去将来，认识现在，这种思量作用，就是意念活动，或者说意识活动。人的意识活动在六道众生中最为发达，显示出人的特殊智慧，这是人可以经过修行成佛的基础。

二是梵行胜。梵行，指清净而非秽恶的行为，也就是德行。梵行胜是肯定众生有趋善除恶的自觉性。具体说，人有惭愧心，能知羞知耻，所以会遵守五伦秩序，爱护亲友，并且道德的发展就是在这种羞耻心下得以扩大，人与人的关系也是因羞耻心而得以良好的维系，会善待他人，爱护众生，惭愧在这里指的就是一种基本的道德意向，能趋向善良，这与孟子的四端之心相类。从反面说，哪怕一个人做了坏事，也无法心安理得，总会最终意识到良心上的负疚，这就是一种天然的殊胜于其他众生的惭愧心，知善知恶心。在这一点上，佛教肯定人是有自觉的德行的众生，才能因惭愧而引发自身行为的改善，践行德行，而人的惭愧心，知善知恶的道德意识特别明显，特别能践行德行，所以称为梵行胜，或也可称为德行胜。这是人得以修成佛道的很关键的因素。以此来说明人的殊胜处，可见在六道之中人的地位的尊贵，也给予人极大的信心，深信自身是可以成佛的，是在人间就可做到的。

第三个殊胜之处是勇猛胜。在娑婆世界中，人最能吃苦耐劳。所谓“信为欲依，欲为勤依”，人以爱欲胜，从另一方面说，这种欲愿之力也是巨大无穷的，若运用在修行上，也是可以精进不已的。所以，从发大愿大心而勤起修行，提起精神，那么，人就敢于面对一切困难，自发地克服困难，自觉地勇往直前，这种刚健勇猛的毅力，也是特别殊胜于其他众生处。所以，实行菩萨道方可难行能行，难忍能忍，这惊人的勇毅正表现出人的特性。

此外，人的特性除了上面三种殊胜之外，还含摄有一分佛性，这说明人的特性中有引发成佛的可能性。将这一分佛性扩充、净化，即有趋向于佛，与佛同等的希望。佛者具足三事：大智、大悲、大雄。人也有智慧，但却还不够究竟，有德行，却仍着重于人类家庭本位，私我性。从人趋向于佛，就要善于净化私我，扩大德行普及的对象，转变人类自我中心，以佛的修行品德要求自己。这一份成佛的可能性就会变成现实。人类学佛的立场，就是依于人的特性，善用人的特性，不碍人间正行而能将之升华，趋向佛行。这就是太虚大师所谓即人成佛的修行法门。

由此可见人间提法的重要性。首先，突出佛在人间，人间是成佛的重要场所；其次，人有成佛的特别殊胜处，忆念、梵行、勇猛胜于他类，也就是有大智、大仁、大勇，佛性功德在人身最为发达。虽然一切众生皆可成佛。但在六道中，地狱太苦，饿鬼饥饿不堪，也没有心思发心学佛，畜生又大多愚昧，阿修罗猜疑心嫉妒心都极重，天国则耽于享福，佛经才因此说“人身难得”“佛法难闻”，成佛的殊胜因缘在人身上特别鲜明。这也可见佛教与其他宗教不同，有神论宗教说人间不如天上，许诺天国世界的美好，而把人间说成地狱魔鬼之地。佛教却说人间更好，成佛在人间，人身难能可贵，不可轻易浪费，充分说明尊重人，尊重人间，这是佛教的一大特色。

4. 成佛之道

即人成佛，是适应现时代说法的应化表达，其本身已包含契理契机性。为了避免这极圆而极顿的流于世俗，失却佛法本来面目，即人成佛中的修行之道便值得探讨。印顺法师人间佛教的提法，就是要在对治天神化和鬼化之余，彰显佛法的义理精神。这义理精神就体现在坚持佛道的修行中，这成佛之道，具体来说就是人—菩萨—佛。整个人间佛教的核心，就是围绕如何从人发心学菩萨，由菩萨行进而成佛展开。若泛说学佛，泛说重生的佛教，还不足以表现佛法精神。必须有依托，有着力点，这便是从学菩萨行做起。

凡夫发菩提心，经由菩萨道三阶段逐渐修行，第一是凡夫菩萨阶段，第二是贤圣菩萨阶段，第三是佛菩萨阶段。这三阶段中值得一提的是第一阶段。凡夫菩萨阶段恰恰能体现出人间佛教即人成佛的基本精神。

所谓凡夫菩萨，是指初发心修学菩萨行的凡夫，所以说凡夫菩萨阶段，即新学菩萨，此时的凡夫信心还比较薄弱，所以这一阶段凡夫学习的重点是培养信心，坚定信心，是修学信心的阶段。如何培养信心？要乐闻善法、正法，闻思精进，修行十善行的菩萨戒，积集福慧资粮，就可以慢慢进入不退转菩提心的贤圣菩萨位。

这其中的十善行，可以说本也是人乘的正法。即以人身学菩萨道的正宗。印顺法师以为，太虚大师所说的人生佛教，即着重于此。重人的、重生的佛教，自然要从人最初发心向道开始说起，这成佛的第一步对人来说当然至关重要。太虚大师自己也说自己是从凡夫修学发菩提心，从人间凡夫的立场来看待这最初的第一步，再恰当不过。发心初学的凡夫，有两个特征，一是具有烦恼身，凡夫不离烦恼，菩提也不离烦恼，但不可在尚未修成证悟时，开口证悟闭口解脱，这都是狂妄自用的表现，要善于调伏自心，降伏自心，老老实实地承认自己的烦恼，面对自己的烦恼，不要夸大自己，才能避免流于增上慢和装腔作势故弄玄虚。初学者须知，菩萨行非可速成，应循序渐进，起正知正见，慢慢变化习气，转染成净。二是初发心学菩萨者，应是悲心增上的。菩萨必以利他为重，若只是自利，那与一般人的急于了脱生死、专信神教相近，与人乘法偏重狭隘的家庭，为自己人天福报修持无异。若这样专重修证，必定堕入小乘。所以，凡夫菩萨要树立正见，认识到菩萨是以自利利他为己任，特别是要救度众生。唯有了解到利他的、救度众生的菩萨精神，才能将菩萨道与一般的人天乘区分开。这修十善的内容看似与人乘法并无二致，其实区别就在这里。以此而修成的人间佛教，即是具足正信正见的菩萨道，以慈悲利他为先，认识到缘起法的真相，依空而有的生慧解，引起平等利他的悲愿，由此基础上而行十善法，才是菩萨的十善法，将人间正行化为悲智相应的菩萨法门，这才是人间佛教所倡导的正道。所以，凡夫学菩萨行这一阶段平实稳健，并无玄妙矜夸，这是本于人间正行的菩萨法，也是人间佛教修行的根本。

在人间佛教所提出的菩萨行修道中，制度上的保证也必不可少。恢复佛教固有的精神，首先要法律并重。对于法，佛陀说教，这叫人发心成智慧的宇宙真实事理的发扬较好理解，然而，对律的贯彻执行却往往被人们忽略。法与律，必须是相辅相成的关系，相应而又协调，才是佛教的整体。导之以法，齐之以律，在人间佛教中，这有组织有律制的生活才能使僧团牢固团结。因此，人间佛教重视法与律的合一，“以人生正行修菩萨道，要把握这法律并重，恢复佛教固有的精神。切勿陷于传统的作风，但知真参实悟，但知博究精研，于毗奈耶——律的原理法则，不能尊重。现代修学菩萨行的，必须纠正这种态度，法律兼重，来契合佛法的正宗”①。

理论上，缘起与空的统一原则。缘起，这是佛说法的基本点，宇宙世间万物都是因缘和合的，幻现的，这缘起的落脚点要在性空，说缘起并不是为了建立宇宙生成论的解释系统，所以，若泛说缘起，只说缘起而不说性空，则与一般哲学上对宇宙生成的解释无异，体现不出佛法的特色。因此，说缘起的出发点是为了说明如幻、性空。这是就缘起的众生来说，是人本的立场，说缘起是为了让众生生死解脱，所以说缘起必说性空，性空而缘起，缘起故性空，这才是中观的看法。更广泛地说，修学佛法的初发心菩萨，应以此空有无碍的中观为基础，以佛的正见为本，这中道观便不是专学某宗某派，不应把自己封锁在宗派的圈子里，所以，这所谓的人间佛教的契理，便是在诸宗派的基础上做思想的融摄，以中道为本的融摄诸家，超越宗派之见。这宗派平等的立场，不专弘某宗某派的立场正是印顺法师人间佛教思想的特色。在这一点上可见出他与太虚大师的分野。太虚大师抉择八宗，更慕心于禅，特别是对中国传统的佛教宗派怀着特殊的敬意和感情。而印顺法师却始终只是在追寻佛陀原初说法的根本精神，并抓住缘起性空的中道而不言其余。他自言只是信佛法，而不信别人，不一定信祖师。

“有人以为中国人，就一定要信中国祖师的教理，我并没有这个观念。假使是真正的佛法，我当然信，假使他不对，那就是中国人的，我也不信。我是信佛法，所以在原则上，我是在追究我所信仰的佛法，我是以佛法为中心的”②。甚至更直接地说，印顺法师并无任何宗派观念，他只以中道的佛法观来理解佛法，“有人问我是什么宗，我不晓得应该怎么说。照一般人的想法，总该归属什么宗才对。

① 印顺：《佛在人间》，第107页，见《印顺法师佛学著作集》网络版。
② 印顺：《研究佛法的立场与方法》，第63页。

在我觉得，宗都是以佛法适应时代，适应特殊文化思想而发展成一派一派的。好像我们到山上，有好几条路一样。我没有什么宗，不过有人以为我是三论宗，有的称我论师，我也不懂他们为何如此，其实我不是这样的。怎么叫都可以，我自己知道不是这样就好了”①。可见，印顺法师自己是不赞成偏于一宗一派的门户之见的，他所理解的佛法精神即是蕴藏在各宗派中的那种共同的精神，这就是中道精神，缘起的精神。他所说的人间佛教理论当中并没有为某一宗派立说，而是广泛的从原始佛陀说法出发，以缘起性空的中道观作为佛法的根本。

5. 面向未来的契机

可以说，印顺法师的人间佛教思想是立足于人的，人本的，同时也充满理性主义色彩，不同于一般的神化的、神秘的信徒。他所谓不立宗派的观念，便是要回归佛陀最原初的、根本的精神中去，脱离外在的世俗的表象。他所追寻的佛教本来面目与世俗人眼中所看到的佛教自然不同。在他的心目中，那个根本的佛教精神与佛教在社会上所呈现出来的面貌并不一致。人间佛教，既是立足于人间的，也希望把佛陀的本来精神还原到人间，使原来的这种不一致，这种呈现和本来面目之间的张力消解掉，让真正的佛法流行于人间。

本着这种精神，他把佛教的发展看作流行演化中的发展，把佛教做历史的考察，而认为时间越接近佛陀在世的说法越接近真实，而那像法、末法时代的说法，就不免由于流行演化而随顺世俗，表现出不同的相貌。尤其是大乘晚期，难免有回流于印度教而梵化的色彩，但这并不意味着他对大乘佛教的全盘否定。相反，大乘菩萨道精神是承续于佛陀本怀而来，本是人间佛教所要倡导的。所以，要理解印顺法师种种说法的根本，就要首先理解他的立场、他的方法，他力图还原佛陀本来精神的苦心。否则，一味将之批评为理性主义、人本

① 印顺：《研究佛法的立场与方法》，第64页。

主义，以为这是动摇了大乘佛教的根本，自相矛盾，这都未免有些不谛当。

其次，印顺法师对于修行的态度，也是某些人所不认同的。印顺法师自认为是一个学问僧，对于修行，并不像一般人那样热衷。然而，他所谓的不热衷也是有所指。若只论修行、开悟，那在大多数宗教派别中都有，基督教、道教、伊斯兰教、婆罗门教的教徒何曾不修行不开悟？这是一般的宗教都有的手法，这特殊的宗教身心体验并不独独是佛教所有。所以，论修行、论开悟，这不能成为是佛法的判断依据。所谓神通，只是佛教修行中的一类而已。要保证我们所经验所开悟到的确是佛法，要看的是见地如何，是否与佛法根本义理相合，行为表现又是什么样子。佛法的教诫从来都不是神秘主义、前生后世的神通。释迦牟尼佛在世说法是如此平易近人，生活化的修行何曾有神通怪样。所以，在人间的佛陀说法本来就不是专事神通，靠装神弄鬼哄骗人，那为了神通而妄说修行的世俗现象，又怎么能作为佛法的根本？所以，印顺法师并不是反对修行，只是那种为了神通而说修行，说开悟，神神叨叨的一类，与佛法相去甚远，无法相提并论，这是一般世俗众需要注意的。真正的修行，如大乘菩萨道那般，是发菩提心要救世度人，利他的，是有次第的，是要精进的，每一件修行事都极为普通常见，并不神秘，但却是实实在在的，要在生活中踏踏实实去做的，这才是佛法中真正的修行。

用流转的、变化的观点看世间法是如此，观佛教也不例外。在时间的长河中，佛法自身也在流变，这恰恰是诸行无常、诸法无我的真实体现，这也是由佛陀说法的应机性所决定。为众生觉悟而说法，必然要随顺世间众生的根机，与当时当地的众生结合，人生佛教、人间佛教莫不如此。更进一步说，印顺法师的人间佛教的契机是与契理相结合。契理，即决定他在理论上力图探索究竟佛法的根本精神是什么。从而抓住缘起性空的中道观作为佛陀说法的核心。契机，则相应于这缘起性空的佛法来看，真正能使佛法本来面目流行于世间，呈现出来的为众生领受的关键又是什么。除了人间性、人生性之外，印顺法师所谓的契机有其制度上的考虑和保证。对律的强调、对僧团集体生活的强调即反映出人间佛教对契机性的认识。基于现时代环境的特点，佛法要法律并重，重新倡导集体生活，这是佛法得以人间化的制度保证，同时也保证了佛法能以其本来面目流传世间。

印顺法师对现代中国社会的时代环境有三点认识。首先，青年时代。他认为目前的社会是青年一代为主力军的社会，少壮的年轻人走在了时代的前端。年轻人受到西方文化影响较深，传统的底子被破坏甚至摧毁，中国固有文化失落了。而这青年人的群体里又以崇尚科学反对宗教者居多，青年人当中信仰佛教的太少，这是近代中国佛教的大危机。过去佛教谈生论死，似乎信众都是老年人，青年人则不大容易领会人生的生死问题，若还专谈生死，那不容易引起青年人的信服。再者，青年人是国家的社会的未来，佛教未来的发展也在于培养那年轻一代，修学大乘，倡导利他的精神，是适应广大青年群体的再好不过的契机了。因此，“人间佛教的动向，主要是培养青年人的信心，发心修菩萨行”①。可见，人间性的利他的大乘法的宣说，在当代是面向青年人的。

其次，现时代是一个处世的时代。处世，也就是积极的入世。在佛法中，人天乘贪恋世间欲乐，没有出世解脱的意向，小乘则个人厌离心太重，视三界如牢狱，只求出世解脱。佛说小乘出世法，即是针对适应隐遁和苦行根机而受到印度教印象的信众。而大乘菩萨道与此不同，菩萨是出世而又入世的，以出世的精神做入世的事业，在大乘经典中，在家菩萨人数众多，常在人烟稠密的地方利益众生，在社会上现身说法，与世俗世间结合的最好。这尤其能满足近代以来处世性

---

① 印顺：《佛在人间》，第 115 页，见《印顺法师佛学著作集》网络版。

的、入世性的社会要求。处世的另一含义是指现时代个体的被放大，个人已不可能隐遁在深山里，土地的开发，战争的掠夺，一切环境都不利于也不可能使人能继续隐遁。个体的认知范围在扩大，但空间范围却越来越小，几乎没有一个完全可以隐遁的场所，这就使隐遁山林成为不合时宜之事。只有游化人间的大乘佛法才是适合人类特性的佛法，只要有人住的地方，就可以弘化大乘，传播大乘，在不离世间不舍众生的情况下觉悟自己，净化自己。这才是适应时代的佛法。

现时代的第三个特性是一种集体时代。现代社会的分工多元化导致个人与个人，组织与组织之间的合作越来越紧密，每一个行业都有自己的组织团体，以集团为单位活动。民国以来各种出家在家形式的佛教组织协会便是这种时代风气的产物。结合起来的佛教团体才不至于被政治或地方恶势力、军阀利用，才能一致抵御外敌。所以，集体的存在，以集体为单位形式的活动是凝聚佛教力量，保护僧团的有效办法。而这集体的活动，也是佛陀时期就有的优良传统。应机性的集体时代与佛法的集体生活制度正相呼应。

基于时代性的以上三特征，印顺法师强调人间佛教的契机即是适应世间说法的年轻化、入世性、集体性，与此相应，从契理上说即是弘扬大乘佛法的菩萨道精神，不舍世间，利乐有情。

契理的落脚点是大乘菩萨道，人、菩萨、佛的三部曲。这固然是适应契机性的要求而又保留了佛法精神。但从根本来说，人间佛教并不单独弘扬某一宗派，这由印顺法师始终立足于缘起的中道观所决定。所以，人间佛教并没有宗派立场，只是对佛法在当代弘扬方式的一个大体构想。从根本上说，人间佛教不欲增加一分说法，也不欲确立一派门户，只力图恢复佛法的本来面目。

印顺法师所理解的佛法根本、本来面目，区分佛法与非佛法的根据即是缘起法。除此之外，人间佛教的理论中还特别强调律的作用，以律作为维护佛法根本的制度保证。这也是人间佛教理论对未来佛教发展的启示。

前面说到的法律并重便体现出印顺法师重视律的精神。他认为，佛法与世间法的不同，优于世间法之处，除了缘起法是一根本外，戒律是第二大特点。释迦牟尼佛时已确立了戒律的制度，而所谓的戒律，则是一种集体的生活规范。在这应机的集体时代，提倡集体生活，正是要立足于戒律，以律制来维护，这是佛法精神得以延续的保证。应机的集体性与佛教原本的集体生活相结合，是人间佛教的一大特点。

与法的显示宇宙人生事理的显正不同，律是规范、轨持，是对行为的规范，对事项的分类确立。在人间的比丘生活，是集体性的，以团体的身份群居，修行、居住、饮食、衣着都是在一起的，佛经里常有对佛陀生活场景的描绘，佛陀的衣食住行与弟子别无二致，这是律的精神的体现。印顺法师认为，佛教并不提倡隐遁式的修行，外道的苦行也是隐遁的个人性的，而佛教戒律的特色就在于这是对集体生活的规范。这种集体生活也不同于一般社会的团体。“它是道德的感化和法律的制裁，两者统一起来”①。戒律不仅是对个人行为的约束，更重要的是戒律背后的团体性的生活，在戒律的生活团体中，戒律既有约束，制裁作用，同时，同住的修行方式陶冶着众人，环境的熏习使人得以慢慢净化，在这种集体生活里，大家有共同的信念，向善的行为，这是佛教戒律的特质，也是正法得以久住的保证。这种形式是道德感化与法律制裁相统一，所以与一般社会组织不同。在戒律上，众生平等。释迦牟尼佛在世也同样依法而行，无论是师父还是徒弟都严格遵守戒律，使得大家能够互相学习，团结在一起，精进佛法，这是依律而住的僧团。

在现代的集体性的时代条件下，更要保存佛教这种依律而住的僧团的集体作用。这种保存，并不是严守过午不食，须知戒律也是在流

---

① 印顺：《研究佛法的立场与方法》，第 71 页。

转变化中发展的，那形式上的律随着时、地、人、事的不同或有变迁。如现在泰国的出家制度，可以七天出家，十五天出家，印顺法师认为这就是戒律在变化中的方便的例子。因为严格说，出家受比丘戒，要尽形寿受持，没有短期发心可得。这表面的戒律本身就无所谓好坏。又如，在中国的戒律里，有些人以为晚上不吃饭，到厕所要换鞋子是最要紧的事，这都是只看到外表的戒律。真正在戒律中有重要意义的事却很少有人研究，戒律的根本精神也很少能引人注意，这是人间佛教不得不提出并维护的。印顺法师特别注意戒律的意义，认为要把戒律所体现的真精神发扬出来，这在人间佛教中构成佛教制度化的保证，必须延续和维护。他认为，戒律的真正意义就在于让人们过一种集体而有序的生活。

“佛教的戒律是一种集体的生活，修行也就在集体生活中去锻炼”①。集体生活有三项特色，“互相教授教诫，互相慰勉，互相警策”②。佛弟子们住在一起，可以相互学习，切磋，遇到意见不合时，还有大众集会议定，保持僧团见解的统一。“一分重律的，拘于古制，不知通变；而一分学者，索性轻律而不谈。有些人，但知发心，而不知僧团有什么大用。不知自动发大心的，自尊自勉，是难得的上根。一般中下根性，虽也要自己发心向上，但如有良好团体，教育他，范围他，劝勉他，实在是策令向上的无上方便”③。对那些根机软弱，退失道心的，可以好言安慰勉励，帮助坚定信心，对于懒惰放逸的，就警策提醒，用戒律规范约束，这种集体的力量，就是希望在大众的摄导和折伏下，人人能克服自身的弱点，用集体的力量来规范自己的行为，净化内心的烦恼，这是佛教特有的大众教育特色。

所以，人间佛教的现代僧团不能停留于模仿一般社团的组织形

① 印顺：《研究佛法的立场与方法》，第71页。

② 印顺：《佛在人间》，第119页，见《印顺法师佛学著作集》网络版。

③ 印顺：《佛在人间》，第106页，见《印顺法师佛学著作集》网络版。

式，还要注意佛教僧团的特色，要法与律并重才能恢复佛教固有的精神，切勿陷入传统但知真参实悟、博究精研，却不尊重律的作风。在维持律的作风上，印顺法师一反对中国佛教的持中谛观态度，特别的赞扬禅宗，他说："这种集体生活的精神，古代的禅宗，很有些类似。如在禅室中放逸昏沉，供养他几香板。如参禅不能得力，向和尚及班首们请开示。因有教授教诫，慰勉警策的精神，所以禅宗能陶贤铸圣，延续了中国佛教一千年的慧命。"①禅宗的集体生活在他看来便延续了佛教集体生活的特点，有着大众教育的意味。这种集体生活之所以有大众教育的意味，是因为大家在一起共同生活，并且可以说是把修行当生活，生活当修行，这种生活并不是在一起上殿过堂才是修行，而是在共同的生活中互相勉励警策，在一般的学校里，师生除了单向的教育关系，并没有互相的教授教诫，而在禅宗的师徒对话里，随处可见师徒间的互相教诫，宾主回互往来，同时，上座以身作则教导新学僧人，在戒律面前人人平等。在僧团中，一切都是公开的，这种相互式的教育，可以启发自我，实现在僧团中每个人的真自由。有这种集体监督警戒，才能知过必改，人人向上。这样才有分工协同，充分保全和发展集体的力量，壮大佛教僧团，在近代发展佛教，恢复佛教的真精神。从中国佛教的历史看，禅宗之所以能延续千年慧命，在印顺看来便得益于禅宗僧团的组织生活。这种集体式的教育，共修的团契体现在日常生活的点点滴滴里，把生活和修行打成一片，这可以说已经暗示了禅宗修行的特色，也可以说见到了净慧老和尚所说的生活禅的端倪。

人间佛教的理论可以说是包容而广大的，维护印度原始佛教的根本法义，流转地看待历史上的宗派演化，方便地包容诸形态的教理差异，肯定地继承禅宗的僧团集体生活，这可见印顺法师抉择佛法的智

---

① 印顺：《佛在人间》，第 120 页，见《印顺法师佛学著作集》网络版。

慧和眼光。在契机上，不仅谈方便的随顺，更要为契机寻找理论的支持。契机且必是契理的，这才是真正的佛教所需要的。并不一味说机宜的变化，流于世俗，契机的前提是契理，只有契合佛法精神的，才是适应机宜所需要的，否则，空说随顺，佛法的真精神何在？相反，印顺法师的契理又同时为契机服务，契理的也必契机，契理的又能为现时代所需，简言之，就是要发扬佛法的真精神，特别是适合当下机宜的内容，在契机的基础上宣扬契理的精神，使佛教不失去僧团本有的特点。

至此可以看出印顺法师对人间佛教的大致构想。首先，他思考的是佛法的真精神是什么，要改变世俗生活中呈现出来的非佛法本质的那种风气，这使他始终立足于历史地看问题，回归印度原始佛教中寻找答案。这答案便是缘起性空的中道观以及佛陀教法中的菩萨精神。这样既肯定了原始佛教也不完全否定中期乃至晚期大乘。特别是从他对太虚大师人生佛教思想的继承来看，他是赞同即人成佛的菩萨行作为现时代佛法流传的根本法门的。但为了避免走向传统中国佛教那种方便简易的顿教中，他提出人—菩萨—佛三部曲作为人成佛之道的必经阶段。在大乘佛教中，他肯定唯识学所建立的修行次第，把简易的、方便的法门与渐修的、实修而又有次序的进阶法门结合起来。这使他对佛教的修行产生一种特殊的看法：修行不是为了神通，大乘菩萨道的修行才是真正的修行。这体现出人间佛教中的修行特色：现实的、重生的、生活化的、踏踏实实的。

其次，他肯定了禅宗僧团生活方式的作用，在他的法与律相结合的设想中，人间佛教中的佛教是要恢复佛陀本有的戒律精神的，这戒律精神在现代社会就体现在集体的、青年的、实践的日常生活中。特别是禅宗式的生活是人间佛教中僧团生活的典范。这已经触及到生活与修行的问题。在重生的、人间的佛教里，佛法如何利益众生，如何延续过去的光辉，就在于如何深入到生活中，在生活中将佛法推广开。即人成佛不是一蹴而就的，必须是经过长期修行的结果，这长期的修行是人生一辈子的修行，这修行便要时时处处体现在生活中，渗透到我们的生命中，人间佛教理论已经触及了面向生活的未来佛教发展的问题，这是现时代的人们需要不断思考的问题。同时，在契理契机的原则下，这也是现时代所必须再度思考的问题，人间佛教理论的广度和深度并未因此停止，而是随着时代机宜的变化而需要我们去不断探索。用诸行无常，诸法无我的眼光去看待流变中的人间佛教，这正合人间佛教之本意。

三、佛法人间化的实践——虚云禅

与作为近代佛教复兴运动的急先锋式的代表人物太虚大师不同，虚云大师更醉心于对佛法的真参实修，在近代社会的激变浪潮中始终如一，这位“坐阅五帝四朝”的长者不知经历了几度沧桑，用他对佛法身体力行的实践说明了什么是佛教本位。可以说，虚云大师本身就是近代佛教发展的一个里程碑，他一身兼祧禅宗五家法脉，宗教皆通，立足本位的振兴佛法，重在恢复佛教的道场，振兴寺院，培育僧才，一生苦行律己，他的修持精神在近代可谓无人能及。正是这种力图振兴佛教，恢复佛教传统的广大愿力和坚韧的精进佛法的品格使这位长者成为近代佛法的中流砥柱，备受尊敬。他用实践说明了佛法人间化的实践在于禅。

1. 毕生精进的修行者

虚云，出生于 1840 年这样一个特殊的年份，正值清末鸦片战争爆发，列强入侵中国之始，近代中国的命运由此发生着重要转折。而虚云的出生也伴随着传奇的色彩，因初堕地为肉团，令母亲骇恸，气壅而死，这件事一直使他深怀愧疚，也铸就了他悲情的一生。或许是这一特殊的因缘，他 13 岁时便初涉佛经，对三宝心生欢喜，出尘之志萌生。17 岁，更有离家出走，前往南岳的举动，无奈途中被家人截回，予以禁锢。父亲更为其娶妻二氏，但他为二氏说佛法，三人同居无染，此二氏后来也出家为尼，不得不说为奇事。19岁，虚云已决定出家离俗，逃至福州鼓山涌泉寺，常开老人为其披剃。此后，他长时间处于隐修岩洞，礼佛忏悔的生活中，直到听闻父亲去世，已无人再来寻找他，无须隐匿。

然而，寺院的职事生活并未令他开悟。27岁时，虚云老和尚与鼓山苦行第一的古月禅师深谈，并受到启发，念及昔日玄奘法师西去天竺的历尽艰险，绝水绝食，日行百里仍坚持不懈，古德苦行如此，今人情何以堪！为此，虚云和尚自觉寺中职事有碍修行，便尽散衣物，重新回归岩洞，苦行度日。这一时期，他居则岩穴，食则松毛青草。衣裤鞋履渐渐朽坏，仅剩下一衣蔽体。头束金刚圈，须发盈尺长，人望之以为魅。然而，他此时自感达到四禅天人之境，不食人间烟火，处于深山大泽而虎狼不侵，蛇虫不损，无碍自在，体魄强健，步履如飞，这样一年多后，更随心所欲，遍游山川，走上行脚参修的道路。

31岁时，在温州某山洞偶遇禅者，指点他前往天台华顶龙泉庵拜访融镜老法师。此时，融镜法师对他的一番开示成为他苦行生活的转折点，促使他茅塞顿开，更上一层楼。融镜法师见他苦行怪状，不似僧不似俗，毫无仪状，便问是谁教其如此。虚云和尚答：“因见古人每多苦行成道，故此想学。”法师于是棒喝，“你知道古人持身，还知道古人持心否？”这一问可谓一语惊醒梦中人。法师又开解说，观你苦行近于外道，皆非正路，枉费十年功夫。所谓岩栖谷饮，延年益寿，这些都不过是修仙之术，充其量也是自了汉，真正的得道是像菩萨那样发心，上求下化，自度度人，不舍众生，才是佛法真义。而你勉强绝粒，裤子都不穿，未免索隐形怪，如何能真正入门。虚云和尚此时才如梦初醒，意识到“出世间法不离世间法”，融镜法师一席话可谓直戳其痛处，将虚云和尚从盲修瞎练的泥潭中拉出来。融镜法师更授以看话头的禅法，令看“拖死尸者是谁”的话头，禅教并修，开发其慧觉之心，这才使虚云和尚走上正常的剃发、沐浴、作务的修行轨道。

这一机缘对虚云和尚来说可谓影响深远，此后几年，他便在各处听经闻法，在闻思修慧中度过，也使他后来形成了不废经教，各宗平等的主张。

然而，对亲人的歉意始终未减。1882 年，43 岁的虚云老和尚为报亲恩，发愿东朝南海，北礼五台，由普陀山出发，三步一拜，前往五台山朝法。途中经过苏州、常州、南京、河南诸地，更遇到大雪饥寒，以致冻卧雪中不能行。病中幸得一乞丐两次相救，历经 3 年时间才最终达到五台山。除受风雪所阻，疾病所困不能拜香外，一路精诚专一，毫无懈怠，拜香三年，其意志之坚忍，确实超乎常人。

此后，虚云开始四方游历的朝圣生活，足迹遍布大江南北，更深入西藏，前往不丹、锡兰、缅甸，两年身行万里，且多靠步行，1889 年 7 月才往云南入境回国。在云南，朝佛教圣地鸡足山，眼见鸡足山人事凋零，寺院管理混乱，甚为心痛，叹昔日盛会不再，更激起他振兴佛教道场，重建佛法圣地的决心。此后，他在各地助山修寺，兼入钟南山静修，1902 年独居深山时，竟入定半月余而不自知。

讲经、弘法、兴寺，虚云和尚连年奔走，落水、遇疫、病痹、被困……多番受到病魔考验，依然勤勉不息。112 岁高龄的虚云老和尚又遭遇云门事变，身体备受摧残，以入定度日，坐历九日，方才作吉祥卧歇息。在定中，他梦入兜率内院，见弥勒菩萨及十余尊者，得弥勒菩萨言“唯心识定”，且召唤业缘未了，须回去，方才重返苦海人间。经历此劫后，有“坐阅五帝四朝，不觉沧桑几度，受尽九磨十难，了知世事无常”①一书联。这是虚云老和尚波澜起伏的一生的真实写照，也是他在历经千锤百炼后的真实体会，此世事无常的领悟，

① 虚云：《禅修入门》，凤凰出版传媒集团 2010 年版，第 288 页。

非一般人所能凭空想象得来，而有着百年岁月的辛劳坚忍，虚云和尚意志之坚韧独绝，修行办道的愿力之艰深，身体力行的实践之勤勉，不得不令人叹服。直到他120岁逝世前，都尚未停息对诸名山名寺修建事宜的料理。

可以说，虚云老和尚的实修经历就是一个践行生活禅的行者的真实写照。净慧长老把虚云老和尚的禅风做了归纳，特别是老和尚在生活方面的简朴，尤其是现在佛教界最缺乏的，净慧长老把这归纳为生活要平民化。在他的眼里，虚云大师就是一个生活各方面都平淡、简单、朴实的人。第一，行事的低调。无论去哪里，见什么人，都是一件百衲衣不离身，也不事先通知对方，而是在对方毫无准备的情况下低调的出现，也不接受锣鼓喧嚣的迎接排场。另外更难得的是，虚老有一个规矩：不接受出家人的礼拜。出家人向老和尚顶礼，他一律随着拜下去，一百多岁高龄依然不变，这种谦和平易的态度令人动容。第二，在生活起居上，虚老也是非常简单的。据净慧长老回忆，虚老每天一粥一饭，早晨吃粥，中午半碗干饭，晚上有时候吃一点面条，有时候不吃。每天清晨听到敲板便起床，洗漱完毕就在自己的床上打坐，一直到常住下殿了，才用早餐。早上和中午的用斋时间和斋堂保持一致，从不搞特殊。再从穿着看，平常出家人都有长短内外的衣服一套套的，而虚老只有两套褂裤轮流换洗，鞋袜两双，都是仅仅够换洗而已，烂了就打补丁继续穿，生活这样俭朴，“省时省力又省心，有利于修行办道”①。再看虚老的住处。每天睡的是硬板床，云门事变后，虚老没有在原来的房间住，搬到另一间厢房，用两条板凳，搁两块铺板，上面垫一条棉被就成了他的床。虚老的拐杖也是在山上砍树的时候随手捡来的，就是一根没有剥皮没有形状的棍子，“在云门寺后山找一条有形状的拐杖，应该有的是，但是老和尚为什么不要

① 净慧：《禅在当下》，方志出版社2010年版，第228页。

呢？因为多一件大家注目的东西，你就要费很多的心。一根木棍放在那里没人要，如果拐杖上有点形状，有个龙头，有点奇形怪状的，你心里就老记挂着这件东西，怕它丢掉，怕别人要；别人看了又起心思，别人张口问你要，你心里又舍不得，不给又不好意思，心里面矛盾重重。老和尚他就是有智慧，随便一根木棍，谁也不要。这就是生活的洒脱自在”①。

然而，虚老在云门寺住的房子还算是已经修好的，是瓦房，而他晚年到云居山要重修真如寺时，住的却是茅棚。他看到云居山满目疮痍，痛心不已，便发愿要重兴祖师道场，结茅而居，先是住拴过牛的牛棚。据虚老自述年谱所载，时有一禅者前来参访，问老和尚何在。“禅人指示之，则一牛棚也。蔓草支离，积以成壁。鞠躬而入，乍不见人，稍立定，乃见师坐木板榻上，如入定状”②。此种境况此等愿志，确实精诚可敬。1954 年冬天，牛棚被焚，众人劝虚老移居新屋，虚老却说“我爱其古雅也”③，后来用茅草把有漏洞的地方围一下，用泥土筑起墙，虚老就睡在里面，在茅棚一睡就是六七年。一直到最后也是在茅棚圆寂的。虚老对生活的无所用心，可见一斑。1954 年、1955 年，净慧长老两次到云居山，都是和虚老同住茅棚，前来参访的其他法师也是如此，虚老就是在一间茅草房里度过了他的晚年。他的那种生活，“我想说他是平民生活，还是估计得过高了，要用过去的话来说，那是贫雇农的生活”④。并不是虚老没有条件改善生活，而是他严格按照因果原则来办事，把十方信众的血汗都用来供养三宝，而不肯花在自己身上，供养个人。他对自己是俭朴至极的，严于律己的，完全是一个苦行者。而他对待他人却认真仔细。无论什么人生

---

① 净慧：《禅在当下》，方志出版社 2010 年版，第 229 页。
② 虚云：《禅修入门》，凤凰出版传媒集团 2010 年版，第 300 页。
③ 虚云：《禅修入门》，凤凰出版传媒集团 2010 年版，第 302 页。
④ 净慧：《禅在当下》，方志出版社 2010 年版，第 230 页。

病，他都会把大众供给的药品拿出来分配给病人，对身边的人或表扬赞叹或批评教育，都十分关心。从修行上看，虚老也是极为注意动静结合的。每天打坐的时间很多，但行走的时间也多，净慧长老回忆：“1954年、1955年，我都有比较长的时间在云居山，每天吃了早饭，就陪着老和尚从山底下转到半山腰，然后再转回来，大概有三四里地，这么走一圈。一边走，一边看，走到有守野猪的茅草棚子，就在里面坐一坐，有时候在树墩上坐一坐。小和尚陪着他走，你不能空手，提个水桶，哪一棵树该浇水了，提一桶水把树浇一浇；该培土的，你也要去培土，让身边的小和尚养成爱劳动的习惯，关心常住的一草一木。”①这种动静结合的生活方式恰恰为虚老的禅修奠定了坚实的身体条件，才使他一直四肢不僵硬，能够上殿时完全拜下去，还能坚持在传戒时一站一个早上，像松树一样岿然不动。

虚云老和尚临终嘱咐弟子门人之语更能体现出他作为一位真修真行的禅者的毕生信念。临终垂示首曰“勤修戒定慧，息灭贪嗔痴”，复说“正念正心，养出大无畏精神，度人度世”，最后授以弘化四方的长久之道，如何能够持守保存佛法，只有一字，曰“戒”，可见遵守戒律，真修实修在维系佛法的弘扬过程中是多么重要。没有恒久持戒的心，如何能精进佛法，如何能不断提高，如何能继续修行办道，没有戒，一切佛法修行将无从谈起，真正的佛教传统精神也将难以为继。虚云老和尚的一生就是艰苦卓绝，勤修持戒的一生，就是一个真正的修行者的一生，他的禅定功夫和苦行境界也由此独树一帜，至诚感人，在近代佛教史上留下不可磨灭的地位。

2. 动静皆宜的虚云禅

虚云老和尚的真修实参可以说是经历了时间考验的，包含着他百年来对佛法的真实体悟，所以，虚云老和尚的禅法恰恰说明了参禅办

① 净慧：《禅在当下》，方志出版社2010年版，第231页。

道的现实可能性，这无疑给修行办道者巨大的信心和鼓励。老和尚开示说法的内容庞杂，但究其根本，他对参禅办道有着一套特殊的看法。

首先，修行的根本在于持戒。参禅，是一种由定入慧，定慧等持的训练，而定的实现，必须要以戒为基础。没有持戒的训练，何来定功。在这一层关系上说，持戒就是参禅的第一步。能持戒，以戒为师，才能生定，生定方可发慧，定慧圆融，才能显发如来藏清净心。凡夫常常以为，佛法有奇特功效，能使人得神通，很多问法者看老和尚年长，更有探讨神通的意思，而这些都是对佛法的误解。虚云指出，佛教从最基本处看，就是要劝导众生“诸恶莫作，众善奉行”，这一条就是基本戒律。

其次，初学佛法，以持戒为主，对于凡夫而言，戒除杀、盗、淫这些基本恶行才有向善的可能，若连起码的恶行尚不除灭，何来善法，何来救度众生的菩萨戒。说菩萨戒，对末法时代的僧徒而言，还有点距离。清末佛门衰败，传戒不如法，对五戒十戒的遵守尚不统一，如何可能成就无上菩提道的大乘佛法。正是这种对清末以来僧团内部状况的真实了解，才产生如此真实切近的忧虑。为此，虚云老和尚更重视对戒法的倡导，对僧团戒律的重整。只有严守戒律，才能成就坚忍卓绝的意志力和坚守佛法的办道决心，以戒为本，戒禅合一，才能维系佛法。所以，戒既是个人成佛的根本之路，也是守护三宝，成就佛法的唯一出路。

再次，以信起修，专心一念。持戒为本，在持戒修行的过程中，则必须坚定信心，若对佛法没有正信，愿力不够，信心不足，如何可能坚持参禅办道的艰苦功夫。所以，相信因果，相信众生皆可成佛，这无疑是修行中的巨大动力和心理支持。唯有此，才能专心修行，勇往直前，减少退转。参禅过程的第一步，就是起信。起信，才能除妄想。万缘放下，一念不生，这才能进入参禅的过程中。

慧能在《坛经》里的说法只明示了直指人心、见性成佛，却未对如何实现此顿悟做一番细致说明，而给后人留下各种参禅开悟的演绎空间，造就了后来一花五叶风格各异的入门方法。虚云禅法同样也是要使人明心见性，这是对慧能禅的继承，但他对如何使人明心见性的这一参禅过程有自己的一套方法，这一方法可以称为以看为参。看话头是虚云自己得以悟道的真实方法，所以他也格外重视看的方法。所谓看，非肉眼观，视觉观，而是心念合一的思维观。参禅要领不烦琐复杂，只要抓住一念，死死咬住一个话头，以此一念制万念，直到看破此话头，日久方能有成效。

什么是话头？虚云老和尚认为，话头就是说话之前，即一念未生之际的刹那心念。话从心起，心是话之头，所以话头即是念头。看话头就是看一念未生之初的心念之趋向，抓住此初心，看话头实际上就是看心。若一念已生，便成话尾。“话头即是一心，你我此一念心，不在中间内外，亦在中间内外，如虚空的不动而遍一切处，所以话头不要向上提，也不要向下压。提上则引起掉举，压下则落于昏沉。违本心性，皆非中道”①。只有不生不灭，刹那现前之初的一心念最为关键。而凡夫总是起念之后方才用心，那便是落入了话尾的执念而不自知，在此执念用功，何能得悟。看话头就是要看住这一特殊时刻，先发疑情，如话头有多种形式，有看“拖死尸的是谁”？有看“如何是父母未生以前的本来面目”？有看“万法归一，一归何处”？有看“吃饭穿衣者谁”？有看“念佛者谁”？疑情的表达式子虽多，但内容相似，即在“谁”字上下功夫，虚云老和尚认为，“谁”字是参禅的关键法门，要抓住“谁”字用功，此谁字的答案，就是话从心头起，就是万念之所从生的源头。看话头就是观此心，是反观自心的过程。观父母未生我以前的本来面目，就是反观我的自心，反闻闻自

① 虚云：《禅修入门》，凤凰出版传媒集团 2010 年版，第 8 页。

性，从而获得圆照清净觉相，“从一念始生之处看去，照顾此一话头，看到离念的清净自心，再绵绵密密，恬恬淡淡，寂而照之，直下五蕴皆空，身心俱寂，了无一事。从此昼夜六时，行住坐卧，如如不动，日久功深，见性成佛，苦厄度尽”①。这说明，看话头是勘破疑情，识心见性的第一步，在此基础上一念清明，于念离念，才是慧能所说的念念而不住于念的境界，经过了离念的清净自心觉照后，也就是顿悟后的起修才开始。从此还要昼夜六时，无论行住坐卧，毫不懈怠地坚持下去，悟后起修不断，才能最终达到见性成佛。成佛的过程之不易，非一般人所理解的禅宗的简易方便法门所能言。可见，坐禅、开悟、看话头，都不能离开持久的修行，在行住坐卧、日常生活中念念在于兹，以非凡的毅力和信心一念到底，才是真正的参禅修行。参禅，绝非一蹴而就便可成佛。参禅最关键的便是有此急迫的疑情生起，没有生死心切的想要开悟的心念，疑情从何而来，再者，没有长远坚持心，一曝十寒，功夫如何可能成片。

看话头的做法，归纳起来就是要收摄心念，制心一处，无事不办。把万念集中于一心念，以一念制万念，专门参究这个“谁”，一念到底，看话头就是要破除万念，念是妄想，要提起观照念头之心，在此心念关头把守住，如此才能提起正念，以生死心切的紧迫来摄住心神，则无道不办，无事不成。

看话头不等于空心静坐，若只是无心，则如同冷水泡石头，枉费光阴。相反，虚云老和尚提出，修行用功贵在一心。此心便念念体现在日常生活中，非静坐时才察看此心，观照此心。虚云和尚对此有一番体验，他 56 岁在扬州高旻寺时，一晚间开静时，被护七冲开水溅在手上，一时吃烫热打落茶杯，在茶杯坠落地上一声破碎时，他忽然如梦初醒，顿断疑根，有庆快平生之感。这一日常生活的一个平常意

---

① 虚云：《禅修入门》，凤凰出版传媒集团 2010 年版，第 6 页。

外成就了他在打破寂静时的一念心动。所以，虚云始终信守古德所说的“行禅坐亦禅，语默动静体安然”这一道理，而动中开悟的例子也不少见。如他曾说起一则公案，昔日鸡足山悉檀寺的开山祖师办道非常用功，一日寄宿旅店，偶然听闻豆腐店的女子唱“张豆腐，李豆腐，枕上思量千条路，明朝仍旧打豆腐”，这才促使他开悟。只要真心用功，何处不可悟道，悟道又何曾只因静坐？

因此，所谓参禅非只是静，动静只是相对名词，不可执著动静，被动静所转。再者，“静坐不过是教行人返观自性的一种方便方法，……悟道不一定皆从静坐得来，古德在作务行动中悟道者，不可胜数”①。虚云多处以赵州和尚、马祖道一、南泉普愿为例，说明道在日常，平常心即道，我们日常穿衣吃饭，出作入息，无一不在道中，只是凡夫随妄念迷缚，不能自识本心而已。“真心用功的人，是不分动静营为和街头闹市，处处都好。昔日有一屠子和尚，在外参方，一日行至一市，经过屠户之门，有许多买肉的都要屠户割精肉给他们。屠户忽然发怒，将刀一放，曰：‘哪一块不是精肉呢？’屠子和尚闻之，顿然开悟。可见古人的用功，并不是坐在禅堂中方能用功的”②。

更进一步说，虚云大胆提出，在动中修行的禅修原则。能够在动中不动，才是真实的修行功夫。此即是心来转物，而非心随物转。虚云举例说，明朝有一铁匠，终日打铁不休，一僧人劝其修行，则说忙碌，没有时间。僧人即说，只用一念佛法门，日日打一下铁念一声佛，长期如此，必有收获。果然，日久功深，在打铁时也能悟道。现代人也日日繁忙，没有时间静坐修行，何不如古人一般，在动用中努力，只要心不随物转，于动中磨炼考验自己，也不失为修行的一种好

---

① 虚云：《禅修入门》，凤凰出版传媒集团 2010 年版，第 29 页。
② 虚云：《禅修入门》，凤凰出版传媒集团 2010 年版，第 65 页。

方法。在鸡足山中就有一位不识字的作务僧，每日种菜不休，夜里则拜佛，替人缝补衣服便逢一针念一句南无观世音菩萨，针针如此，这便是在生活中，在动中修行的典范。只要在动中肯下功夫，在在处处点点滴滴都提醒自己，都作为精进修行的锻炼，这样的动中修行，比静中修行更有诚心，更有收获。所以说，“修行要在动用中修，不一定要坐下来闭起眼才算修行”①。人的一生，不论在家还是出家，都要面对衣食住行的问题，若没有衣食住三样，则无处生活，何谈悟道。虚云大师漂泊一生，游历百年，对人生的疾苦看得更为深远，更对此有一番慧见。佛在世时，也要为衣食住而忙，无人能例外。自然规律也是如此，春天不下种，秋天便无苗无粒可收，冬天便忍冻挨饿，一粥一饭都来之不易，要花时间，费功夫，劳心力，生活中在在处处都说明这一道理，都体现世间无常与人生疾苦，怎能抛开世间法，静坐思出尘，单说静坐悟道，是不得法要，也是不如法的。

所以，出家人要想真正了脱生死，勘破世间法，还是要在世间法中才能实现。不了世间法，何来出世间。虚云大师的早年参禅经历可以说恰恰是最好的明证。为此，他对于道不可须臾离世间有着深切体会。由此才会说修行要在动用中修，因为生活之事无不在动用中，无常迁流为人生常态，为世间法的本来样子，若不了无常，不在无常流转中修，在何处能修行？衣食住行不离道，行住坐卧不离道，八万细行不出四威仪中，不怕念起，只怕觉迟而已。要是能在动中用功，“忙碌中、是非中、动静中、十字街头，都好参禅”②，修行自然会日日增益。修行本来就是伴随一生的事情，若只是在静坐中修行，那平日生活中又在干什么？虚云对修行有着一个很生动的比喻，修行就好像是播种插秧，佛性如种子，修道如栽田。要让谷子便秧，插秧成

① 虚云：《禅修入门》，凤凰出版传媒集团2010年版，第91页。
② 虚云：《禅修入门》，凤凰出版传媒集团2010年版，第92页。

稻，割稻成米，煮米成饭，不知要经历多久的过程。成佛就好像这秧稻成米的过程一样，要时时刻刻地下苦功，插秧以后要除草，除草还要浇水施肥，时时看护，佛种才会变成灵慧的苗，最终心地开花结果。这么艰苦长远的过程，哪里来得及时间去打岔？只是静坐时用功，那掘地种田时念头在何处，念头就可以松懈了吗？坐板香的工夫在修行，那挑水砍柴就可以打闲岔思邪欲吗？显然也不能。所以，生活本来就是一个流动的活脱脱的过程，无有一处不需要用功，不需要办道，处处留心，则处处都是话头，处处都能修行，只要一心办道，专心一致，何分动静。修行宜在动中，这可以说就是在生活中修行，对禅在生活中的一种深刻理解。动静皆宜的参禅，无处不可参，无处不可办道，何来世间与出世间的界限，只要有信心，有恒心，成佛之路还远吗？

可以说，过去的禅者在见性上做慧觉的妙解居多，平常心是道从心性角度打开了自然主义的悟道之门，但还未从生活的行住坐卧中去说明这种禅法的真参实修性。虚云大师用他的毕生实践和禅修经历印证了如何从行动中去实现这种禅。虚云禅可以说是慧能禅的一种推进，从动中修行，动静皆宜的修行，以动制静，才是真正的不被物转。这种动态的修行观，无疑已将生活与修行打成一片。参禅办道用功无限，修行无界，才能最大限度地实现在在处处的精进。有此愿力，有此苦功，还能空说顿悟，将慧能禅引向神秘主义的狂禅末流中吗？

如何实现这种动态的修行，在在处处的生活修行？进一步说，把念佛法门和传统禅法结合起来就成为必要。虚云禅法不仅是戒禅合一，同时也是禅净合一的法门。这是由在生活中修行，无处不修行的动态禅修联系在一起的。参禅悟道，并不是静坐空想，或无心枯坐，而是在行住坐卧中实现。如何实现？在行动中，有行动相，环境的外在干扰，着实不易。这时候，通过口念佛号，心念佛名的办法专心一致，是较为简易直接的，正如虚云所说的打铁匠，打铁时每打一下就念一声佛名，久而久之，也就用功日进了。对于凡夫众生而言，根器不够，最适合的方法就是从念佛做起，渐次念到不念而念，念而不念的境界，再在这无念中起一参究，追问此念佛者谁，以念佛为缘起，以参禅为究竟，“缘念佛而参禅，是故名曰禅净并修”①。在日常生活中，念佛便是一种随时可以实现的修行功夫，同时也是收摄心念，专心一致的一种心理训练。念佛与参禅，久而久之，实则是一件事。

过去参禅者毁谤念佛，念佛者反讥参禅，诸宗纷起，这无疑是佛门衰落的原因之一。对于僧团教内的这种互相诋毁，各法门间的不团结现象，虚云大师是极力反对的。在他看来，方便有多门，无论哪一法门，只要适合自己，都应该修习，依教分宗的应机说法虽然不同，但佛门精神不变，妄生我执，我慢，恰恰是对释尊说法的违背。所以，他主张禅净结合的修行方法，参禅与念佛并无矛盾，相反，两者原为一事。若能以平等心接纳各宗，是法平等，无有高下，则佛法的光大才有希望。虚云大师指出，在末法时代团结教内各宗力量，互相学习，严守戒律，则宗趣虽不同，但见性不远，成佛不远，参禅也好，念佛也好，要平等观之。从参禅的角度来说，念佛使得动中参禅锦上添花，开拓了禅修的新境界，另一方面，从对佛法的弘扬来说，念佛与参禅的结合是迈出诸宗平等的重要的一步，对诸宗法脉力量的延续也具有深远意义。从近代佛教的发展来看，融合的平等的团结各宗派的做法，无疑是胸怀宽大，目光长远的。

3. 整顿僧团，振兴古刹

正法久住，靠的是僧团的团结和戒律的守护，虚云大师游历名山古刹，痛惜往日戒律僧纪不再，使得寺院衰败，僧才凋零，下定决心要恢复往日僧团仪律，整顿混乱不堪的僧团状况，重振古刹。可以说，虚云大师的毕生贡献也在于此。他身系临济、曹洞、沩仰、法

① 虚云：《禅修入门》，凤凰出版传媒集团 2010 年版，第 179 页。

眼、云门五宗法脉，使禅宗法系一脉相承，将对禅门寺院的修护作为毕生责任，可谓尽心尽力，鞠躬尽瘁。

禅风的弘扬，传统的佛教精神的维系，靠的是僧团。而近代以来寺院的状况却令人堪忧。不遵守僧纪，破戒杀生食肉喝酒的，甚至娶妻生子的，不容许外来和尚挂单的，不念经教不传戒的，种种迹象令人痛心。虚云和尚有见于此，立志严守佛制，将恢复戒律作为第一要务。以鸡足山为例。在虚云大师未到鸡足山以前，鸡足山戒律混乱，寺院为世袭的传代子孙所占，不允许外来和尚进山挂单，而且不遵守寺院戒律，不穿僧衣不上殿进香，也不吃素，寺庙破败不堪也无人修理。虚云老和尚为此发愿，要让此佛祖道场重兴，在山结一庵接待朝山者，开单接众。为此，他向大理提督张松林、李福兴提出，要在鸡足山恢复迦叶道场，修建钵盂庵居住。钵盂庵当时只是破屋一间，经由虚云老和尚组织挖土凿地修建庙宇，请藏经安放，多方募化，成为后来的祝圣寺。除了对寺院的兴建修复，他对鸡足山寺院风气的改革更为根本。他为僧团立定规约，恢复坐香讲经，重振仪律，传授僧人戒法，使僧人穿僧衣，吃素菜，上殿、挂单，对丛林制度作了系统的整理。据明尧居士统计，虚云大师整理的仪规包括《钟板堂当值规约》《引礼寮仪式》《告香仪规》《初坛戒范》《禅堂法器规矩（坐香规约）》《传戒仪规》《戒期启谏榜式》等。同时，为了使寺院的日常生活规范化管理，虚云大师还制订了寺院的日常管理规约，包括《共住规约》《客堂规约》《云水堂规约》《禅堂规约》《戒堂规约》《爱道堂共住规约》《衣钵寮规约》《教习学生规约》《大寮规约》《浴室规约》《农场组织简章》等。经过四年多的时间，鸡足山其他寺院也渐渐改革，效仿虚云大师的做法，在虚云大师的感召下，鸡足山的丛林之风为之一变。获得了新的生命。1920 年，虚云力护昆明华亭寺，使其免遭政府征用租售给外国人，并应云南督军唐继尧的邀请，重建西山华亭寺，虚云大师为此各地募化，为建寺筹措资金，并仿照浙江天童寺的规制来建立华亭寺，主体建筑坐西向东，沿中轴线有山门、天王殿、八功德池、大雄宝殿、藏经楼；附属建筑有钟楼、鼓楼、经堂、法堂、祖堂、客堂、僧堂、戒堂、方丈寮、维那房、库房、浴堂、香积橱等。布局严整，次序井然。又在山门与天王殿之间辟广场，中凿百亩放生池。在寺右建千二百五十人海会塔一所，寺左建大悲阁。大殿内除供奉金装三世佛巨像外，又特请宁波技师增塑五百罗汉。重建的华亭寺大小殿堂二百余间，占地六万平方米，成为云南有史以来最大的十方丛林。其后又随处所见随时修寺，仅昆明一地就修复兴建寺院数十所。

可以说，虚云大师为挽救滇藏佛寺做出了巨大贡献，没有虚云大师便没有鸡足山，没有云南佛教的脱胎换骨。

整顿僧纪，维护僧团仪规，特别体现在老和尚对日常僧团生活的规定中。他对禅堂规矩十分认真，临济钟、曹洞板，戒律严谨，人人必须遵制恪守，不得懈怠，如规定每日必须坐禅十六炷香，早粥后坐四枝，午斋后坐六枝。若冬季打七，则加至二十四枝。据明尧居士研究①，虚云老和尚从修复祝圣寺开始，每年春天都依例开坛传戒，在《鼓山涌泉寺安单规则》中，虚云和尚就规定："议每年传戒，自三月初十日起，至四月初十日圆满，于内专律仪，广明止持作犯，以基三乘……"在云居山开示时，虚云和尚又提出要半月诵戒，半月诵《梵网经》，半月诵《四分戒本》，恢复每月集众说戒的习惯。因为戒是调伏身心的根本之体，只有口诵心记，才能说到行到。从恢复戒本的诵持开始恢复僧纪的建设。

除了传戒之外，虚云和尚还非常重视组织出家人诵戒和学戒。虚云和尚每住持一处道场，必定要求全寺僧众，在每月几个特殊的日子

---

① 明尧：《认识虚云和尚——虚云和尚的生平及其启示》，http://www.bailinsi.net/06xly/03yjj/16/09fxjz-my.htm。

里，坚持诵戒，同时宣读共住规约。虚云和尚在《云栖寺万年簿记》中规定：“朔望诵戒，自住持以及清众，须齐到听诵。有要事须先陈明，如无故任意不到者，议罚。”《鼓山涌泉寺安单规则》亦规定：“议律为道本，不容忽略。诸佛半月自诵，凡小何能废置。今为调众方便，宽展时期，十四、三十诵《梵网经》，初八、廿三诵《四分律》。无论何人，不得擅停。违者摈。”到现在为止，虚云和尚座下几位大弟子的道场，如云门寺、云居山、柏林寺等，仍然保持着每月初一、十五诵戒，宣读常住规约、民主检讨常住管理事务之传统。

同时，虚云和尚继承了百丈怀海以来留下的丛林清规，倡导僧众劳作自立，制订了讲经、做佛事、开垦田地等一系列制度，延续祖师禅风和禅门生活。如果说太虚大师对近代佛教的发展规划是面向社会的，入世的，高屋建瓴的。那么，虚云大师对佛教内部的僧团建设则更为关注，从具体而微的细节上整顿僧团，除了像太虚大师那样反对庙产兴学，主张寺产共有之外，虚云大师更注重对寺院的内部管理整顿。

首先，从住持的选举上杜绝世系和亲缘关系，在《云栖寺万年簿记》中规定，住持退位，应“预先同退居班首书记大众，商同公举寺内外贤能。如人众多，须用桂圆书各人之名，于韦陀圣前拈签，以三次为准。无论十方子孙，均必具法卷，不定何家。无法卷者，须续本寺先代之法，不能接现在住持之法。然后方得入院。钟板犍椎，不能擅改”①。这就杜绝了丛林子孙化的恶习，维护了丛林传法的纯正公平性，避免任人唯亲。住持退居后，又规定由大众选择适宜的寮房居住，不可任意扩建大舍自居，浪费常住资财。住持不得私住小庙，灭后不得私立塔墓。住持和常住两派弟子不得侵占寺产或私立派别，一切寺产均属公有。如此等等，都是对身为山头的领导人物住持以及作为管理者的常住的严格规定，从源头上杜绝了私有和世袭。

---

① 虚云：《云栖寺万年薄记》，http://www.foyuan.net/article-149941-1.html。

其次，对僧团生活规约赏罚分明。《云栖寺万年薄记》规定逢年清明冬至。住持会同职事于本山及潮圣庵净耳寺松隐寺福兴庵各处塔墓拜扫一次。以示后来知有此诸寺基山场。俾有力者。重兴古刹。规定每到朔望则诵戒。自住持以及清众。须齐到听诵。有要事须先陈明。如无故任意不到者议罚。又制定常住禅堂坐香规矩，及贴单请职。概照金山。每年十月静七。至少二七。以为定例。佛七数次。用为方便。接引化导。规定大悲阁常住四人。礼大悲忏。每夕回向。免上殿过堂。念佛堂终日念佛。年老者住塔院松隐寺。每日念佛三次。亦免上殿过堂。又规定云水堂须安妥实人为寮元香灯。照应来往挂单者。良善者。劝讨单。恶劣者。退单出寺。规定每年清明冬至日。宜开塔念普佛。上供。晚间放焰口一台。或念佛一日。回向。有入塔者。亦在开塔期间。各处四众或大和尚来入塔者。已登明在碑。须补常住永远培修费现洋一百元。供众打斋。普佛念经。结缘在外。未在本寺传戒者。不得入中住持位。未在本寺任方丈者。不得列祖堂牌位。[1]可以说，从住持的选任，卸任，到日常生活中各堂各殿的赏罚，再到僧人的疾病老死，牌位的摆放都有细致的规定。

另外，为维护寺产自觉投入生产建设，深入社会中，与民生疾苦融为一体，救济当地居民，协调军阀之间的关系，维护当地的和平稳定，这一系列的做法可以说都是不舍众生，不离世间法的表现。在虚云大师所到之处，他都极力将中兴寺院与利国利民结合在一起，据岑学吕的《云门山志》记载，虚云老和尚兴建云门道场历时八年，便使当地数百名失业乡民有事可做，且能得到工资，在军阀抢掠村民期间，又挺身而出亲自与当局交涉，无论天灾人祸，都竭力奔走，对民众不离不弃，更以身犯险，乃至病倒。虚云大师智虑高远，吸取百丈建立僧团的经验，近察社会现实环境，更深刻认识到佛教发展的未

① 虚云：《云栖寺万年薄记》，http://www.foyuan.net/article-149941-1.html。

来，寺院的振兴仍然要靠自己。若不能自给自足，自力更生，如何可能在近代社会维系下去。为此，他倡导发展寺院经济，认为僧伽经济必须在劳动生产的条件下完成这一转变，过去通过租赁、募化、香火、经忏的办法筹措资财已不可取，唯有恢复劳动生产，开荒种植，才能脱胎换骨。为此，他将农具、种子分发给僧众，又倡导开办纺织工厂，使僧徒四众志修行办道之余，能从事农业工业方面的生产，开辟僧伽经济的新来源，适应今后社会政治环境的新变化。这一做法可谓是革新性的，也是高瞻远瞩的。

从建设僧团，维护寺院发展的角度看，虚云大师可以说是竭尽所能，实事求是的，既契理契机地适应社会变化，转变僧团发展模式，同时又从修行办道的角度让僧众能融入当下生活，在任何环境下都能生活修行两不误，这对僧众来说无疑是开启了一种新的生活方式和修行方式。清末以来佛教被视为“事鬼的佛教”，只知经忏打斋，不关心民间疾苦，让人看不到生的希望。这种局面必须打破，首先就要转变观念，成佛悟道不是闭门枯坐，更不是出尘匿世，相反，只有在生活中切实生活，才能扎实修行。从这一角度看，虚云大师对僧团日常生活的安排和规章制度的制定既维系了传统，又为佛教的发展注入了新的生命力。

作为近代佛教发展的见证人，虚云老和尚作为一位长者，经历了从清末庙产兴学背景下的寺院危机，又经历了西学东渐影响下的传统佛教的衰落凋零，更经历过军阀混战民不聊生环境下寺院的被征用霸占，无论从他早期的个人修行还是从他后来的行脚见闻看，他始终以坚韧不拔的态度来坦然面对风云变幻，不卑不亢地寻找切实能够帮助寺院振兴，恢复祖庭，培养僧才的可行方法，他对近代佛教的僧团建设和名山道场的修复都是具体而细致的。这也使他能够兼容并包地平等看待各宗，协调倡导佛教改革的激进派与保守派之间的关系，以实际行动说明近代佛教的发展既要维系传统，又要作出新的转变。这就是积极融入生活，融入世间，无论时代环境如何变化，持守僧团戒律不变，在生活中修行，让修行时刻充斥在生活中，使自身与佛法融为一体，这样积极投身于此，哪里还有时间理会宗派纷争和利益纠葛，哪里还空谈什么维护传统还是彻底革兴？虚云大师用他自己的实际行动默默无闻地向世人展现了佛法的真正精神，一种诸行无常诸法无我的大无畏精神和睥睨世间利益争夺的出世精神，同时又与此世众生血脉相连，不舍众生，救度众生的大无我精神。可以说，无论在任何环境任何情况下，他都在修行。浑浑噩噩的世间，充满苦难的世间就是他的修行场所，他一生都在行脚，何曾有几天安然坐在寺院里等待来访者。在战争频仍的纷乱时代何处不是对参禅办道的真实考验。虚云老和尚用他的一生在向世人展现着真正的佛法，真正的对佛法的维系，他的内在精神是传统的，是从戒发出的对佛法的严肃态度，同时，他的禅风又是亲切温和的，是面向生活切实可行的。这也向世人昭示了一个问题：佛法何曾远离世间？成佛还需什么条件？在战火纷飞民不聊生的近代中国走出了这样一位令人备受尊敬的大师，成佛还需何种条件？恰如老和尚所言，不要怀疑古人，只就一个字：参！没有不能成，只怕功夫不够，努力不够啊！

第三章 生活禅的理念

如果说，虚云大师是生活禅最早的践行者，那么，继承虚云大师衣钵的净慧老和尚便是生活禅真正的倡导者和推动者。净慧长老不仅是虚云大师禅法的继承者，同时也是发扬和开拓虚云大师未竟之事业的先锋，无论在禅法的弘扬，禅风的倡导还是寺院的建设上，净慧长老都受到了虚云大师的影响，为中国佛教的未来发展做出了巨大的努力。

一、生活禅的提出

关于生活禅的提出，要从净慧长老的生平事迹和法缘谈起。净慧长老，祖籍湖北新洲，俗姓黄，生于 1933 年。因家庭贫困，一岁半即被父母送入湖北黄冈县的汪集仙姑庙，由海善、仁德二位尼师抚养，小名如意，后即在当地发蒙就学。对于幼年时家庭的贫困，净慧长老印象深刻。他曾回忆他的父亲好赌成性，年关的时候母亲好不容易织得四匹布，结果父亲把卖布得来的钱全部赌输，母亲为劝阻父亲而吵架打骂不休，父亲则但凡有钱就去赌，结果“我才一岁半就被送去当和尚”[①]。父亲的嗜赌，家庭的破碎，使贫困加剧，乃至无力养儿，净慧长老就生活在这样的境况下，早早地结下了佛缘，也使他很

① 净慧：《做人的佛法》，文化艺术出版社 2009 年版，第 31 页。

早就意识到人世间的苦。

因天性颖悟，喜好读书，受寺院生活之耳濡目染，他对常用佛经、早晚课诵以及犍槌法器都颇为熟悉。14岁由仁德尼师之师能庆长老尼带去武昌卓刀泉寺礼宗樵上人为师，成为沙弥，法名宗道，号净慧。后来又在武昌三佛寺，亲近大鑫太老和尚，进念佛堂，学习规矩礼仪。早年的出家和修学使他从小就向道心切，道心坚固。新中国成立后即参加由寺院组织的毛巾厂劳动。勤奋好学，日有所进。1951年，18岁的净慧法师由剃度师宗樵和尚送往广东云门寺受比丘戒，得以亲侍中国现代禅门泰斗虚云老和尚。

然而，净慧长老前往拜见虚云老和尚恰为1951年春，去了没多久就碰上云门事变。事件起于农历二月二十四日，至五月二十三日始告平息。经历此番波折后，净慧长老才有机会亲炙虚云大师，于1951年农历六月初八日，受沙弥戒；农历六月十五日，受比丘戒；农历六月十九日，受菩萨戒。得戒和尚上虚下云大和尚，羯磨阿阇黎上觉下澄律师，教授阿阇黎上正下虚，尊证阿阇黎上明下空律师，上遍下印律师，上传下芳律师，上天下应律师，上素下风律师，上宏下悟律师，上满下觉律师。佛源法师为引礼，白光法师为沙弥头，净慧法师自为沙弥尾。戒期圆满后，他继续跟随虚云老和尚学禅。1952年即成为虚云老和尚传法弟子。1952年春随侍虚云老和尚离开云门寺北上，经武昌往北京。冬朝礼五台山后，奉虚云老和尚之命，回到云门寺，担任云门寺的监院。1953年，佛源和尚升任云门寺的住持后，净慧法师协助管理云门寺。1954年，他因病前往云居山看望虚云老和尚，便留云居山侍奉虚公，并协助当年冬天的云居传戒法会。在两度亲侍虚老之数年间，长老得以朝夕亲承虚老之耳提面命，获益良多，并深得虚老的赏识和器重。承虚老之殷勤咐嘱，亦以一身而兼承禅宗五宗法脉，得赐法名。对于净慧长老在此期间的表现，虚云大师是颇为印可的。净慧长老承接为临济宗四十四世法脉（第一世临济义玄禅师至四十二世鼓山妙莲觉华禅师—四十三世虚云性彻禅师—四十四世净慧本宗禅师）。虚云大师有信偈曰：当年二祖为心宗，求法忘躯立雪中。子志若能继先德，芳名千载自流通。

承接曹洞宗四十八世法脉（第一世洞山良价禅师至四十六世鼓山鼎峰耀成禅师—四十七世虚云古岩禅师—四十八世净慧复性禅师）的信偈则说：一枝秀迪云门峰，岂比寻常草本同。自是大觉志坚固，森森永荫法门荣。

承沩仰宗九世法脉（第一世沩山灵佑禅师至七世兴阳词铎禅师—八世虚云德清禅师—九世净慧宣道禅师）的信偈曰：大法迥然绝古今，毫端独露本来真。风行草偃寻常事，普泽人天作雨霖。

承云门宗十三世法脉（第一世云门文偃禅师至十一世己庵深净禅师—十二世虚云演彻禅师—十三世净慧妙宗禅师）的信偈曰：妙宗开化佛悲怀，道济苍生法界宽。净戒严持崇圣德，慧命相传般若灯。

承法眼宗九世法脉（第一世法眼文益禅师至七世祥符良庆禅师—八世德清虚云禅师—九世净慧本性禅师），虚云长老示信偈曰：摩醯顶上眼重开，方许吾宗大将才。法门幸有能承继，立志须从勇猛来。

从虚云大师的这些偈语看，他对净慧长老是充满期望的，既有对净慧长老求法志气的肯定，又有对其聪慧超绝的悟性的印许，更包含着对净慧长老弘法利生，将宗门发扬光大的殷切期望。这样一来，净慧长老就成了继虚云大师之后再度将禅宗五家七宗的法脉集于一身的嗣法传人，可以说，虚云大师的这一举动，有着特别深刻的意味。首先，从清末以来禅门凋零，佛门衰败的局面看，僧团的离散和僧才的不足是佛门发展面临的一个重大困境，慧能以来一花五叶，宗门以下各派分化，禅宗的民间传播越来越快，但传法也越来越个人化，佛门急需出现一个有凝聚力、向心力的人物来扭转这种一盘散沙的局面，才能使佛教在急剧变化动荡的近代社会继续维持生存，保留法脉。在这种情况下，传法于一人，更将五家法脉合为一股力量，无疑有助于法统的纯正和弘法的稳定。虚云大师本身就是集禅门五家法脉于一身的人物，自然更能理解战乱动荡中付法的不易、僧才的难得和诸宗融合的重要性。既然身边有净慧长老这样出色的弟子在侧，托付宗门重任，团结僧团一切力量，振兴佛教自然也就有希望。

净慧长老自忆与虚云大师相处的这段日子，这种忙碌于生活，片刻不离生活的修行体验可以说也是促成净慧长老特别留意生活、萌发生活禅的思想的重要契机。他说："我从十八岁开始亲近虚云老和尚，应该说是一个接受传统禅法的人。但是由于所处的时代，实际来说，没有真正能够很好地在修行上扎实地用功夫。虽然我亲近虚云老和尚前后将近有十年左右的时间，但是那时我们一天天忙于搬柴运水、扫地抛砖、种田博饭，大概有五年左右的时间是这样过来的。……我十六七岁的时候，就已经上山去砍柴火。砍了柴火卖了以后再买米回来煮饭吃，吃完饭有了时间才能看经。那个时候晚上看经要点小油灯。晚上看，白天没有时间，白天要去种地、要去打柴。不种地不打柴，就没有饭吃，所以晚上看经。那时生活相当地艰苦，想要系统地学习、系统地修行，条件不允许。"①

从净慧长老的这段描述看，生活的艰难，环境的艰苦可想而知。基本上，净慧长老侍奉在虚云老和尚的日子里，都是一边修行一边干活。白天劳动，晚上才有时间读书。修行可以说就只有在日常劳动中进行，边劳动边保持本心。显然，净慧长老也习惯了这种凭着双手劳动养活自己的生活，这种生活本身对人来说就是一种锻炼，能够在这样的生活里继续修行，这本身已经是一种修行。而净慧长老就是在这样的生活中将生活与修行打成一片的，这种打成一片可以说是不得不打成一片，自然成为一片，在艰苦恶劣的环境下不仅要养活自己，还要奉献他人，回报社会，不劳动，寺院如何维系下去？而在虚云老和

① 净慧：《生活禅钥》，第139页。

尚身边的日子可以说是劳动中难得的修行日子，是相对生活比较平稳的日子了。从净慧长老后面的描述看，生活并没有片刻离开我们。

1956 年，在虚云老和尚的勉励下，净慧长老进入中国佛学院学习，成为中国佛学院第一届学生。课余时编成《虚云和尚法汇续编》，之后佛学院的领导认为净慧法师是在给地主阶级树碑立传，又来做封建地主阶级的孝子贤孙，最后定以极右派分子。这就是净慧长老所说的“到中国佛学院学习，一下子又陷入到各种运动当中去了”①，这是净慧长老在中国佛学院学习期间的遭遇。然而，在后来的几年当中，情况更糟。“到了 1959 年老和尚离开了我们，我们就再也没有办法亲近他老人家。之后，将近二十年，我在各种运动当中运动来运动去，做了‘运动员’。不过毕竟是从小出家，向道的这一念没有忘记掉。”②1963 年，净慧长老被划为右派，先后在北京、广东、湖北各地参加劳动。直到 1979 年才摘掉右派的帽子，重返北京参与中国佛教协会的各项恢复工作。从 1959 年虚云大师逝世到 1979 年，这前后大约就是二十年的时间。而这二十年净慧长老基本上就是忙碌于各种改造中，被拉入主流生活的节奏。改革开放后落实宗教政策，1981 年《法音》创刊，净慧长老得以担任《法音》责任编辑，1983 年至 2002 年任主编，自此以后净慧长老的弘法生活才可以说比较稳定。1982 年他被增补为中国佛协理事；1987 年当选为中国佛协常务理事；1988 年受命筹建河北省佛教协会，并被选为会长；1992 年主持柏林寺重建工作；1993 年当选为中国佛协副会长；1998 年当选为第九届全国政协委员；2003 年 10 月应湖北黄梅、当阳有关部门邀请，任四祖寺和邢台玉泉寺方丈；同年主持修复邢台玉泉寺，2004 年 10 月辞去柏林寺住持职务。2006 年主持修复邢台开元寺。

---

① 净慧：《生活禅钥》，第 139 页。
② 净慧：《生活禅钥》，第 139 页。

从 1982 年以后，净慧长老真正意义上地继承了虚云老和尚遗志——重振禅风、兴修古寺。1987 年 10 月 15 日，时任中国佛教协会常务理事、《法音》主编的净慧法师陪同日本“日中友好临黄协会”访华团来到赵县参拜赵州塔，看到柏林寺门庭萧条，钟板失响，唯余残破的赵州塔与二十几株古柏形影相吊，作为宗门弟子，他不禁潸然泪下，当时即萌生规复祖庭柏林寺之意，并赋诗二首：“来参真际观音院，何幸国师塔尚存。寂寂禅风千载后，庭前柏子待何人？”“一塔孤高老赵州，云孙来礼泪双流。断碑残碣埋荒草，禅河谁复问源头！”1988 年 5 月 19 日，在新当选为河北省佛教协会会长的净慧长老的主持下，重建柏林寺暨创立佛慈安养院奠基典礼在柏林寺遗址隆重举行，从此柏林寺走上了全面复兴之路。在壮大僧团上，他与虚云大师的态度相同，制订了严格的丛林管理制度。僧众培养，以青年人居多，文化程度较高，有十多名具有本科和大专学历，也有硕士、博士研究生毕业的。僧人们早晨四点半起床，五点上殿，六点多早餐，然后打扫卫生。十一点半过堂用斋，中午稍事休息。上午、下午和晚上，除有工作在身或其他特殊情况，都须到禅堂坐禅，共计六支香。二十二点熄灯。遇有大型法会、开会和半月诵戒等则作一定调整。每年立冬月和腊月要举办三个“禅七”。这样严整规律的僧团生活无疑是寺院得以兴起的重要原因。从 1988 年开始，至 2003 年 9 月万佛楼开光，长老不辞艰苦，宵旰用心，历时十五年，赵州祖庭的复兴工作始告大成。次年，长老乃退居，将方丈之位让于弟子明海法师。可以说，兴修柏林禅寺是净慧长老弘扬其生活禅的一个起点。生活禅这一想法的提出，与这一时期有着密切关联。

在经历了十年浩劫后，净慧长老越来越意识到一个紧迫的问题，即在现代社会人们需要怎样的佛法。佛法如何化现代？从他做佛教文化宣传的编辑教育工作来看，他有机会接触到各方面的读者，听到读者的呼声，使他在担任编辑的工作中经常思考如何引导现代人正确认识佛教这一问题。而改革开放后，市面上有关禅宗的书籍越来越多，教外人士提出各种想法探讨禅，研究禅，佛教界自然不能默应。“但是我感觉到，佛教界的反应是不够的，声音太小太微弱，而且很单调。所以社会上一方面是在把禅推向一个热潮，另一方面在某种程度上也把禅歪曲了。迫于这样一种形式，我从历代祖师的语录、从佛言祖语当中体会到修行不能离开生活，提出了‘生活禅’”①。可见，生活禅理念的提出，一方面是净慧长老对时代文化环境的一种特殊嗅觉，同时也是现代人急切的需要。在社会上一片热潮地关注禅，希望从禅当中寻找人生智慧之时，身为弘法人士的净慧长老自然感到责无旁贷，必须面对和思考佛法将向何处去这一问题。

净慧长老曾回忆生活禅这一理念提出的前后过程：“生活禅这个理念，是在 1991 年提出来的。1993 年在柏林禅寺举办第一届生活禅夏令营的时候，正式推出这样一个理念。当时，我们非常地谨慎，怕这样一个理念提出来遭到教内外人士的反对，那我们就吃不消了。但是由于生活禅这个理念没有违背佛法的精神，没有违背禅宗的精神，恰恰是在这样一个关键问题上体现了佛法的精神，体现了禅的精神，因此能够得到教内外人士的关心重视，也得到了很大的同情和支持。所以生活禅夏令营一直坚持举办，而且影响似乎是一年比一年在扩大。”②经历过十年浩劫和各种运动斗争中成长起来的净慧长老可以说对新理念的提出是十分谨慎的，首先，这种理念的提出要不违背佛法，这是最重要也是最关键的；其次，提出这样一个理念如何被世人接受？若提法不妥，或解释得不够清楚，难免要引起教内外的很多纷争和不必要的误解。所以，生活禅这一理念最初只是在小范围的信众活动中提出，在夏令营这样一种形式中提出。

① 净慧：《生活禅钥》，第 141 页。

② 净慧：《生活禅钥》，第 141 页。

此外，提出生活禅这一理念，根据什么经典、采取何种说法方式来解释这一理念尤为重要。这是关乎生活禅这一理念能否推广，能否为大众所接纳的重要环节。

至于生活禅的说法根据，与吴立民先生在柏林禅寺讲《楞伽经》有关。“《楞伽经》的纲要就是‘五法三自性、八识二无我’，他讲五法的时候讲了一个题目是‘五法与生活禅’。他讲得非常好，因此受到他的启发，我就在他讲法的基础上加以发挥”。更重要的原因是，净慧长老意识到，现代人的知识结构和知识构成已经非常成熟，要让现代学禅的人真正理解禅，就必须通过经典教义来谈，这样比较符合现代人的学习思维，也能使生活禅的提法更有经典依据和如法性。若提法不如法，说法不如法，如何使人信服？有了经典依据，凭着他对祖师禅和自身对禅法的修习理解，他逐渐能够将生活禅与传统禅法连为一体，找到了传统禅法在现代发展的新生命。可以说，20世纪90年代初期这一阶段是净慧长老生活禅理念生发的关键时期，也是促使他后来以此主张兴建寺院，教育僧才，积极参与社会建设的重要时期。在此之后，他探索出弘扬佛法的现代途径，如举办生活禅夏令营、禅七打坐、流通经典、举办讲经法会、创办佛学院、建立高校教育基金和寺院与高校之间的教学实践基地等一系列活动，可以说是充分地将佛法真正融入世间，实现了虚云老和尚的遗愿，将佛法在当代发扬光大。

除了重修柏林禅寺，恢复古寺光芒外，净慧长老的重要贡献还在于兴修了禅宗的祖庭——黄梅四祖寺，重振了东山法门。2003年，长老以年逾古稀之躯，应本焕老和尚之邀请，接管湖北黄梅四祖正觉禅寺。为重振东山法门，长老殚精竭虑，整顿道风，恢复丛林传统，除了继续做好本老所创办的《正觉》杂志的同时，还举办了一年一度的“禅文化夏令营”，创办了双峰讲堂，与柏林禅寺遥相呼应。为了改善祖庭的生存和发展环境，长老提出了“大四祖”的理念，将四祖寺的建设与周围环境的治理以及社会的和谐融为一体，取得了良好的社会反响，得到了当地政府和民众的高度赞扬。住持黄梅期间，净慧长老还奋力重修湖北黄梅老祖寺、四祖寺下院芦花庵、当阳玉泉寺、度门寺、河北邢台玉泉寺、大开元寺等古老道场。每修复好一处道场，长老即刻择其有德之贤者而居之，自己则两袖清风，一衲飘然。其为教之忧患意识，其老当益壮、为法忘躯之承担精神，大有其先师虚云老和尚之遗风。

从净慧长老自身的弘法经历和传法因缘看，净慧长老始终坚守着佛法在人间，不离世间觉的信念，以虚云老和尚为榜样，弘扬佛法不舍众生，利乐有情的精神，以大无畏大无我的气概融入社会，参与社会，关注民生疾苦，以宗教为人类之良心保证，以佛教的大慈悲精神净化人心，关爱人心，为促进社会稳定，饶益众生作出了毕生的努力。在这一点上，净慧长老可以说是继承了虚云老和尚的衣钵，也完全将其精神延续发扬下去，同时，由于所处的时代不同，净慧长老对佛法的弘扬取得的贡献也与时代助缘有关。一方面，是净慧长老本人对虚云和尚遗风遗志的全然了解，特别是对虚云老和尚提出的“四根（佛教这棵大树赖以生存和发展的四条大根——修证之根、戒律之根、经教之根、现实之根）、一本（以禅宗为振兴中国佛教之根本）、一枢纽（巩固古老的传统大丛林之枢纽地位，充分发挥它们的表率、辐射和引领功能）”的佛教振兴理念心有领会；另一方面，净慧长老又得到周叔迦、明真、正果、赵朴初等良师益友之提携，在自身天赋极高及早年儒释兼修的基础上，又经过中国佛学院数年的系统学习和研究，佛学根底甚为扎实，对佛教典章制度非常熟悉。所以在恢复赵州祖庭的过程中，在寺庙建筑、僧团管理、法务活动、僧才培养、文化建设、弘法理念，以及处理寺院与地方政府和民众关系等方面，长老皆能以超常、圆融的智慧处之，游刃有余，得心应手，如理如法，所以才得以尽虚师未竟之事业，取得了令人瞩目的成绩。

二、生活禅提出的依据

如前所言，净慧长老提出生活禅的理念，首先要考虑的就是依据什么来建立这种理念？最终，他在《楞伽经》的“五法三自性、八识二无我”中找到了以经教谈禅的理论依据。首先，《楞伽经》是禅宗的传宗经典，菩提达摩来华所传的就是《楞伽经》，以此经作为生活禅的经典依据，是对禅的原始精神的继承。五法，在《楞伽经》里说的是“相、名、分别、正智、如如”，相、名、分别三者可以说是对世间法面貌的描述，众生在迷执中，就有相、名的执著，进而有分别心，将物物区别开。相，就是诸法相状，是众生要认识的对象，名，就是对相的描摹、称呼，根据这种名称去认识事物，从而产生分别，分别就是对事物的认识。由于分别而产生妄想，离开分别而了解缘起诸法无自性，才能够获得正智，根据正智而认识到的结果，世间诸法本来的样子，就是真如、如如。净慧法师敏锐地洞察到五法对于我们的意义。“‘相、名、分’是生活，同时也是禅；‘正智’如如是禅，同时也是生活。如果把这两者截然分开的话，那生活禅还是不究竟，生活禅就是要说明，生活就是禅，禅就是生活，因为世间的一切万事万物，无不可以包含在我们的生活当中，也无不可以包含在禅当中，所以生活即禅，禅即生活”①。五法已经将禅的内容包含其中，了解世间法，认清世间法，由相、名、分别构成的世间法就是生活的全部，就是生活本身，而能够以正智去认清世间法，以正智生活，就是禅的境界，就到达了禅的智慧，这就是如如的认识世间。如如，就是生活本来的样子，也就是禅的精神。为什么五法能够用来说明禅呢？恰恰是因为五法包含了世间法与出世间、染净两个方面，所以，用五法的次第来看，生活禅的理念可以成立。

---

① 净慧：《生活禅钥》，第 143 页。

其次，生活禅是对中国传统的禅宗精神的发扬，并无另立炉灶。作为集禅宗五宗法脉于一身的继承人，净慧长老深刻地认识到禅宗在中国传统文化中的特殊地位和现代价值。他认为禅宗是整个中国佛教，汉语系佛教中最值得我们珍惜和挖掘的思想宝库之一，是最具有中国文化特色，又是由佛陀的正觉所开启的顿悟法门，最契合这个时代的人的根基。“禅宗这一法，可以说是佛教的根本法门，也是我们汉传佛教的精髓所在”①，而佛法是重视实践的法门，是在应对众生根基不同而不断变化当中说法的，禅宗更是注重实践的法门，所以，如何禅修，如何总结古老的经验，丰富禅修的方法来接引众生，则成为当代禅宗应该注意的问题。中国的历代祖师在弘扬禅宗方面，几乎每一个时代都会有方法上的创新，那就是所谓禅风的发展和变化。因此，禅宗发展到今天，也应该有禅风上的变化，否则，禅宗就成了死法。“从整个佛教来讲，法无定法，定法不是法；从禅宗来说，祖师不以死法与人”②，这样一来，面对时代的需求，我们更应该觉醒，利用禅的智慧去启迪人心，开发智慧，为现代社会开出一剂现代药方。这一现代药方，就是生活禅。

生活禅可以说就是对禅的法门和精神的一种现代诠释和概括。禅宗是心地法门，一切从心开始。心生则种种法生，心灭则种种法灭，“禅宗就是告诉我们应该如何去管理好我们当下的这一念心，……不管世间的事情多么复杂，科技多么发达，技术多么精尖，都离不开我们当下的这一念心，都是我们当下这一念心的作用和变化”③。而不管时代如何进步，科技如何发展，人们的烦恼、痛苦却始终没有减少，人们面对的是需要在精神上找到这一念心的出路，追求精神的解脱，这是每个宗教都要回答的问题。而作为禅宗，在中国文化、中国

① 净慧：《禅堂夜话》，上海文化出版社 2011 年版，第 180 页。
② 净慧：《禅堂夜话》，上海文化出版社 2011 年版，第 181 页。
③ 净慧：《禅堂夜话》，上海文化出版社 2011 年版，第 181 页。

社会、中国民情的基础上产生出来的一个中国化的宗派，更应该回答这个时代所提出的问题。“生活禅，就是回答这个问题的一种法门、一种方便”①。作为一种方便，一个禅宗对现时代人们的回应，生活禅的提出便没有离开传统的禅宗精神，否则就背离了禅的本意。过去有如来禅、祖师禅，现在则有生活禅，生活禅是在如来禅、祖师禅的基础上对现时代禅风的新的诠释。如来禅是根据佛教经论提出的要求一步一步修行的禅定，它以发菩提心为基础，以息道观作为功夫。“所谓如来禅，就是佛所说的修习禅定的法门，也就是佛教经论中所教导的修习禅定的方法”②。如天台宗提出的各种大小止观法门。如来禅可以说就是一种修习禅的方法，但它还不是禅宗之禅，尚未体现禅宗精神。所谓祖师禅，则是禅宗意义上形成的禅。是从菩提达摩东来以后，通过六代祖师以心传心的方法流传下来的法门，是以不立文字、教外别传、直指人心、见性成佛为特征的，是一种直见心性的顿悟法门。这种法门显然是以般若智慧为基础，以融入生活消解当下的凡情圣解作为功夫的禅。

可见，如来禅包含了一切的禅法，是修习禅的法门，而祖师禅则是禅宗的教外别传之法门，是在般若见基础上形成的一种宗风。净慧长老认为，如来禅和祖师禅的区别主要在两个方面，一个是渐与顿的区别，如来禅是按照一定的次第修习的禅法，自然是循序渐进式的渐修，比如神秀所提倡的时时勤拂拭；而祖师禅则是主张顿悟的法门，如慧能禅，顿修顿悟，不特别地注重定的功夫，而是以般若见地为根据，以消解生活中一切二元对立为功夫，定慧等持中强调悟。所以，两者的第二个区别就是对定与慧的强调不同。渐修的习禅法侧重定，而顿悟的祖师禅更强调慧觉。

---

① 净慧：《禅堂夜话》，上海文化出版社 2011 年版，第 39 页。
② 净慧：《禅堂夜话》，上海文化出版社 2011 年版，第 37 页。

净慧长老提出的生活禅则是容纳了如来禅和祖师禅的优点而综合的发扬，没有离开如来禅、祖师禅的精神。从这一点看，生活禅不仅是禅宗五家七宗宗门意义上的发展，同时也吸纳了过去的传统禅法的修习功夫，既发扬了禅门宗风，又保留了传统的习禅方法，顿渐结合，定慧互补，这样就把宗门教下的禅修体系融为一体，既是对宗门的发扬光大，同时又是对佛法在新时代条件下的推进。说是对传统宗门的发扬光大，这是因为生活禅并未改变禅宗精神的本质，仍然是以顿悟的觉醒的智慧的般若见为特色，“所以，禅宗是没有次第的，若按次第，便又回到如来禅，那就不稀罕了”①。可见，生活禅的提出是继承着祖师禅的遗风而来，并不是另外提出一种新的习禅方法、仅仅把禅当作修习的工具而已。如果只是按照修行次第来坐禅，那就仅仅是如来禅法，而非宗门之禅。在这个意义上说，生活禅就是融合了如来禅的祖师禅，就是祖师禅在新时期的一个新名词。所以净慧长老说得很明白：“有人问我说，你在传生活禅，生活禅很好，有次第可修吗？生活禅就是祖师禅在今天环境下的‘新版本’，它并没有脱离祖师禅。”②所以，尽管净慧长老谈到融合如来禅，也谈到过生活禅的修行次第问题，但从总的方向看，生活禅应该是继承祖师禅的，是不离般若见的超二元对立的本色的，仍是直指人心、见性成佛的单刀直入，郎朗分明，这是生活禅的特色，也是禅宗作为宗门的宗风特色，不能与佛教中的一般修行禅法同日而语。

对于什么是禅，什么是生活禅所维系发扬的禅宗精神，净慧长老有一番深刻的论述。所谓禅，并不是四禅八定里说的禅，而是禅宗的禅。这种禅，是由佛祖拈花、迦叶微笑的传说而来的教外别传、不立文字、直指人心、见性成佛，由达摩祖师所传的禅。而教外别传、不

---

① 净慧：《禅堂夜话》，上海文化出版社 2011 年版，第 165 页。
② 净慧：《禅堂夜话》，上海文化出版社 2011 年版，第 165 页。

立文字、以心传心这件事的出现，“不能用现在学术的、历史的、考证的眼光来看。有这件事，还是没有这件事；究竟是历史，还是传说，和禅都没有关系。因为禅要说明的，既不是历史，也不是传说。即使是历史，也说明不了禅”①。历来对禅宗的传说研究和历史的考证不乏其人，然而，真正能超越时间空间的隔阂去直透禅的精神，用自心体会去直观禅的人却很少。净慧长老与印顺法师、铃木大拙一样，对禅的超时空的存在价值和永恒意义有着宗教家特有的深刻体悟。这种超时空限制的禅所体现出来的是什么？首先，净慧长老概括，禅是一种境界。这种境界，是觉者的生活境界，如人饮水，冷暖自知。在行住坐卧中语默动静皆安然，平淡、自然、喜悦。只有当众生能够放下执著，抛开二元对立思维，才能够体验到禅的境界。第二，禅是一种受用、体验。禅的境界看不见摸不着，也不能与他人共享。禅是直接的，当下的，这种体验，这种受用是远离分别心的，只有真正达到无分别境界，才能理解和体会到什么是禅。第三，禅还是一种方法、手段。这是从禅的方便来讲，直指人心、见性成佛没有定法，是活泼的，因时因地变化的，所以，禅的方法是多样的，悟道有多途，禅宗接引大众的方法只求彼此默应，心领神会，所以，禅是契理契机的，可变的。第四，禅是一条道路。是开发智慧之路，若非要说禅是什么方法，那就只有一个，当机立断，直下承当，壁立千仞、无门可入，只有靠自己在没办法中想办法，在急智中跳脱束缚，获得解脱。第五，禅还是一种生活的艺术，生活的方式。禅者的生活就是一种艺术，在乾坤天地间感受自然，洒扫应对，一切现成，毫无挂碍烦恼，无所用心。第六，禅是永恒的幸福、真正的快乐。禅的最终目标是要达到永恒的幸福，在清凉自在的享受中超越一切对立，获得圆满脱离生死的大自在，禅就能够把生命固有的一切活力释放出来。总

① 净慧：《生活禅钥》，第2页。

之，禅的最高境界就是无，有求有执著，无求无分别，没有烦恼心，自然就能以平常心应对生活，禅的境界，既有般若见的智慧，同时又有修行上的觉照反观，就能将我们领入清净平坦的空灵中，与天地万物融为一体。满目青山是禅，茫茫大地是禅，清风明月是禅，细雨无声是禅，青青翠竹是禅，郁郁黄花也是禅，禅就是这样一种无分别无二元对立的觉解境界，这使人们在大自然、在生活中能够即可感受到，以平常心处本分事，这就是禅。禅就是一种生活的智慧。而学佛的目的就是要解脱烦恼，要解脱，就要用佛法来净化人生，将佛法的精神具体化，使自己的思想行为能够如法而行，在生活中修行，这就是禅。通过这样多角度全方位的说明禅的精神，才能使人认识到禅的智慧的普遍性，禅的可行性，人们才能真正认同生活禅这一提法的如实性和可行性，了解禅作为真、善、美的完整体现无处不在。

总的说，禅就是在人生日用之中实现的，禅本身就具有日常化、生活化的特点，人人皆可成佛，在日用常行、洒扫应对中无处不体现禅的智慧，禅本身就是大众化的法门。从禅宗的语录看，各个阶层的人都受到禅师的开导接纳，无论达官贵人还是贩夫走卒都可以学禅，都可以悟禅，禅具有普遍适应性和平等性。其次，禅的风格活泼自在，超然物外，无论水边林下，随缘饮啄，都充分体现了禅的平民化和超越性的特点。翻看祖师的语录，古代的禅师们无不透脱出清新自然的生活化的禅风，悟道有可能是在吃饭、洗碗、砍柴、扫地、赶鸭子等一系列具体的日常生活中，在烧火做饭、挑水择菜的行脚云游中，师徒间的一问一答便充满了禅机，这种何处青山不道场，随缘自在的风格，就是把整个山河大地当作修行悟道的场所，充分展现出禅的平民化的特点。再者，禅的平民化、生活化还体现出禅的实用性。禅无处不在，无处不是，禅的大众化体现禅的适应性，人人可学，古今不变，而禅的平民化则体现禅的超越性，能够接纳一切众生，真正实现人人皆可成佛。从禅的大众化、平民化来看，禅是最贴近日常生活，最切合大众心理的，所以，禅的生活化、大众化、平民化的风格概括为生活禅一点也不为过。

所以，生活禅就是要解决如何在现代社会弘扬禅的精神，让众生能领受禅的智慧这一问题而产生的。净慧长老由此说：“所谓生活禅，即将禅的精神、禅的智慧普遍地融入生活，在生活中实现禅的超越，体现禅的意境、禅的精神、禅的风采。提倡生活禅的目的在于将佛教文化与中国文化相互熔铸以后产生的具有中国文化特色的禅宗精神，还起灵动活泼的天机。”①这种灵动活泼的天机就体现在如何将禅融入生活，将修行与生活打成一片的生活禅上。在人间的现实生活中运用禅的方法、禅的智慧去解除现代人生活中存在的各种困惑、烦恼、心理障碍，使现代人生活更充实，人际关系更和谐，道德生活更圆满，造就智慧的人生，和谐的社会，这无疑是禅的精神的新发展。从禅宗的思想发展历程来看，生活禅的提出无疑是如法的，是有传统依据的，是对祖师禅的继承和发展，这是生活禅的契理的一面。

关于生活禅提出的契机性，净慧长老也加以明示。总结起来有三个方面：

第一，禅宗是最契合末法时代众生根机的法门。净慧长老指出，我们身处末法时代，而这个时代的人的根基比古人要浅薄一些，但实际上，大众对佛法的认同，对禅的需求却也是迫切的，这跟我们这个时代缺乏信仰有关。“其原因就在于我们这个时代，是一个信仰缺乏的时代。这个时代的众生，自己相信自己已经超过了相信他人，这一点非常重要。”②这个时代的众生的特点就是相信自己，每个人对自己有信心，对他者缺乏信任，从另一方面看，却是弘法的有利因素。人们相信自己，都希望通过自己的努力去创造一番事业，通过自己的

① 净慧：《何处青山不道场》，国际炎黄文化出版社 2008 年版，第 2 页。

② 净慧：《禅堂夜话》，上海文化出版社 2011 年版，第 179 页。

努力去改变自己的命运和生存环境，依靠自心来获得幸福。这种相信自己，依靠自心去努力的心态恰恰是禅要传递给众生的。“禅就是鼓舞大家要相信自己，要通过自己的修行来改变自己的命运。这一点正契合时代的需求，特别是年轻一代，对于那些古老的信仰，产生了动摇。禅宗这种直指人心，见性成佛的思想，对那些信仰缺位的人来说，无疑是一种极大的鼓励”①。现代社会众生的这种特点，恰恰给禅宗的弘扬和发展创造了契机，生活禅就是要以一种简易直接的方式来传递禅的精神，禅的思想、修为，顿悟的法门，能够在一念之间提升人的品位，开发人的信心，开启人的智慧，这种超越一切过程的理念，对于那些具有自信心的年轻一代来说，确实有着巨大吸引力。生活禅的契机性，就体现在针对现时代众生的这种心理特质。

第二，当前社会存在的问题迫切需要救世救心的佛法。净慧长老把众生的需求分为两大类，物质和精神两方面。而社会的发展安定也要靠这两方面支撑，佛法与世间法一样，也要解决人生这两大问题。创造物质财富的同时要有慈悲福报之心，利益众生，在创造精神财富方面要有正确的观念和大智慧，超越解脱。而在现代社会，人们的物质生活水平有了很大的改善，精神生活的需要就显得更加迫切。科学在发展，人们的生活水平也在提高，而随之而来的是人们对宗教的渴求也越来越浓烈。科学解决了人们的物质世界的问题，但却无法解决人类的生命、精神问题，人们有限的智慧在面对无限的宇宙时就显得茫然困惑。生命的困惑、苦恼并没有随着物质生活水平的提高而消散，反之，却日益增多。道德精神生活的堕落，理想主义的消亡，拜金享乐主义的人生观，都是精神生活空虚的体现。没有道德支撑，法律约束解决不了人心的腐坏，救治不了人心的丧失，这才是令人担忧的。“‘信仰、良心、因果、道德’，是人类当前最缺乏的思想，是

① 净慧：《禅堂夜话》，上海文化出版社 2011 年版，第 179 页。

指导我们做人的根本理念。一个没有信仰的人可以胡作非为，一个不讲因果的人就会徇私舞弊，一个没有良心的人就是最坏的人，一个没有道德的人就如同禽兽”①。而现代社会没有良心的事层出不穷，面对人心腐坏，众生烦恼不断的状况，提倡生活禅尤其迫切。生活禅就是要让众生在生活中觉悟，在生活中转化思维，寻找到生活的方向，寻找到生命的意义和人生的价值，让众生在生活中觉悟，在生活中做人，进而达到即人而成佛的理想，在最贴近众生处让更多人能够获得精神的解脱。

第三，自然环境的恶化需要崇尚自然回归俭朴的生活禅。佛教是端正人心的教化系统，教化的力量能够使人改过迁善，摆正心态，更好的生活。现代社会的科技发展经济的发达是以满足人们的物质需要为目标的，而人的欲望是无穷的，这种以满足人欲为目标的人类中心主义发展模式无疑并未考虑到天意。宇宙的大化流行不仅仅由人来主宰决定，山河大地皆与众生共业，人类对自然的过度索取掠夺已经恶果滔天，自然灾害和气象异常的情况屡屡发生，已经给人类敲响了警钟。破坏生态，破坏自然最终会使人类自食其果。只有转变观念，转变心态，以中国传统的自然观来对待自然，处理人与自然的关系，才能使人类获得长久的生存之道。这其中关键在于人心。人心不善待自然，人心不平静，唯欲是图，唯利是图，不尊重自然规律，人与自然如何和谐生存发展？现代社会无论人心、社会、自然都已经伤痕累累，而佛教讲的戒定慧三学就是治疗这些疾病的苦口良药。生活禅用最浅显易行的方式在诠释这个古老的道理，让人们知道禅者的生活是最贴近自然最俭朴的，而俭朴则是一种生活态度。要让这种禅的理念、佛法救治人心的理念，对治人类的烦恼贪欲的理念深入每一个人心中，就要从生活谈起，在每一件具体事情上引导众生，生活禅可谓

---

① 净慧：《守望良心》，第55页。

苦口婆心。

无论从契理还是契机性看，生活禅都是从传统佛教中生发出来的，生活禅在佛教的传统理念当中随处可见，俯拾即是，“它不是我杜撰的，不是我别出心裁提出来的与传统佛法不契入的理念，它完全是在传统佛法的基础上，根据现代人的思想观念，根据现在主流文化的观念提出来的。现代观念认为一切要人性化、生活化，实际上佛教的修行就是最生活化的一种方法”①。

三、生活禅的内容

既然生活禅就是将禅的精神、禅的智慧普遍地融入生活，在生活中实现禅的超越，体现禅的意境、精神、风采，那么生活禅就是如何将禅生活化，将生活禅化，在生活中修行，在修行中生活的问题。对于生活禅的具体内容，净慧长老有过几种表述。首先，从理论上说，生活禅可以概括为三个要点一句话：即以菩提心为出发点，以般若见作为见地，以息道观作为修习禅定的方法，以融入生活、消融烦恼作为日常实践的功夫。生活禅的核心内容，实际上就是上述四个要点：一是菩提心，二是般若见，三是息道观，第四才是生活禅。这四个要点实际上是两个部分，一是见地，二是功夫，是一个从见地到功夫的过程。

菩提心可以说是佛教的根本，一切法门的共法，没有菩提心作为开端，成佛如何可能，经教里说得最多的就是教导众生如何发菩提心，这是树立信仰，趋向佛法的萌芽。菩提心又可以用四弘誓愿概括，即众生无边誓愿度，烦恼无尽誓愿断，法门无量誓愿学，佛道无上誓愿成。菩提心的实质就是要发此四愿，没有菩提心，就没有慈悲智慧心生起，就不能够普度众生，不能为大众奉献自己，这就不是大

① 净慧：《禅在当下》，方志出版社2010年版，第121页。

乘佛法所倡导的。所以，生活禅的第一步就是要发菩提心，有了菩提心，才能够学禅，学禅的目的不是为了自己解脱，而是要为一切众生离苦得乐而学，这样学禅，心量就会广大，菩提心就是习禅悟道的根本动力，没有这样广大的心量，就很难有修行的决心和动力，禅的境界也就不够开阔，所以，生活禅首先是如法的，不离法的，自然是要以发菩提心为首要的内容。

其次，般若见。菩提心发起之后，还需要智慧的引导，这就要树立佛教说的般若见地。没有般若智慧，就无法了解世间真相，不能认知缘起法，如何破除我执法执，获得觉悟？所以，般若是佛法的根本智慧，也是学禅之人必须树立的正见。没有般若见，就没有修行的指导思想，没有智慧，如何断除烦恼，所以，般若是统率，是根本，是修行的指导方向。

第三，息道观。息道观指的是修行的具体方法。有了见地，有了宏大的心愿，信心、意志、智慧具足还不够，还要真正在实践中践行，这就需要训练我们的呼吸。息道观就是调整呼吸的方法，息道又叫安那般那，就是数呼吸之意，呼吸是我们每天都要做的事，时时刻刻最切近最可感受到的，而一呼一吸之间，生命得以延续，这一口气的调理就变得尤其重要。所以，息道观就是净化身心的第一步，要从实际修行中来落实佛法的理念，首先就要在修行上使意识得到净化。训练呼吸就是净化意识的一个基本方法。息道观，也可以称为数息，数息就是在呼吸之时将通过数出入息的方式将心安定于呼吸上，数气息的出入，实际上就是把心念集中在呼吸上，观察协调一呼一吸的呼吸相，使呼吸均匀，从而使心情平静放松，专心一致于呼吸，从而内心无喘，也就是通过调整呼吸来完成内心平静的第一步。这个方法说起来简单，但实际上也有讲究。学禅首先就是在这一呼一吸的转折上下功夫。在一呼一吸之间有一个间歇，这个间歇就是息所住的阶段，真正的呼吸深入就是要把气息长久地停留在住息的这一个阶段，在住息上下功夫，使意念和呼吸保持一致，停留在住息上，时间越长，入禅定的可能性越大。数呼吸，可以数出息，也可以数入息，而数出息的好处在于能够把身体的浊气呼出来，慢慢让呼吸更深更细更长，使身上每个毛孔都成为呼吸的管道，这样就能把全身的优势调动起来，身体健康，自然也能心灵安定。所以，息道观是生活禅当中很重要的一部分。它关系到如何修习生活禅。

最后，才是生活禅这一理念。经过了菩提心、般若见、息道观的训练，最后才能形成见地与功夫融为一体的生活禅。生活禅总结起来有四句口诀：第一，将信仰落实于生活。这是学禅的人最重要的一件事，信仰如果不能与生活联系起来，就不能活在当下，在生活当中去实现信仰，落实信仰，理想和信念必须在生活中生根发芽，才能成为现实，所以，信仰必须贯彻落实在生活当中，那就可以让信仰时时在践行，信仰才是真实可靠的。这是针对现代社会众生信仰淡化，生活散漫的现实提出的。众生以为，在寺院里坐禅才是信仰，而回到家里则是另一副模样，买菜做饭，接人待物变成另外的嘴脸，这就没有把信仰落实在自己的生活里，没有让自己真正活在信仰当中，理想如何可能实现。所以，一个真正把信仰落实在生活当中的人，才能真正地时时在修行，在修行中生活。

第二，将修行落实于当下。所谓烦恼即菩提，任何事情都有两面，只有在当下去动手做，直面问题，解决问题，才能当下觉悟，当下观照内心，这就要把修行的功夫落在当下的每一心念上，在每一个起心动念处觉照、反省，才能将修行落实在每一时刻。将每一分每一秒都落实在当下，就是慧能所谓的于相离相，于念离念，念念而不住于念，安住当下，才能够使我们每一念都在修行，与禅融为一体。有些人以为在寺院里才是修行，早晚诵经才是修行，而日常生活中要上班的人怎么办，怎么修行？这对于众生来讲是一个很现实的问题。笔者曾经在一次生活禅的研讨会上遇到一位在佛教宣传网站工作的热心人，她当时就向净慧长老诉说过这一苦恼：每天都要上班，没有时间修行，如何来实践生活禅？这个问题可以说具有典型性，这恰恰是净慧长老已经注意到的问题，所以才有生活禅的提出。生活禅就是为了解答众生的这一困惑而提出的。每个在家众都要上班，每一天我们都要面对不同的生活上的各种问题，如果因为要生活，就不能修行，岂不是说要活着就无法成佛吗？这种逻辑推导下去，就会使佛法变成一个非常可笑的事物。这样来理解佛法，佛陀岂不感到可悲。佛陀明明已经告诉众生，佛法是不舍众生的，众生却要反其道而行，认为佛法妨碍了生活，生活无助于佛法，陷入执障中，却说是法病。修行如何可能在生活中日进？一方面认为修行无助于生活，另一方面生活孤立于修行之外，成佛自然无门可入。将修行落实于当下可以说就是对这一问题的回应。没有对每一心念的管理，没有在在处处如理作意，如何算是在修行呢。抛弃了生活来看待佛法，无疑是窄化佛法，故步自封，将没有修行的责任强加于佛法。

第三，将佛法融化于世间。这句话可以说是对慧能大师所说的“佛法在世间，不离世间觉。离世觅菩提，恰如求兔角”的概括，把慧能大师的四句偈浓缩起来，就是把佛法融化于世间。佛法不是仅仅在寺院里某一类人的事物，相反，佛法就是要拯救世间，利乐有情的，没有与世间融为一体，没有参与世间，如何利他，如何度人。所以，将佛法融化于世间实际上就是对大乘佛法利世救人，不舍众生的菩萨道精神的诠释。即烦恼即菩提，世间法本来与出世间就是二而不二的关系，没有世间法，何来出世间，佛陀说此是有对法，凡是有对法，就是相互依存的，自然是要成就世间，才能成就出世间，也只有在世间才能觉悟佛法，才能证悟诸法本来面目，从世间证悟出世间，佛陀本身也是在世间觉悟证道的。所以，佛法融入世间，在现代社会来讲尤为重要。现代社会当中，随着信仰的多元化，经济发展的多元化，人们的生活内容越来越丰富，思维也越来越多样化，佛法若只是停留在寺院里，不随着现时代众生的变化而做出调整，就很难融入世间。人们对佛法的误解在于，往往以为佛法就是寺院、经书、念经、礼拜等一些与传统有关的信物或仪律，却没有看到佛法在日用常行中体现出的智慧。历代禅宗的大师们已经向世人展现了佛法不离世间的觉悟之道，穿衣吃饭、运水搬柴皆是禅，触目皆是道，那么，在现代社会的行车上班、穿衣吃饭中又何尝不是修行道场。若能把修行落实在当下，把信仰落实在生活中，那么，也就是把佛法融化于世间了。

第四，将个人融化于大众。如果说将佛法融化于世间是对将信仰落实于生活、将修行落实于当下的概括，那么，将个人融化于大众可以说就是将佛法融化于世间的具体体现。将个人融化于大众就是将佛法融化于世间的方法。佛法是慈悲法，要自觉觉他，自利利他，就要把自己融化到集体中，融化到众生中。作为一个参禅悟道者，作为一个相信三宝的人，更应该意识到大乘菩萨道那种只要有一众生不成佛，我誓不成佛的信念。从缘起的角度来看，每个人也不是孤离的，法不孤起，每一个人都与他者有着千丝万缕的联系，把自己融化到集体中，就是要时刻想到大众，想到他人，以菩萨度化一切众生的信念去奉献他人，感恩大众，回报他人。这样，才能树立起四无量心，觉悟人生，奉献人生。

如果我们能够在日常生活中从这四个方面去培养训练自己，那么，修行就是有持续性的，这样才能将禅修与生活逐渐打成一片。在日常生活中不断观照自己的身心实相，对自己的一举一动都做如是要求，在每一心念上都做历历分明的觉照，就能够在在处处提起正念，保持正念，安住当下，这种禅修，便是在生活中修行的生活禅。以这种方式来生活，就是以禅的智慧来思维、生活，必然会身心合一，与法相应，将正念付诸行动，助人为乐，与人为善，就能够养成慈悲喜舍的奉献精神，修习戒定慧，去除贪嗔痴，净化自己的身心，同时也净化世间。这一切都需要落实到生活的点点滴滴当中才能完成。

这四句话概括起来，就是生活禅的八字宗旨：觉悟人生、奉献人生。这是从对禅的特殊概括上升为一种对佛法精髓的概括。从见地和修行两方面而言，觉悟就是智慧，奉献就是慈悲的行动。觉悟人生体现佛教的般若精神，这是智的方面，奉献人生则体现佛法的慈悲精神，两种精神合起来说就是大慈大悲精神。这是佛法的总体精神，所以，觉悟人生、奉献人生就是把佛教的悲智双运的精神作了一个现代性的通俗易懂的诠释。觉悟人生，就是讲如何用佛教的智慧来做人、成人，提高和优化自身素质的问题。在此基础上，净慧长老提出做人的八字方针，即信仰、因果、良心、道德。这八字就是做人的基本原则。奉献人生讲的就是如何做事。用一种奉献精神来生活，也可以概括为八字方针，即感恩、包容、分享、结缘。根据《华严经》的理念，净慧长老又用"善用其心，善待一切"来说明觉悟人生、奉献人生这一原则，善用其心，体现如何成人，成为有智慧有觉悟的人，善待一切则体现在如何做事，如何待人，用通俗的话说，2000年，净慧长老又将这一原则加以补充，提出"不断优化自身素质，不断和谐自他关系"①的修行要求，这些表述可以说都是对觉悟人生、奉献人生这一主题的发挥。

所谓人生，在净慧长老那里有一番新解。生活禅既然是围绕着觉悟人生、奉献人生而提出，那么人生必然与生活有着莫大关联。在净慧长老看来，人生有两大问题，即生活与生死。生活，是人生的常态，是生之人要面对的每一个当下，而生死，则是人生的终极问题，解答生命的归向。而实际上佛教把生活与生死两个问题看作同一个问题来解决，解决了生活问题，实际上也就解决了生死问题。同样，解决生死问题也是在解决生活问题。因为人类的一切活动就是生活，而

① 净慧：《守一不移》上册，赵州柏林禅寺印。第153页。

生活问题也必然包含了生死问题，生死问题存在于生活之中。从人一生下来，就面临着生与死的问题。生与死贯穿在我们生活的每一念当中，念念相续，在每一念当中都既包含了生活问题，也包含了生死问题。当下一念觉悟，则了脱生死，能够在生活中认识生死，生死问题不迷惑，生活问题也就不执迷了。所以，这两个问题虽然存在和表现的形式不同，但所涉及的烦恼却是相似的。在觉悟中了脱生死，生活也就会变得轻松得多。所以，净慧长老提出，“要在生活中解决生死问题，在解决生死问题的同时来生活”①，这就是生活禅的生活态度。说得直接点，生就是生存，活就是灵动活泼，有生命就有活动，生活就是由生命存在过程的每一瞬间活动所组成的，每一个瞬间的活动都决定了我们的生死。生命与死亡只是在一线之间。每一个我们所处的当下，我们的心念，我们依托的环境，都会对我们形成影响。而活动的生命就意味着烦恼，在炎炎夏日，为了避暑，人们不得不想出法子制造空调，与大自然抗争，而在寒冷冬天，为了取暖，人们又必须费尽脑筋烧柴烧暖气，为了减少我们生命中的痛苦，缓解生存压力，就要有一系列妄想烦恼来应对生命存在所遭遇的难题，这就是生活。生活就是充满妄想充满分别的人类生命活动过程，有生命才有活动，没有生命就谈不上生活，所以，生命的存在形式与内容就是生活的全部，生活自然也就包含了对生命的存在与死亡问题的解答。迷失的生命，烦恼的生命，就有生活的染污不宁静，反之，则有净化的生活，烦恼就会减少。所以，生命的过程就是从染转净，慢慢升华的过程，这个过程需要我们当下每一念去修行守护着，需要长期积累，持之以恒，生命才会体现出它应有的价值和意义。而这一切都需要通过在点点滴滴的每一件事情的积累上去成就，这就是具体的生活。生活清净安宁，生命才是清净安宁的，生活的修行就决定了生命的修行，所

---

① 净慧：《何处青山不道场》，国际炎黄文化出版社 2008 年版，第 88 页。

以，在生活中修行，就是对生命的陶铸。人生的价值就体现在一个人的生命活动当中，体现在具体的每一个当下行为中。生活不是一个抽象的概念，而是一件具体的事物，它也不需要什么理论建构。过去禅师们说“饥来吃饭困来即眠”就是如此，生活的内容是直接的呈现的，不需要什么抽象概念或曲折的思维手段，它需要的和禅一样，是一种体验、感受。在生活中不断体验、感受生活，这本身就是体验禅的过程，这种体验“如人饮水，冷暖自知”，不能靠旁人教与，只有靠自己自觉体悟，生活的内容是具体丰富的，禅的经验也是如此，在具体丰富的生活中，处处皆是禅，只是缺少发现的眼睛罢了。

从禅的方面说，什么是生活中的禅呢？并非生活中一切直观的体验都是禅，禅指的是清净安宁的生活中的境界，“是生活中专注、清明、绵密的觉受”①。它的首要特征，就是觉照，没有觉悟、领受，就没有般若见地所生发的般若慧。没有这种慧觉，就不是佛教讲的悟。所以，生活禅首先是一种觉悟的境界，是觉悟的一种受用。觉悟，只是一个开端，生活则是一个过程。生活禅是借着觉悟的开端而由此有觉悟的受用，才构成生活中的禅。只有功夫到了炉火纯青的时候，才可能产生觉的受用。“有了这种受用，生活禅，禅生活，才可能在我们生命中涌现出来”②。所以，生活禅是一个修行的过程，而禅既然是一，是无，是超越一切，涵盖一切的，那么，禅就是一切，而生活又是生命的活动过程，生活也就是一切。要养成这样一种专注、清明、绵密的觉受，就必须在生活中修行。

提倡生活禅，一方面把佛教里的慈悲与智慧两大宗旨发扬出来，以觉悟人生、奉献人生为原则，就赋予了佛教传统的悲智双运以现代诠释，而在生活中修行，在修行中生活的修行方法又指明了现代人的

---

① 净慧：《禅在当下》，方志出版社 2010 年版，第 201 页。
② 净慧：《禅在当下》，方志出版社 2010 年版，第 201 页。

修行目标，为现时代环境下如何修学佛法，弘扬佛法指明了道路。

四、生活禅的特点

在生活中修行，在修行中生活，说起来简单，但实际上是对修行的一个非常高的要求。从生活禅的内容看，生活禅可以归结为四个要点，即前所说的：将信仰落实于生活，将修行落实于当下，将佛法融化于世间，将个人融化于大众。然而，四个要点又是以见地和修行功夫为基础的，见地和修行的功夫总结起来包括菩提心、般若见、息道观三方面的要求，才能达到生活禅。对大众和对僧人来说，生活禅的要求却不完全相同。对三宝的僧宝来说，菩提心、般若见、息道观是修行中很重要的三方面，缺一不可，生活禅的修行次第就是发菩提心、树般若见、修息道观、入生活禅。而对普通大众而言，净慧长老更多地强调做人做事的二八方针，即前所说的觉悟人生、奉献人生，信仰、因果、良心、道德，感恩、包容、分享、结缘的二八原则。

尽管净慧长老曾明言：生活禅是继承了祖师禅而来，没有具体的修行次第，但从他对生活禅的表述来看，生活禅显然融入了传统禅法的精神，在既维持了宗门传统的基础上，吸收了如来禅，把禅法容纳到禅宗里，对佛教修行法门兼收并蓄，虽归本禅宗，却是对佛教修行法门的提炼升华。

与宗门大盛时期的直指人心、顿悟成佛不同，净慧长老更注重从初祖、二祖、三祖、四祖那里挖掘禅门的思想资源，从前慧能时期寻找禅门修行的依据。般若见、息道观具体而言，指的就是从达摩祖师以来的修行要领。在四祖的禅法中可见一斑。净慧长老对四祖道信的《入道安心要方便法门》甚为推崇。有几点值得注意。

第一，专心一致，守一不移。

守一，首先是树立了一念身量本具的菩提心，这种自信心是证悟的前提。再者，以般若见照破虚空烦恼，以智慧任运无为，证得究竟无碍。守一不移就是照破虚空烦恼，运发智慧的关键。守一不移就是要以般若空观的眼光来观察某一对象，把心思专注于一个对象上，念念在兹，将念头定在此处，打消妄念妄想。守一不移，就是一个摄心、观心的过程，观心、摄心之后，才能入禅定。守一的关键就是守念，念念住心，念念相续不断，正念现前，这也是净慧长老在生活禅中反复强调当下每一心念的原因。一个追求觉悟，发菩提心的人尤其要时刻关注每一念心当下的状态，生活就是由这每一念构成，时刻让心关注当下，把握好当下每一念，其实就是守一不移的一种训练。在生活中每一念都念念不住，念念在当下，实际上就是专心一致于一处了。以一念制万念，这是日常生活中断除烦恼妄想的一种办法。更进一步说，禅就是当下的直觉、体验，禅就是当下的每一念心，当下专心一致，无分别心生起，就是禅出现的时候。守一不移这种传统的禅法其实已经蕴涵了禅的精神，从这种修行方法演绎下去，就是一种无分别无二元对立的空灵状态，这也就是禅的状态。

第二，念佛与安心相结合。

将念佛与禅结合起来，可以说是净慧长老所倡导的生活禅的一大特色，同时也是他习禅多年的经验所得，既有祖师禅法的理论保证，又受到了虚云长老禅风的影响。

念佛，实际上是一种达摩禅所说的安心的方法，道信所说安心方便法门，是一种即心念佛的法门。说到安心，这是达摩禅的思想中心。如何做到安心？基于对道信禅法见地与修行并重的理解，净慧法师特别把数息观和安心法门提出来，这可以说是他对道信所说的坐禅方法的补充。数息观是佛法的一种最基础的修行方法。打坐数息，就是一种守一的方式，数息的目的是为了安心。安心首要就是排除妄想，专心一念，念佛才是正念而非凡夫念。数息即是帮助我们系心念佛，一行三昧的初级功夫。数息，就是通过数呼吸的方法来观察心念，这是最古老，最直接也最简单的一个基本方法。人的生命与呼吸息息相关，从数呼吸开始，功夫最容易上道。数息也就是要调好呼吸。将呼吸与念佛保持一致，念依于息的节奏，打坐时把意念放在呼吸上，数呼吸的出入气息，这即是安心的入门方法。这对众生也适用，将调节呼吸作为安心的入门方法普遍的运用，直到最后连数呼吸也忘掉，妄想才会越来越少以至于无。所以，念佛不是口念，而是靠心念，念佛若不从自心出发，就不能清净三业，清除妄想杂念。由心念佛，是一种明心见性，开发智慧的方法，由此返回观照自心。念佛同时也是守一不移的一种方法，通过将念系于佛名的方式，使当下一念安于一处，特别是对于在家居士，念佛名号是一种最简易的修行办法。心心念念不离阿弥陀佛，每一念当中把这一佛号念清楚，这就是用心的诀窍，管理好我们的心灵的诀窍。念的时间长了，每一当下把握住了，当下就可以于念离念，历历孤明。光念佛号而不做他想，就是一种念佛禅。

从外在表现形式看，念佛禅好像与净土法门一致，实则有区别。念佛的心态并不是为了念念在往生西方、极乐净土，而是训练自己专心一致。念佛之时佛并未现前，佛已在心中，不假外求。而净土法门则是向往净土世界，念的目标不同，用意不同，自然异趣。念佛到了一定程度，就能够让心安定，达到一念不生，一心不乱，这样就一片光明，时刻在安详自在中，这就是四祖的即心念佛法门的精妙处。

念佛如何专注于一心？这就要调呼吸，呼吸的调节能够与念头融为一体，才能身心合一，进入定的境界。所以，净慧长老尤其注重数息的方法，调整呼吸既是入门方法，也是守一不移的基础方法。可以归纳为六字口诀，两大要领。六字口诀，即专注、清明、绵密。这是对整个息道观的特征的描述，专注当中有清明，清明当中也有专注，绵密当中也有专注，三者可以分阶段练习，也可以联系起来练习，三者既有区别，专注相当于定，清明相当于慧、觉，绵密相当于止观并用、定慧等持。首先要专注，这是对坐禅的基本要求，没有专注，就内心散乱，无法安住当下，念念不住于念，所以，参禅首先要做到的就是能够守一，排除杂念。没有专注就谈不上修行。念佛、数息就是令人专注的方法。其次，只有专注没有清明，则没有慧觉，容易使人昏沉，枯坐不动非禅，反之，只有清明没有专注，则思虑纷扰，妄想不断。再者，有专注有清明了呢，还需要有绵密，否则，专注和清明的时间太短，不能连成一片，就不能绵密，修行就不能真正一气呵成。如果专注和清明的间距拉得太大，那妄想也容易插进来。所以，专注、清明、绵密必须联系在一起，综合的运用，修行才有成效。这个口诀可以说是检验修行是否成功的三条标准。要做到这三点，还需要两大要领指导。那就是“由点到线，由线到面”①。以念佛的安心方法为例，一开始念佛号，可能念头不能成片，容易被妄想打断，这就像一个个省略号一样的点，这样的念法是有间断的，此时要慢慢收摄心神，训练把念头念念集中在佛号上，往专注的方向努力，时间长了这些念头似的点就会慢慢连成一条线，这时候再由线扩展到面。原来只能在静坐的时候保持安定清净，专心一致，这时候就要慢慢学着在动中也专注清明，在日用常行，穿衣吃饭上也用功，在生活的点滴事情上用功，把这些事情也当作修行一样去做，让修行在每一件事上都延伸下去，这样扩展开来，专注、清明就能实现在每一个当下的念头上，就能把静坐延伸到行动中，把禅堂延伸到家里，带到生活中。

第三，见地与修行相结合。

顿悟，是宗门的一个特色，也是一个对利根人讲的上上法门，要求非常高，然而，顿悟却不是禅的全部。在未悟之前，发心、修行都是必要的，而开悟是学佛的基本要求。开悟就是见道、见法，而开悟之后，悟后起修，更是成佛的必不可少的功课。开悟的关键就在于当下的返迷归真，迷悟之间都是同一个生命，只是念头的转变，见地的

---

① 净慧：《禅堂夜话》，上海文化出版社 2011 年版，第 30 页。

不同。从理上悟，再从事上修，修行就有目标，有方向，有正确的道路，正见是修行的保证。所以，见地与修行并重也成为生活禅的一大特点，这也是融合传统禅法和宗门殊胜法门而得出的结论。佛教的信解行证本来缺一不可，从信生解，从解起行，由行得证，这个修行次第非常有序。然而，从禅宗的根本法门说，只以直指人心、见性成佛的顿教为本，强调当下即是，按照这样的法门，“信解行证已经是多余的事”①，这是次第法门和顿超法门的不同。

然而，在今天的环境下，净慧长老深感佛法衰微，人心不古。即使按照信解行证的次第进入佛法都不容易，更何况是直指人心的顿超佛地呢？对极个别上根之人，可以根据直指人心的方法直接进入修行的境界，这时候无所谓妄想不妄想，一切都在一念当中转变了。此根本的转变就是心的转变、见地的转变，当下一念心是佛心，就当下即佛。而对于大多数人而言，见地的顿超是不容易实现的，检验的标准是什么？——“无私无欲、无人无我、无是无非、无牵无挂”②，如果在这些方面用得上，那就是真见地，否则，就是口头禅而已。从理上说，要顿悟，然而实际情况却要困难得多，需要经过步步修行才能实现。所以，见地和功夫必须结合，这既是吸取了过去禅宗末流的狂禅、逃禅、口头禅等的教训，也是针对大众根机的实际情况，此世此时的环境而做出的选择。

在此情况下，净慧长老提出“理上悟，事上修”的原则，从见地上树立正确的理念，强化理论认识，理虽是顿悟，但事情却要一件件去做，用功、修行、止妄、除昏沉，都要真实苦练，渐进渐修，功夫深了，自然在每件事上才会体现出此见地此理，真正转凡入圣。悟后如果不加保任，不经过细腻艰苦的修行，就有可能沦为眼高手低，有

① 净慧：《守一不移》上册，柏林禅寺印，第 181 页。
② 净慧：《守一不移》上册，柏林禅寺印，第 181 页。

见地无功夫的狂禅。有见地无功夫，如说食数宝，有功夫无见地，则只会盲修瞎练。见地与功夫可谓相辅相成，见地能增益功夫，功夫又反过来可以强化见地，在修行中，首先想到一切本自具足，树立信心，不假外求，才能在用功时排除妄念和分别，有见地并按照见地去做，达到专心一致。而能够专心一致之后，见地自然更真实更贴近禅境，修行自然事半功倍。真修和实证就是在见地和功夫的这种互相配合下实现的。

所谓见道本身就包含了见地与修行两层意思在里面。见道，首先是懂得修行的法门，知道自己要走的路，这是信心上的见道。再进一步说，见道就是见到真理，有了正见，能见法，这是在见地上见道。再进一层，则是从修行上达到了一定的境界，真正的具备了迈向更高境界的条件，这是从实践上践行了第二阶段的见地上的见道，在修行上见道。所以，见道从理上说是一个刹那一念间的转变，思想的飞跃，但从真正的修行上说，见道却也是一个过程。见道之后还要不断管理此心，进入修道的阶段。在佛教的修行法门上说，见道只是第一阶段，修道证果才是初地到八地的过程。所以，开悟只是修行的开始，成佛的第一步，悟后起修，才是真悟真修，开悟是学禅的最低要求，也是一个普遍的要求。从这一角度看，净慧长老更注重悟后的修的过程，悟后渐修的过程恰恰是以往祖师禅谈得较少，较简略的地方。只谈开悟瞬间，或悟后风光，略去中间过程，让现时代根机参差不齐的众生如何下手。所以，见地和修行相结合，是把整个参禅的过程包含在内的，是对悟道、参禅、禅境的一个整体描述。生活禅，实际上分成这两部分，一是如何在生活中参禅，在众生的生命活动当中寻找悟道的机缘，二是如何禅化生活，悟道以后如何以禅的思维、禅的精神活出禅的生命，与禅融为一体，这才是成佛的过程，如果说见地侧重于体现禅如何在生活中，吾人能以何种态度去应对生活，认识生命的本质，生命的真相，如法而行；那么，修行则体现出悟后功夫的重要性，只有如理而行，才能保任此心，保任的功夫就是生活在禅中的过程，让自己生活在禅中，则在在处处无不是如法，无不是修行了。

五、生活禅、禅生活

生活禅的理念，既是对如来禅、祖师禅的吸纳融会，又是对佛教传统精神的弘扬。然而，禅的理念根植于经典，非一朝一夕而成。《心经》说“色不异空，空不异色，色即是空，空即是色”便是理事无碍，世间与出世间无碍的注脚。《中论》也说，“涅槃与世间，无有少分别，世间与涅槃，亦无少分别”，有漏杂染和清净涅槃本来就是非一非异的不二关系，还有《金刚经》《维摩诘经》等，都有对世出世不二法门的精妙论述。传统的佛教经典里蕴含的般若智慧如何在现时代展现、发扬，如何将传统传递到现代，这涉及对经典的诠释和对传统的传播。生活禅的提法就是对传统与现代衔接的一种努力，它的主旨是传统的，但说法却是契入现代人的生活环境和思维的，这是生活禅应机的地方，也是生活禅得以被大众接受的重要原因。佛法如何在现代社会获得新的发展、持续的发展，又保留传统的精神，这是一个值得注意的问题。生活禅可以说为现时代的佛法的弘扬提供了一个蓝本，一个开拓性的尝试。

生活禅，是对过去禅宗精神的概括，也是对现时代所需要的禅法的反思。生活是事相，禅是理体。生活是具体的、多样的，是杂染世间的呈现，而禅则是清净的、体验式的、超越世间的。两者要联系起来，让人们接受禅的理念，并不容易。净慧长老根据多年的修持经验和弘法经验，从经教和宗门里总结出“生活”一词来概括现时代的禅的方向，使禅面向社会、面向世间有了更广阔的桥梁，禅的视域和思维一下子融入了世间。可以说，生活禅的提法本身就是禅面向现代社会的一种现代诠释。生活禅虽看似一个禅门理念，但它的口号和要领却是通俗化、生活化的。无论从语言表述、思维方式、说法内容看，生活禅都是贴近大众、贴近生活的、现代性的。

首先，思维方式的现代性。生活禅包含了两方面要求：一是在生活中修行；二是在修行中生活。再简单地归纳，则为生活禅，禅生活。一方面是禅如何生活化，一方面是生活如何禅化。

从禅的生活化来看，就是用禅的智慧、禅的思维、禅的精神去净化人们的生活，让人们能够树立正见，断除烦恼，以般若智慧来面对生活的问题，用佛法指导生活，净化自心，使人生活在幸福、安宁、平静的禅境界中。净慧长老由此提出学佛的四个要点，也是修习生活禅的四个要点，这四个要点可以说概括了佛法的基本精神，并将这种精神用一种最直白的语言表述出来。即将信仰落实于生活、将修行落实于当下，将佛法融化于世间，将个人融化于大众。总结起来就是觉悟人生、奉献人生八字口诀。在整个四句八字的表述中，没有使用一个佛教的名相术语，而是用世间法的方式说出世间法，使禅的不可言说，难以言说获得了最大限度的清晰表达，更契合现代人的思维，也更接近现代人的生活世界。这是禅的见地能够在现时代环境下树立起来的第一步——语言表述的现代化。

第二，说法内容的现代化。生活禅的觉悟人生、奉献人生扩展开来，即为做人做事的二八方针。成佛是一个末法时代钝根众生很难理解的一个词汇，古典教育的缺失，宗门的衰败，教育方式的现代化等因素，形成了现时代的不同机宜的众生知识背景。这时候，太虚大师早已见于此，故在清末局势衰乱之际就有即人成佛的构想，以成人为目标，人格的完成为方向，是成佛的先决条件。成佛实际上就是人格的究竟圆满，所以有“仰止唯佛陀，完成在人格。人成即佛成，是名真现实”之说。

生活禅继承了太虚大师的即人成佛思想，并把这一思想更推向现代化。学禅自然也首先要成人。禅的生活化就体现在做人做事的基本原则上。从做人的角度看，净慧长老提出八字要领：信仰、因果、良心、道德。这是他对成人的基本看法。首先，人需要有信仰，人之所以为人，是因为人有着超越的终极的追求，会追问终极性的问题，此是人为万物之灵的灵所在。人的生命也因为有信仰而充满意义。人生没有信仰，就好像一个人没有灵魂没有目标，人生的道路就没有方向。所以，信仰是关乎一个人生命存在的根本性问题。

那么，佛教的信仰有什么特殊之处？净慧长老又用了一种极为浅显的方式表述这一问题。佛教讲缘起，讲因果、无常，而净慧长老把缘起解释为生命无穷无尽的一个过程。生命是无限的，也是在变化当中的，所以人才有改变命运的希望，才有可能改造生活，获得解脱，所以，无常是一种非常积极的观念。对于众生畏惧和难解的“空”，净慧长老也有一番生活化的解释：“空不是为了毁一切法，而是为了成一切法。”[①]这是根据经论上说“以有空义故，一切法得成”而来，空就是生命的常态，空就是对无常无我的描述，只有认识到人生是一个变化的过程，人生才有积极作为，从这一角度说，空即是对世间法的成就，空意味着无限的可能和无限的机会。

佛教主张万法唯心造，因缘生，这也是一般人无法接受的。如何看待这个唯心造，净慧长老没有从自性清净心和心生万法的经教入手，而是从贴近众生的反映论的认识论入手。唯识所变、所造，是从认识主体能知的角度说，变现非创造外物，而是在六根接触六尘时，识能攀缘外境生起对外境的认识，形成对外物的执著，产生名言认识之，是在自已内心变现一个认识外界事物的能力，所以说一切事物都是由因缘而产生的。因缘，就是事物存在、发展的根据、条件，没有阳光、空气、土壤、水，植物就不能发芽成长。所谓我执的产生，就是在事物呈现出的这种面目之外再去寻找一个原因。再者，从意识对

---

① 净慧：《生活禅钥》，第 193 页。

人的行为的指导作用上解释唯心。“心净则国土净，心秽则国土秽”，“一念迷即众生，一念悟即佛”，“一念善即天堂，一念恶即地狱”等等，都描述了心识对人的行为的影响之大，佛教强调的就是心灵力量对生命存在的影响，把握当下一念心，就是以一种积极的主人翁精神去主宰自己，改变自己，净化自己，给予人无限的塑造自我的可能。这是佛法对人格力量的尊重。从这一点上说，人人平等，人人皆可以成佛。

所以，佛教信仰的第三个可贵之处就是尊重人，给予人性升华的空间，鼓励人，人人皆可成佛为人们提供了一个向善向上的希望。并且还提供了成佛的途径，指明修行的道路，以慈悲、智慧引导众生，佛教的解脱方法实际上已经把人生的终极关怀、个体解脱和社会的完善和谐圆满地包容在一起，个人价值的实现也是其社会价值的实现，体现佛教信仰体系的人本性，可行性。

有了信仰，做人的第二个关键还在于能知道因果。因果二字看似简单，实际上也不易被现代人所接受。古有颜回穷死陋巷，今有贪官污吏横行，现实社会好人没好报，恶人逍遥法外的事情并不少，诸宗教无不想尽办法用神正论的观念来试图解释道德与幸福不相应的悖论。这就更需要因果的观念来警戒众生。有了善恶观念，相信因果，才能努力做人，做好人。因果看似已然被决定，但它的意义却在于鼓励人们努力种善因，不要计较现前的结果是否与种下的因相一致。因为无论是否获得结果，结果都不在人的选择控制之内。在佛教看来，时间是无限的，人生是一个漫长的过程，过去、未来、现在都在我们的生命中。我们无法改变过去，也无法预知未来，但我们能把握现在。当下的每一念种下的因都由未来承担后果，所以，在我们尚未知道的未来，需要我们时时刻刻当下用心浇灌。生命是无始无终的，当下我们只需要不断提升自己，净化自己，不要只看到眼前的结果。守住因果的观念，才能使人心存诚敬，尽量避免作恶。

进一步说，做人的第三要就是良心。知因果，自然要有良心。若知因果仍无所畏惧，则可谓非人了。作为一个人格完善的人，应该有此心，能知善知恶，为善去恶，这是人的天性。净慧长老用儒家的天理良心一词说明善的重要性，可谓切近传统，又鲜活于当下。良心是一个古往今来人们都不断注目的词汇，可以说是连接传统与现代的关键。

做人的第四个要求，就是道德。道德这一词语也是现代性的，同时又是传统的。与良心相关的便是道德，如果说良心是对个人的要求，那么道德则是对人与人之间关系的描述，道德体现的是人与人之间的伦理关系、社会关系。净慧长老用五戒来描述这种关系。不杀生，这是对人类及其他一切有生命的物种的保护。所以，不杀生不仅仅是个人行为，而是关涉个人与他者关系，对他者的影响的事件。不偷盗也是如此。生命的延续靠的就是物质财富和物质需求的获得，这是个人生存的基本条件和需求，应该互相尊重，为了自己的生命需求而罔顾他人的生命需求，就是一种没有良心，不道德的表现。再者，不奸淫。在现代社会，尤其强调的是不进行不正当的婚外关系，这既是对他人的尊重，也是对家庭对子女的尊重，为了一时的满足而让家人受到损害，让他人痛苦，这同样也是让人难以接受的。不妄语，简单说就是不骂人，不挑拨是非，逞口舌之争，这是对人的语言礼貌的基本要求。没有基本的语言礼貌，人际关系就不和谐，就会伤害对方，这也是人格不完善的体现。不饮酒，这对现代社会的人们来说可能比较困难。但是，饮酒过量造成的各方面危害却尽人皆知，只是能知而不能行，最后引发越轨、偷盗等其他恶行。可以说，佛教所说的五戒都是非常实用的，非常贴近生活的，“佛教所说的五戒，都是从生命的互相尊重、互相爱护出发而制定，都是为彼此的生命安全与自由提供方便和条件出发而制定”①。所以，国家法律虽多，但从做人的基本要求上说，落实信仰、因果、良心、道德这八字方针已非常不易，但同时也是必须的。

禅的生活化，从浅近处说，便是这做人的八字方针。与之相关的，还有做事的八字方针。做人的八字方针是对觉悟人生的说明，有此八字作为行事原则，树立了八字见地，就是禅生活化的第一步。再者，还应该体现在做事的八字方针上，这是对奉献人生的描述，也是禅的深入生活的体现。即感恩、包容、分享、结缘。

成人既包含了做人，也包含了做事的方面，二者本为一体，缺一不可，才是完整的人格。在实践中如何处事，是检验做人八字方针的试金石。首先，感恩。感恩是现代社会里较为容易让人接受的价值观，佛教所说的感恩，包含了四个方面的内容：1. 是感念父母恩。从个人来说，父母给予我们生命，亲恩最重最难报，感念父母恩，这是易于为大众理解的。2. 感恩一切众生。这恐怕不容易。从佛法的因缘和合的角度讲，一切众生皆是有缘人，皆有联系，素昧平生的人们能够走到一起，都有着密切的影响和关系。感恩众生，既是对因缘的肯定，也是对宇宙山河大地的感念。只有包容着感恩一切众生的心量，原谅他人，才能创造一个充满积极正能量的世界。3. 感恩国家。这是从整个社会的发展来说。国家虽然是一个随着历史发展变化的概念，但对于已经发生的历史过程，我们应该多谅解包容，扬弃消极的危害社会的东西，净化我们的生活环境。最后，感恩三宝。从文化的角度说，没有三宝就没有今天的人类精神文明，三宝不仅传承着信仰，也传承着人类文明。当然，除了这四个方面的感恩以外，感恩其实并无具体的对象和事件，感恩更多的是一种做人做事的心态，分别用不同的方面来表述之，使人更易于理解和接受。

---

① 净慧：《生活禅钥》，第 201 页。

其次，包容。“一方面是指我们以什么心态对待不同意见和利益，一方面是指我们如何使自己的心态、思想、主张、利益与生存的具体环境保持大体上的一致，不要使我们所处团体的发展和进步受到妨碍”①。可见，包容原则实际上也是生活禅提出的一个基本初衷。既要如法，又要契合现代众生，那么，包容众生，包容现时代的环境，接纳生活，那么将修行带到生活中，以佛法的包容精神融摄世间法，自不待言。

净慧长老从菩提达摩的二入四行中发掘了禅的包容精神的具体内容。并用包容形容二入四行，为二入四行这一传统达摩禅法寻找到一个极具现代意义的词语。四行实际上已经把包容的内容论述得比较细致了。所谓报冤行，即生活中不是冤家不聚头的情况，在遇到对不起自己或自己不喜欢的人的时候，多反省自我，谅解对方的不友善，以德报怨，这是一种包容。随缘行，即无论遇到好事还是坏事，能够随遇而安，不忧喜过度，以平淡的心态处之，也是一种包容。无所求行，无所求不是叫人们不去做，无所事事，而是不要目标太现实，急功近利地去做事，能够努力尽力做好本分，而不过度执著于结果，这是对自己的一种包容。称法行，就是要做合理的事，顺着真理做，即有所为，有所不为。能够做到包容，依四法而行，就能够包容一切，和谐自他。佛教讲的依正不二，无非就是这件事。作为主体的人和他所处的环境，本身就是一体的。只有和谐自他，包容精神才能体现出来。

再次，分享精神。这也是极具现代意义的词语。但这个词语的内涵却并不现代。佛教里讲四摄法，就是分享。净慧长老把四摄法门用分享一词概括，这也是生活禅语言和思维现代化生活化的地方。分享精神，从字面意思上说，跟佛教讲的布施尤为接近。从小处说，日常

① 净慧：《生活禅钥》，第207页。

生活中处处在考验人们的分享精神。如小孩子有零食吃，是否会分给其他小朋友，有玩具，是否会给其他小朋友玩，从这些点点滴滴的事情中，就知道孩子是否能与他人分享，是否乐于与人交流沟通。分享的包容的精神，是联系人与人之间关系的重要方式。

佛法的四摄即是对分享的具体原则的表述，包括布施、爱语、利行、同事。布施包括四个方面：财物的布施，知识的布施，无畏的布施，同喜的布施。财物的布施是外在的也是最直观的布施，把自己的财产物品拿出来供养有需要的人，给予他人帮助，这是一种物质上的分享。知识的布施则更进一步，是分享自己的精神世界，让他人知道和了解另外的价值观和世界观，无疑是互相学习，促进个人成长的一种精神布施。如举办培训班，开设禅七夏令营，法的布施根本上就是传授知识，开解他者的困惑和烦恼，开启智慧。无畏布施，在众生遇到困难、害怕、恐惧之时给予安抚帮助，给人以力量和勇气，这是一种情感上的布施，当然它也会体现在行为上，能主动保护有危难的人，这在现代社会来说尤其来之不易。这是一个缺乏安全感的社会，人们坐飞机，害怕飞机出事，学校上学有门卫岗亭，害怕学生遭遇危险，在公共场所也是如此。然而，个人缺乏安全感固然是实情，但因此而拒绝给予他人安全感，在他人遇到危难时袖手旁观更令人担忧。这就更体现出无畏施的重要性。我们虽然生活在一个普遍缺乏安全感信任感的社会环境里，但如果我们在他人遇到危难的时候能设身处地地为他人着想，解救他人，给予他人无畏施，整个社会的风气才会发生改变，整个社会安全了，个人才是安全的。救助危难和有行动困难的人，甚至见义勇为，这都是菩萨道精神的体现。同喜的布施，可以说是一种精神的分享。别人有高兴的事情，能够为他人感到高兴，不嫉妒不嗔恨，不因为自己没有获得而埋怨他人，从精神上分享他人的成就和喜悦，这就是同喜的布施。总的说，现代社会精神布施比物质财产布施更重要，特别是工薪阶层不愁吃穿，缺乏的恰恰是他人的关心和理解，能够在精神上多鼓励他人，帮助他人，无疑更贴近人心，能导人向上。当然，对处于饥饿边缘的人，给予物质饭食上的布施更珍贵。无论是何种布施，只要能用心去做，都是有利于他人的，都是一种无私分享精神的体现。

除了布施外，四摄法中的爱语也是一种分享。爱语，就是用柔软和谐的、善的、诚信的语言来与人交往，抚慰人心。在现代社会的人际交往中，运用得体合宜的语言缔造一种和谐的氛围，促进双方的交流，这是很重要的一方面，即交际的方面。用佛教的话来说，就是要口业清净。语言是心灵的直接反映，言为心声，保持亲切、庄重、诚信的语言，是对一个人人格品行的基本要求。语言的和谐是人际关系中的重要内容，也是凝聚人心，保持人际关系稳定健康的重要方法。

利行，就是从行动上去助益他人，帮助他人，做对大众有利的事，这也是一种分享。社会上的便民工程、民心工程可以说就是利行的体现。有利于大众，方便大众的生活、工作、学习，改善环境等，都是有利于大众的行为。把每一件事都做得深入民心，服务众生，这就是一种分享了。

同事是佛教四摄法里比较特殊的词汇，与现代社会所说的同事所指不同，但意义略有相似。同事，就是共同分担承受事情，与他人一起承担责任，分享共同的成就，平等共事，共同劳动，共同收获，可以说，佛教赋予同事以内在的价值，让同事这一词语在变成名词后饱含深意。作为名词的同事，则意味着以共同分担，共同收获的态度去对待工作中的伙伴，促进事业的共同发展。所以，在现代社会强调同事的精神，可以说是最实用也最贴近大众生活的。如果在物质财物、精神情感上都能帮助他人，又能在行动中给予他人帮助，语言上、工作上也以和谐的态度对待他人，那么，分享可以说就无处不在了。

净慧长老把佛教的四摄法用如此通俗易懂的语言阐述出来，菩萨精神自然也就不难理解。普通人以为四摄法只是佛教当中对菩萨的行为要求，而把菩萨想象成惊为天人的神奇力量，但实际上，经过这样表述，令众生知道，菩萨是有血有肉的，真正的菩萨是不远人间，时时刻刻想到他人的。菩萨就是有觉悟的人，有奉献精神的人，觉悟大众第一的人。所以，作为众生来说，培养分享精神，用四摄法的理念要求自己，就是在家学佛、学禅，在生活中以分享的精神和行动利益他人，就是禅的生活化了。

感恩、包容、分享原则总的说，就是第四点，结缘的原则。能以感恩包容的心接纳他人，以分享的心奉献他人，这已经是结缘了。净慧长老对结缘也有一番生活化的解释，“缘就是条件，结缘就是创造一切有利于事业成就的条件，避免一切不利于事业成就的条件”①。结缘说的就是结善缘，结人缘，结法缘，能够和志同道合，有共同愿望的人走到一起，凝聚大众的力量，就能使我们在为人处事中得到良好的人际关系，努力创造一切条件让善缘善法普及天下，就是佛法的成就大众，利乐有情的题中之意。

禅如何生活化可以说就是如何在做人做事上用佛法的智慧处理世间事，以禅的态度对待世间法，最后落实在行动中，就成为二八方针。信仰、因果、良心、道德、感恩、包容、分享、结缘这十六个字可以说已经将佛法传统中的缘起的、无常的、因果的、慈悲的、布施的、利乐有情的基本精神传递出来。净慧长老采用了一种现代化的语言，用日常用语里最能广为人接受的词汇表达出佛法的基本理念，将禅如何生活化表述为具体的做人做事的原则中，“这是佛法的思想，这是佛陀教义的现代诠释。它的根源在三藏教典中，不过是用现代的语言把它演绎出来”②。

从生活如何禅化来看，这是悟后如何起修的问题，关涉到禅能

---

① 净慧：《何处青山不道场》，国际炎黄文化出版社 2008 年版，第 164 页。

② 净慧：《禅堂夜话》，上海文化出版社 2011 年版，第 84 页。

否真正化生活，禅融入生活的程度。净慧长老喜用《十牛图》来解读禅生活化和生活如何禅化这一过程。古人已有把调伏心神与牧牛联系起来的诗文图画，并喻为调伏心牛。调伏心灵与牧牛的道理相似，在《十牛图》中明确表现出来。第一幅图是寻牛，这是发疑情的阶段。寻找内心的这头牛，充满我执我见的心牛藏于何处，寻找到它，才能心神安宁。此时，修行上犹如四祖说的“以此空净眼，注意看一物”，如绳子系在鸟足上，欲飞还擒，摄心于一处。寻找一个调心的方法并长期坚持下去，就一定会有成效。第二阶段叫见迹。此时虽没看见牛，但已经见到牛走过的足迹了，循着足迹走，就一定能找到牛。见迹比喻我们闻法听经初解义理，知道了要经过什么样的过程才能把心头的污泥浊水排除干净，找到了修道的方法。此时要有决心，相信菩提清净心本自具足，就一定能找到牛。第三阶段叫见牛。比喻功夫到了纯熟的地步，看见了牛。在禅宗里又叫“破本参”“开悟”，见牛好比见道。见到牛就是开悟的第一步，有点进入禅的意思了。但此时修行还未圆满，仅仅是开始还要更上一层楼，调伏其心，抓住牛鼻孔，见到心牛，让它安宁听话。第四阶段叫得牛。也就是见牛之后，用心训练、调伏心牛的阶段。虽得了心牛，但还要驯服它，将烦恼习气逐渐清除掉，所以，顿见、开悟之后，保任的功夫很重要。要不断打磨修炼，勿失此心，心牛才不会跑掉，才会被牢牢驯服。第五阶段叫牧牛。精心地照看好这头牛，放养它，这时候人拿着牵牛的绳子拉住牛往前走，时时刻刻要盯着这头牛，不让它犯迷糊偷吃别人田里的秧苗，要让它本分踏实，吃本分草料，也就是不让心牛心猿意马，要咬住不放松，牛牧得纯熟了，功夫到了，就进入无功用行的阶段。从有心用，有心为之变成无心用，无心为之，从开始的有意识的调伏此心，调而不调，到不调而调的境界。到了这个地步，就是从禅的生活化进入生活的禅化之境。从生活禅进入了禅生活。此时，洒扫应对，无不是禅，无不在禅中，浑然天成。生活的禅化，也就是“行亦禅，坐亦禅，语默动静体安然”的时候。第六阶段称为骑牛归家。此时功夫又进了一步，不用睁着眼睛拽着牛鼻子，可以倒骑在牛背上，一路把家还。比喻脱离了情识妄想后，骑上本具之心牛，归还庄严乐土。此时，污浊恶世也变为清凉世界，火宅世间也能身心安泰，一切都是自然而然的。春花秋月，青山绿水，人间大好风光，大好时节。第七阶段，忘牛存人。比喻忘记了家的概念，放下了一切执著，也没有了牛，只有智而无境，一切皆空。第八阶段，人牛俱忘。没有法执，此时连我执也空，从小乘的无余涅槃进入了大乘的无住涅槃，到了这个地方才能与佛祖一鼻孔出气，佛来佛斩，魔来魔斩。第九阶段，返本还源。此时返归到本源自性清净心，到了禅宗说的见山还是山，见水还是水的第三阶段，一切现成，一切具足。当然，还要再往前，进入第十阶段，入廛垂手。这时候就是大乘菩萨道不舍众生之时，若只到第九阶段，就仅仅是个自了汉，尚未明白佛法真谛，只有第十阶段，倒驾慈航，回到苦难众生中，普度众生，利乐有情，才是佛法的归依处。所以，经过了禅的生活化，生活化的禅的修行之后，始终不要忘记“佛法在世间，不离世间觉”这一点，要在人间利乐有情，以出世精神做入世的事业，像弥勒佛，布袋和尚一样，接引众生，济度众生，教化众生，令众生得解脱。这就是调伏心牛的最高目标，不要贪图个人解脱，只求觉悟人生，还要像赵州和尚那样有着奉献人生的精神，为大众做驴做马，让佛法普照人间。

总的说，生活禅从理念到体系的完善是随着净慧长老对于中国佛教的深入理解和在弘法过程中不断探索而逐渐清晰的。在 2011 年黄梅禅宗文化高峰论坛上，净慧长老从他对中国佛教发展的研究中再次说明了禅融入现实生活，融入主流文化，为时代服务的主题。从历史的角度看，佛教如何有效地融入现实生活，融入主流文化，这是从佛教传入中国的第一天起就一直在走的道路。他认为，中国佛教的发展经历了三个重要转折，一是佛教的中国化，以东晋道安法师为代表，二是佛教的生活化，以六祖慧能大师为代表，三是佛教的现代化，以民国时期太虚大师为代表。三个重要时期，三个重要人物，勾勒出佛教发展的中国化、生活化、现代化的道路。中国佛教发展的历史说明了深入现实，化导生活，参与社会一直是佛教发展的主题。生活禅的提出就是要接续这一传统，跟上这一主题，这是在新时期佛教能够不断发展的关键。

现时代佛教发展面临的问题是什么？佛教对主流文化的融入不够，佛教的边缘化。在日常生活中、在文化领域、在社会公众视野中都没有话语权，可以说被现实生活所抛弃，或已经远离了现实生活。没有公众基础，佛教如何不衰落？再者，佛教自身没有实现修行理念和修行方式的现代转变，没有为佛教思想做出契理契机的适合现代公众接受的新的阐释和解读，导致公众的误解和出离，使佛教教化人心，利导众生的功能无法施展。从佛教自身来说，狭隘地将修行场所与修行内容局限于寺院，逃避现实人生和佛教应负有的社会责任，落入小乘自了，使佛教被世人冠以消极避世的帽子，无疑也是对现时代佛教发展的巨大打击。无论从佛教发展所面临的新的时代环境还是从佛教内部的问题来说，佛教要在现时代避免边缘化，要获得生机活力，就必须要正视即世间而出世间，即烦恼即菩提的世间解脱之道，以大无畏的勇气和慈悲喜舍的大智慧去承担起大乘菩萨道救度众生的责任，以灵活的随缘的态度探索人间佛教发展的当代出路。

“大家都知道，我们现在所处的时代，是一个信仰缺失的时代，道德沦丧的时代，价值观极为混乱的时代；迷茫、焦虑和不平衡是社会公众普遍的一种心理状态。在这种情况下，如何为社会公众构筑一个正确健康的人生心理坐标，是时代赋予我们的任务。面对这样一个时代需求，佛教理应为公众提交一篇优秀的论文。因为佛教讲‘自觉觉他，觉行圆满’，这个‘觉’字正是对治这个时代病的良药”[1]。在现时代的环境下，强调佛教是觉悟的教育，以禅的方法解除现代人的心灵危机，才是对佛法精神的回归。

① 净慧：《融入生活回归当下——关于禅宗文化推陈出新的一点思考》，http://www.foyuan.net/article-516753-1.html。

第四章　生活禅在当代的实践

从禅生活化的一面看，“生活禅实际上就是要在生活中调整、转化自己的心态，转化我们的生活方向”①。即学会用禅的思维、禅的精神来面对生活，解决生活上的困惑，以禅的智慧活化世间法。从生活的禅化来说，这是对于此世生活的修行者的更高要求。禅与生活之间的这种不离不弃，让人很容易联想到宗教在当代世俗化运动中的自我适应和调解功能，而从宗教社会学的立场看，这又可以被称为世俗化的自我限制作用。宗教世俗化问题既是当代诸宗教都必须考虑的问题，也是生活禅的提出所必然要解答的问题。

在近代以来禅宗的复兴和发展中，一直有不同的声音和诸方疑惑，自太虚大师提出人生佛教的主张以来，佛教的近代复兴就伴随着人们对人生佛教的质疑，此乃佛法的世俗化？背离传统佛法？还是对正法的弘扬？人间佛教的提法继之而起，同样是非常的小心翼翼，强调契机且是契理，这无疑是印顺长老对人生佛教理论的正名。净慧长老在提出生活禅这一理念时，也是十分谨慎的，然而，也恰如楼宇烈先生所说②，在推行生活禅的道路上，困难诸多，在实践生活禅的过程中，批评之声不绝于耳，甚至有人认为生活禅背离了佛教的神圣

---

① 净慧：《禅在当下》，方志出版社 2010 年版，第 51 页。

② 楼宇烈：《人生佛教生活禅》，《河北学刊》2011 年第 4 期。

性，把生活禅与佛教的世俗化、庸俗化联系起来。学愚在《生活禅今论》中指出，现代生活禅有必要建立起一套契合现代社会人生的禅修次第和内容，而不是照搬传统禅宗的生活修行不二之法，这也是出于对生活禅有流于空洞、世俗化的危险的考虑。然而，也恰如圣凯法师所说[①]，近代以来，禅宗的丛林、山林之风已衰，步入现代转型的禅佛教必然是将生活与禅打成一片。那么，在动用中、在世俗生活中参禅，将禅与世俗生活联系起来，已然不可避免，也必须直面。既然学者们都不约而同把目光转向神圣与世俗，出世与入世的永恒话题上，生活禅对这一问题的解读和回应也就呼之欲出。它不仅关系到生活禅在当代的发展，也关系到诸宗教在社会中的未来走向这一宏大问题。

佛法在世间，不离世间觉，在此世间的变化的流转的环境下，悟道虽有多途，但禅的精神却未尝更改，若要保证这一点，深入地探讨此世生活世界中的禅，就显得非常迫切了。实际上，生活禅并没有仅仅停留在理念层面的探讨上，而是通过禅修夏令营、禅修班、网络宣传、创办刊物、举行学术讲座等多种方式来实践在生活中修行，在修行中生活的理念，可以说，生活禅在当代的实践道路是禅的社会化、现代化、生活化的一个积极尝试。

一、生活禅是禅的世俗化？

世俗化是当代宗教学界和社会学界都非常关心的问题。德国社会学家马克斯·韦伯对宗教与社会经济发展关系给予高度关注，并且根据他对新教发展的观察，将资本主义经济的理性精神与新教伦理的世俗化联系在一起，即一种出于宗教的伦理原则的世俗化转向萌发了资本主义发展所需要的理性精神。他的研究还涉及印度宗教、儒教、佛教等诸多宗教，虽然他没有提出世俗化对宗教的积极影响，但却从社

① 圣凯：《禅宗现代转型的原因与未来》，《中国宗教》2013 年。

会发展的角度说明了宗教的“祛魅”并非如人们所料想的那样，会带来某种程度的宗教衰落。宗教社会学家涂尔干也注意到现代社会的世俗化趋势，并认为在社会控制机制日益成熟的现代工业社会中，个人主义的盛行必然会使宗教所确立的神圣性受到侵蚀，如何建立新的社会共识，确保宗教的神圣性，则成为世俗化这一不可逆潮流中必须思考之事。一些学者走得更远，拉里·席纳尔（Shiner Larry）直接把世俗化理解为宗教的衰退，从一种普遍的行之有效的公共活动变成纯粹私人的生活事务，宗教与社会的分离。当然，如果从 1649 年威斯特发里亚合约中土地权由教会向政权的转让看，“世俗化”一词的出现确实意指着宗教与社会的某种分离。可以说，宗教学界和社会学界的联手合作，把世俗化与宗教之间的这种张力毫无保留地呈现出来。

19 世纪以来的宗教社会学研究，便是在这样一种基调中看待宗教与社会的关系，美国宗教社会学家彼得·贝格尔的早期研究也是如此。作为一个对 20 世纪的世界宗教研究产生着广泛深远影响的宗教社会学家，他 1967 年所写的《神圣的帷幕——宗教社会学理论之要素》就对宗教的祛魅这一世俗化问题抱以了一丝悲观态度。他甚至直接把宗教界定为一种建立宇宙神圣秩序的活动，从人本主义的立场说，宗教是试图“用神圣方式来进行秩序化的人类活动”。他从人类社会的形成、发展，人类历史的变迁过程中考察宗教这一建立神圣秩序的活动，并将之描述为经典的三阶段论——外在化、客观化、内在化，其最终结果则是人的异化，人建立起一个“看似有理结构”来解释世界，内化自我，不断在此过程中演练自我，完成社会化过程。而这种悲观论调突出地体现在他对宗教世俗化之不可避免的出于内在原因的强调。如果说前人只是把世俗化作为宗教在当代社会发展的遭遇来加以研究，那么，贝格尔则认为远不止于此。他广泛吸取了韦伯和涂尔干的研究成果，将宗教世俗化的根本原因归结于宗教自身。而这一种子在《圣经·旧约·出埃及记》的以色列初民的历史事件中早已透露消息，“‘世界摆脱巫魅’在‘旧约’之中就开始了”①。逃离埃及这一民族事件就是宗教理性化的选择的结果，《旧约》中的世俗化力量来自于自身，以此来看，世界的祛魅并不始于人们所认为的近代宗教改革和文艺复兴运动②，相反，它的来源要更早。无独有偶，基督教也具有此种世俗化的内在力量，“也可以不自觉地为世俗化过程服务，那就是基督教教会的社会形式”③。可以说，贝格尔的研究就是在这样的矛盾张力中进行的，一方面，对宗教之为一神圣帷幕的当代遭遇深表担忧；另一方面，又将世俗化的因子归结于宗教自身，那么，宗教的世俗化便不仅仅是宗教的外在遭遇，而是宗教在其社会化过程中的必由之路。

正如宗教社会学家所研究的那样，宗教不可能完全脱离宗教组织而存在，宗教的社会存在形式表现为宗教组织，则必然地会触及作为组织的宗教所面临的社会问题。如组织的生存、发展，组织的目标、章程，机构的设置等。也正是由于宗教组织的这一宗教存在形式，使宗教在社会中扮演着双向角色。一方面要维系组织生存，处于世俗生活中；另一方面要维系宗教信仰的纯正性，力图达成宗教精神的神圣目标。这说明，世俗与神圣从来就不是你方唱罢我方登场的出离关系，而是一体两面地相互依存着。神圣空间与神圣时间也必然要在世俗空间的场域和世俗时间中呈现，由世俗走向神圣的这一终极目标才有实现的可能。宗教现象学的代表人物伊利亚德（1907—1986）在《神圣与世俗》一书中说，“宗教徒总是生活在两种时间之中”④，便是有此考虑。虽然人们宣称世俗化就是去神圣化，然而，宗教并没有如孔德等一些哲学家所设想的那样，在人类祛魅时代走向消亡。在

① 彼得·贝格尔：《神圣的帷幕》，上海人民出版社 1991 年版，第 135 页。
② 彼得·贝格尔：《神圣的帷幕》，上海人民出版社 1991 年版，第 144 页。
③ 彼得·贝格尔：《神圣的帷幕》，上海人民出版社 1991 年版，第 147 页。
④ 米尔恰·伊利亚德：《神圣与世俗》，第 32 ～ 33 页。

全球范围内汹涌的世俗化浪潮面前，宗教的非世俗化又被重新提及，人们审视世俗化的视角也由外在的环境论式的观察转向了宗教内部，宗教的世俗化与宗教神圣化结伴而行，这就是宗教世俗化的自我限制特征。它表现为宗教世俗化浪潮中的逆世俗化运动、传统宗教的复兴、新兴宗教的兴起等。从世界范围来看，各宗教的人口仍在增长，1980 年的《大英百科年鉴》中，诸宗教信徒人数还不到全球人口的 62%，而 1990 年，却已占全球人口的 75%。根据美国皮尤研究中心发布的 2010 年全球宗教人口的调查报告，在全球 230 多个国家和地区中，有 58 亿的成年人和儿童信仰某一宗教，占 2010 年世界 69 亿人口的 84%。①美国宗教社会学家彼得·伯格甚至提出世界的非世俗化来说明当代宗教的复兴。可以说，世俗化浪潮中的逆世俗化运动，世俗化自身的反弹已经日益为人们所注意到。

仅有社会学的观察仍不足以说明问题。彼得·贝格尔的宗教社会学研究目光转向了宗教自身。虽然他对宗教世俗化的前景有着深切的忧患意识，但他在《天使的传言》中则透露出宗教世俗化浪潮中的福音，即世俗化并不会导致宗教的完结，而是在“世俗化的文化中，继续地发现超自然的存在”②。这并不意味着他所担忧的世俗化市场下宗教所面临的多元境遇有所改变，宗教依然会成为人们在超级市场的众多商品之一而任人选择。只不过世俗化对于宗教而言不再仅仅是挑战，而且也是机遇。宗教从公共领域退入私人领域无损于宗教对人心的救治，相反，他提出宗教存在的新五项论证，试图从现当代人的生活领域出发，证明超自然的信仰存在的必然性。这五项新论证，是基于人们对意义和秩序的渴望，人的日常生活经验，游戏的本能，希望的世界，幽默感的存在等人类日常生活的细节观察而得出的，因此特

---

①《世界宗教文化》，2013 年第 4 期。

② 彼得·贝格尔：《天使的传言》导言，中国人民大学出版社 2003 年版。

别富有现代性，可谓契机的契理。而贝格尔对超自然的理解，也一反传统西方宗教学界以基督宗教神学系统为参照的有神论观念，特别指出这种超自然的此在性。而这一神圣的超自然者并不离于自然，而就在我们此在的日常生活中。“用社会哲学家舒茨（A.Schutz）的话来说，这是日常生活的世界，在其中活动的清醒成熟的人们，与其同伴一起，以一种自然的态度将之体验为一个实在”①。而就当代神学发展来说，神学思想的未来则“应在从经验角度给予的人类环境内，寻求可以被称为超验之表征的东西”②，由此，神学走向了向人类学回归的人本主义理想中。

贝格尔对宗教的社会学观察可以说是极具启发性的。既然世俗化是当代宗教发展不可回避的趋势，那么，宗教自身的逆世俗化运动则成为宗教在当代的发展契机。在日常生活中发现宗教的存在，发现宗教的意义，将神圣融于世俗生活，这已经与我们要讨论的生活禅有了交汇。

可以说，西方宗教学研究中对世俗化这一概念的讨论是基于神圣与世俗的二元对立这一潜在的认识前提下进行的，而神学式的思考也必然会使他们对宗教的社会学观察“一直都是一种教会社会学”③。中国的宗教学研究者们已经开始注意到这一点。李向平认为，基于政教分离的背景而舶来的“世俗化”这一概念并不适合用于解释当代佛教界出现的某些商业化或庸俗化的现象。西方社会对于世俗化过程的假设所需要的政教制度和社会结构分层及其变迁的具体环境，与中国佛教的发展的实际情况并不相符。在中国，并未曾出现教权控制社会公共生活的完整体系，也就不存在世俗化过程中所谓的教权向世俗政权的转让。因此，当前学界和媒体对佛教所谓世俗化的批评并不符合

---

① 彼得·贝格尔：《天使的传言》，中国人民大学出版社 2003 年版，第 3 页。
② 彼得·贝格尔：《天使的传言》，中国人民大学出版社 2003 年版，第 63 页。
③ 彼得·贝格尔：《天使的传言》，中国人民大学出版社 2003 年版，第 5 页。

世俗化这一词的本意。由于中国社会结构中神圣与世俗不是简单的二元对立关系，而是一种相互嵌入的总体社会格局，所以，他认为，“中国当代佛教的发展问题，不是世俗化，而是佛教进入人间的社会化”[①]。可以说，世俗化这一概念确实会引起很多误解和歧义，其基于西方宗教社会学背景的提法也难以与中国宗教发展的实际情况相符。恰恰是因为这样，那些对佛教世俗化、庸俗化、商业化的指责倒不是基于对世俗化这一特殊概念的理解而起，而是针对神圣与世俗的关系而发。用一种二元对立的思维来看待神圣与世俗，此岸与彼岸，倒与西方宗教背景下的神人二分不谋而合。所以，与其说是一种世俗化思维影响着人们对于当代中国宗教发展的评价，倒不如说是一种分析式的二分思维使神圣与世俗的张力更明显。更深层的原因，则是现时代的生存背景下，神圣与世俗的日趋分离所致。以至于向何处寻找神圣，如何实现神圣这一问题已无法在传统神学思维下寻得答案，人们只好把超越者的临在于日常经验生活作为最后归宿。

如果对于当代神学来说，从经验中再度发现超验之表征需要经历神圣到世俗，再有世俗到神圣的理论飞跃，才能回归宗教属人的本质，在日常生活中发现神圣；那么，对于神圣与世俗从来都不是二元对立的中国传统宗教而言，经验的世界无疑正是神圣事件发生的场所。更确切地说，神圣并不神秘，也不是显圣，在神圣与世俗中没有西方那种神人关系的明确张力，神圣源于世间，相对于神圣而言的世俗世界，其实又同时是彰显神圣的关键。用《中论》的思维来说，尤其明确：“若不依俗谛，不得第一义。不得第一义，则不得涅槃”。涅槃与世间无有少分别，佛根据众生根器不同，施设二谛说法，为了彰显中道义，说有说无，没有世间法，则如何得第一义，如何有涅槃。所以，

① 李向平：《“神圣化”或“世俗化”的双重悖论——从人间佛教发展的基本问题谈起》，《中国民族报》2008 年 1 月 29 日。

在佛教看来，此烦恼世间、苦难世间恰恰是觉悟的世间，是成佛的关键，度化众生才成为可能。当代佛教的社会化，其实也就是度化社会，在社会中度化众生。社会化与世俗化不同，不是将神圣变为平常、非神圣，而是要让神圣变得可理解，契合众生根机。社会化也就是让众生在世俗生活中更好地理解神圣。人间佛教可以说就是佛法参与世间的一个革命性探索。甚至有学者认为，“人间佛教是佛教走向现代化的必由之路，20 世纪中国佛教界的主流就是人间佛教运动”①。

人间佛教这一提法确实概括了近代以来人们对于“佛法向何处去”这一问题的解答。因为它如实地反映了佛法的人间性，救世性，此在性。印顺法师认为，世出世本大乘本怀，而世出者千余年来多有体现，世入方面则唯有太虚大师始真正体现出来。出世还是入世本来是儒佛之辩中的重要问题，也是关涉人们对佛教的普遍价值评价问题。近代以来佛教所遭遇的庙产兴学等一系列世俗活动介入行为归根到底是人们无法任由它超乎世俗之外出世而立。佛教所遭遇的近代考验乃在于如何发挥世出世法的精要，使它在出世与入世间找到平衡定位点，发挥应有的入世之义。

对中国佛教的发展来说，核心的问题是如何参与社会，融入社会，以一种适应社会的模式化导世俗。就人间佛教来说，就是“如何能够以人间功德式的象征式社会关联方式，在以寺庙僧团为基础的人间佛教模式里，建构出团体信仰或信仰群体的社会关联结构，以中国佛教固有的稳定性而建构一种符合人间佛教的‘组织体’，从而在完成半个世纪之前太虚大师提倡的制度革命。”②所以，要保证一种远离庸俗的神圣能够在世俗中彰显，保证人间佛教的当代实践不是流于

① 王雷泉：《佛教的现代化所面临的机遇与挑战》，凤凰网 2013-8-26。http://www.hongfasi.net/fonews/20138/fonews_%7B67C39DF1-1681-49AA-8A39-B5FD91767C98%7D.html。

② 李向平：《“神圣化”或“世俗化”的双重悖论——从人间佛教发展的基本问题谈起》，《中国民族报》2008 年 1 月 29 日。

庸俗化，那么，以一种什么样的方式来实现生活禅，这一体制上的结构在生活禅的运作中起着关键性作用。

首先，树立明确的教团意识。尤其要发挥一切可能的力量来弘扬佛法。民国以来，太虚大师已经注意到要积极重视在家众的力量，加强对僧、俗、居士三支队伍的培养。“佛法唯是随宜适化。如出家而有益于佛教，则出家；使在家而更有益于佛教，则在家。出家在家，胥视适应而异”①。对僧团发展而言，也提倡普遍的入世救世，如他作《僧制今论》，设立中小学教育学校、办农修场、养老堂、商修场等等，虽言工、商皆以佛化用品为或不违佛化者为限，但其僧制改设，“要之令僧众于士、农、工、商各有一立身之地，勿为世人诟病，且又能以佛法修己化人而已”②。其中，针对在家佛徒的改造见于佛教正信会的纲要。他设想的正信会就是“为依着人乘正法的理论去实行，目的是使在家佛徒对佛法由真正的理解，而起正确的信仰……实行五戒十善。这不仅应用于个人，而且应用于家庭乃至社会国家之间，建立人与人间的道德能力。以这道德能力改造社会国家，构成佛化的伦理、政治、经济的新社会。这就是以极普遍极广泛的人群为对象，依着大乘菩萨精神的组织——佛教正信会”③。很明显，重视在家众的信解行证，特别是道德化的实践人生修养，目的是使广泛的众徒以个人、家庭为单位逐步将佛教菩萨道精神渗透并发展到社会政治、经济、文化等各个领域，扩大佛教的影响，用佛教精神净化社会，普及人间。他说：“在摄化大众的广泛事业上，在家菩萨什么工作都可以做……文化方面，如图书馆、书报等。教育方面，如小、中、大各级学校。慈善方面，如医院、慈幼院、养老院等。资生方面，如工厂、农场、商店等。都可以佛教个人或团体名义去办，转移

① 印顺编著：《太虚法师年谱》，宗教文化出版社 1995 年版，136 页。
② 印顺编著：《太虚法师年谱》，宗教文化出版社 1995 年版，363 页。
③ 黄夏年编：《太虚集》，中国社会科学出版社 1995 年版，第 415 页。

一般只谈佛教消极不办事的观念。”①欧阳竟无居士虽然在诸多观念上与太虚大师不完全一致，但对于居士弘法这一点，他也深有体会。可以说，以广泛的信众教育来德化人生，为现代公民的道德修养和人生实践提供丰富的精神食粮，这仍然是当代佛教弘化世间的重要导向。以化人、育人来发挥佛教净化世间，净化人心的作用，循序渐进地来实现佛教度化众生的理想，是契合中国佛教发展的实际情况的。所以，发挥居士的力量，重视四众弟子的团结，佛法才可能最大限度地度化世间，参与社会建设，发挥积极作用。更何况，新中国成立以后，弘法的环境有了新的变化，而“佛教在当今中国的地位、作用、性质还没有完全明朗”②。要建立一个与现时代相应的组织形式并不容易，“净慧长老就是在那种情况下，探索如何使佛教走出一条新路”③。首先要树立的就是教团的意识，打破传统的僧团壁垒，不能把佛教窄化为僧团，而要在以僧团为核心的条件下将四众弟子，出家在家的力量都团结起来，最大可能地成就众生，结缘众生。生活禅的提法，就是为了最大限度地调动社会各方面力量来弘扬佛法，化导众生，这是人间佛教在新时期的一种新的表现形式，“也是佛教在当代中国随缘传播的有效方式”④。

其次，明确僧俗两界在实践生活禅过程中的不同分工。僧团是佛教发展的未来和希望，净慧长老尤其注重对僧团的人才培养。他在河北省佛学院第三届学生毕业典礼上作了《僧团自身建设的“四化工程”》的报告，从佛学院这一培养僧才的教育机构来说，毕业人数不

① 黄夏年编：《太虚集》，中国社会科学出版社 1995 年版，第 435 页。

② 王雷泉：《佛教的现代化所面临的机遇与挑战》，凤凰网 2013-8-26。http://www.hongfasi.net/fonews/20138/fonews_%7B67C39DF1-1681-49AA-8A39-B5FD91767C98%7D.html。

③ 王雷泉：《佛教的现代化所面临的机遇与挑战》，凤凰网 2013-8-26。http://www.hongfasi.net/fonews/20138/fonews_%7B67C39DF1-1681-49AA-8A39-B5FD91767C98%7D.html。

④ 王雷泉：《佛教的现代化所面临的机遇与挑战》，凤凰网 2013-8-26。http://www.hongfasi.net/fonews/20138/fonews_%7B67C39DF1-1681-49AA-8A39-B5FD91767C98%7D.html。

多，说明坚持学习者不够，学生修学不稳，这是当前各地区的佛学院都面临的问题，这与教育教学的体制，管理的方法和生活方面的照顾等多方面因素有关。加上外在环境的影响，如生源不足，网络不良信息的传递，人员复杂等，使得佛学院在实际的教育和管理过程中，面对的问题是长期性的。

佛学院的教育本着四八方针，四字方针是信、戒、学、修；八字指导思想是养成僧格，融入僧团。这可以说是延续了民国以来创办佛学院的优良传统。在建设僧团方面，则本着四化精神。净慧长老善于用口语化的语言来分析政策，说明问题，入情入理，充满生活化色彩。这四化就是僧团道风要坚持传统化，僧团管理要坚持律制化，僧团弘法要坚持大众化，僧团生活要坚持平民化。

第一，道风的传统化，这关系到传统的延续，法脉的正宗，对于中国佛教传统丛林的大方向不能偏离。要坚持传统丛林的早晚功课、二时斋供、半月布萨诵戒、结夏安居、禅七净七、讲经传戒等活动，通过这些活动，僧团才能够秩序化、组织化地过一种修行生活，这是僧团功能能够延续传承的保证，有利于摄受大众，凝聚人心，真正树立僧团的良好形象，切实落实修行，防止僧团信仰淡化和修行缺失，失去僧团应有的精神风貌。根据现时代僧团建设戒律松弛、生活腐化的具体情况，净慧长老不仅提出四化建设，还相应地提出四化意识，即不断强化信仰意识，不断强化归属意识，不断强化神圣意识，不断强化责任意识。传统丛林制度活动的目的就是培养和强化其信仰意识、归属感、神圣感，责任感，只有如此，真正的僧格才能养成。

第二，僧团管理要坚持律制化，这说明戒律在僧团管理上的重要性。律制化就是“指寺院和僧团在落实教制建设的每一个环节都要坚持以戒为师的大原则不动摇，依律摄僧，以法摄众”①。僧团生活无律则不行，戒律是纠正行为，防非止恶的关键，所以，在具体的管理

① 净慧：《何处青山不道场》，第169页。

运作中，律是客观的标准，是管理寺院的依据，将戒律与清规相结合是中国汉传佛教寺院的传统办法，坚持律制化，才能使个人融入僧团，养成僧格。可见，寺院管理是严肃且有秩序的，这是对于僧团建设一丝不苟的要求，与对大众说法的随缘摄化、灵活多样不同，反映出生活禅的实施乃是依据不同的对象而各有侧重。

第三，僧团弘法要坚持大众化。如果说前面两条是从寺院管理出发，那么，僧团弘法的大众化则是针对僧俗关系而言。寺院在面向大众，面向世俗社会时，要本着弘法利生的理念，时刻对周围外界的人和事保持高度关注，这是寺院弘法能够契机的关键。不了解现实大众的需求，不关注平民百姓、普通信众的言行，则无法知道现时代众生的需要，这是佛法如理的、随缘的度化众生的内在要求。通过对来到寺院参观游览的形形色色的人群的观察，可以随时知道周遭风土人情的变化，这是佛法能够持续生存发展的基础。所以，出家人也要有着感恩、分享、包容、结缘的精神，平等看待众生，落实觉悟人生、奉献人生的宗旨，在弘法过程中才能走大众化路线。

第四，僧团生活要坚持平民化。这是对寺院日常生活的基本要求。“是指僧团或寺院在任何时候都不要忘记‘四依’的精神，‘四依’才是比丘的生活方式，戒律上规定比丘依‘四依’而住。‘四依’就是：着粪扫衣、常行乞食、依树下住、用陈弃药”①。虽然这是依据印度的国民风俗而定，且古今生活方式各异，这种生活方式已无法完全实行，净慧长老之意并不在倡导完全照搬这种生活，而是要记住四依背后所蕴含的生活精神，即勤劳节俭、清贫的生活作风，要劳作与修学并重，延续百丈禅师“一日不作，一日不食”的禅门生活准则。所以，僧团生活的平民化，一方面是针对所有僧人而言，要力戒奢华，生活简朴，另一方面是针对僧俗生活的不同而言，要本着施

① 净慧：《何处青山不道场》，第 170 页。

设大众的精神，与大众分享，而不是自己占有，将大众的参与和成就作为僧团生活的目标，这也是根据随缘生活的佛法精神而得出的结论，所以，僧团生活的平民化，实际上是对随缘生活的另一表述。

平心而论，现时代的寺院生活环境较之过去已经有了很大改善，寺院生活的基本设施齐备，且现代化程度不低。从笔者到访过的寺院来看，有些寺院僧舍配备有洗衣机、淋浴花洒等日常生活用品，在一定程度上改变了原有的农耕劳动的生活格局，机械化的产品代替了日常劳动，要想恢复到“一日不作，一日不食”的生活作风中，则需要下更大力气，使寺院在面向现时代的生活环境时，不至于没有劳动实践的余地。再从寺院的饮食生活看，一些香火旺盛的寺院，每每有信徒上山，带去供养的生活补给品，如粮油、面粉等。寺院的三餐虽然皆为素食，但品种丰富，供应充足，三餐分配是由有着劳动热情的护法居士负责，僧众劳作的范围也大大缩小，僧材的肥胖化现象日趋明显。在此种环境下要回归劳作的传统，恢复平民化的生活，可谓逆水行舟，与生活禅所倡导的在生活中修行的理念还有相当的距离。所以，净慧长老对僧团生活所提出的四化建设原则就显得更为迫切和宝贵，这是他有见于时代环境的复杂多变，而能居安思危，见微知著，有预见性地提出来，应引以为戒。

总的说，此世生活的环境有了变化，现代化的生活条件对现时代弘扬佛法提出更特殊的要求。禅并不排斥现代化，“化中国、化现代、化生活，是生活禅的目的和根本”①，而前提是僧团发展的传统要得到制度上的保证，这是佛教真正摆脱世俗化，融入世俗而不世俗的关键。立足于僧团建设这一体，积极发挥融入世间这一大用，在世俗中保持不世俗的本色，才能免于把生活禅弄成小清新式的心灵鸡

---

① 王雷泉：《佛教的现代化所面临的机遇与挑战》，凤凰网 2013-8-26。http://www.hongfasi.net/fonews/20138/fonews_%7B67C39DF1-1681-49AA-8A39-B5FD91767C98%7D.html。

汤。所以，生活禅既不是对世俗的单方迎合，也不是屈就世俗，而是整个制度和实践上的将世俗生活神圣化，这关涉到禅的社会化，禅对世俗生活的积极参与。

二、生活禅的实践形式——禅修夏令营

佛法在世间的传播，要考虑时代的特殊环境，在仅限于宗教场所开展宗教活动的原则下，怎样发挥一切力量来开悟大众，需要一种特殊的形式。虽然不能走出庙门，与社会上充斥着的大量类宗教、伪宗教的民间地下活动抗衡，但打开山门，让众生能够有参与佛事，体验佛法的机会却是可以实现的。生活禅夏令营就是这样一种实践形式，在政策范围内最大限度地发挥了佛门利乐群生，救世救心的功能。

生活禅的理念在20世纪80年代酝酿之时，净慧长老所思考的便是如何以实践的方式将这一理念落实。他在河北佛协弘法期间，已经有了创刊、办杂志等传播佛法的经验，同时也开始了一些对外的讲学和禅七等小规模的禅修实践活动，应该说，禅学热这一社会需求与净慧长老提倡生活禅，积极探索新型禅修实践活动的想法一拍即合，由此也就有了生活禅夏令营的构想。生活禅既然是要在当下生活中让人们去体验具体的禅，运用禅的精神指导生活，那么，让人们参与其中就是最直接切近的方法。生活禅夏令营就是这样一种面向在家信徒的新型弘法活动，“夏令营活动意在向青年教友提供一次体验丛林生活、亲近三宝、坚定正信的机会，以展现生活禅的内涵。参加生活禅夏令营的以知识界教友为主，更有利于发现人才、培养人才，为未来佛教事业的发展做人才准备。同时，我们也想通过这次活动，借助十方大德的认同和参与、研讨与切磋，试图探索传统的佛教禅学与当代社会生活的切入点，以利于我们进一步发扬佛教优良传统，把人间佛

教思想落到实处，为现实人生勤恳奉献。”①可见，生活禅夏令营的目标是双向的，一方面是要解决世道人心的困惑，在信仰缺失，紧张忙碌的世俗生活中给人以精神关怀，另一方面又能找到传统禅学与当代社会生活的切入点，时时能缘起地变化地与时俱进，落实人间佛教的理想。

从1993年河北柏林禅寺第一届生活禅夏令营开始，到2014年，生活禅夏令营已有二十年的实践经验，其实践形式也越来越成熟，这二十多年举办的生活禅夏令营的主要情况，可以参看下表：

	时间	地点	人数	活动主题	活动内容
第一届	1993.7.20—7.26	河北柏林禅寺	150多人	河北禅学研究所成立	佛学讲座
第二届	1994.8.1—8.7	河北柏林禅寺	180人	觉悟人生、奉献人生	早晚课诵、聚会听讲、坐禅、出坡、吃茶、传灯法座、参礼
第三届	1995.7.18—7.24	河北柏林禅寺	近200人	《六祖坛经》系列讲座	讲座、传灯法座、行脚
第四届	1996.7.20②	河北柏林禅寺	300多人	生活禅、祈福灾区	增加讲法和坐禅次数，以讲法和坐禅为主
第五届	1997.7.20—7.26	河北柏林禅寺	250人	佛教的社会责任和社会价值	讲座、早晚课、出坡、坐禅、传灯法座、行脚、柏林夜话

① 净慧：《生活禅夏令营缘起》，《法音》1993年第9期。

② 据黄明尧《觉悟人生、奉献人生——第四届生活禅夏令营纪实》所记，该年夏令营是在8月14日至20日举行，http://www.tlfjw.com/xuefo-510421.html，另其他网站均为7月，具体时间不详：http://news.takungpao.com/special/cp1362/，http://fo.ifeng.com/special/shenghuoxialingyingershinian/zhijing/detail_2013_07/19/27691369_0.shtml?_from_ralated。

续表

	时间	地点	人数	活动主题	活动内容
第六届	1998.7.19—7.26	河北柏林禅寺	340多人	当代佛教青年的三重责任	早晚课诵、坐禅、听法、行脚、传灯法会
第七届	1999.7.20—7.26	河北柏林禅寺	100人（只有男众没有女众，僧俗二众）	坐禅实修	实修，以坐禅为主
第八届	2000.7.20—7.26	河北柏林禅寺	198人（在校大学生、硕博士生占45%）	无	坐禅、做操、诵经、抄经、行脚、出坡、传灯、传授三皈五戒、普茶座谈
第九届	2001.7.20—7.26	河北柏林禅寺	152人	生活禅	演讲、行脚、闻钟、传灯、坐禅
第十届	2002.7.20—7.26	河北柏林禅寺	500人（700多人报名）	无	演讲、过堂、普茶、唱三宝歌、听钟、传灯法会、行脚
第十一届	2003.7.20—7.26	河北柏林禅寺	近400人	研修《华严经·净行品》	佛学讲演、行脚、闻钟、传灯、坐禅、抄经、出坡、茶话
第十二届	2004.7.20—7.26	河北柏林禅寺	近500人	安住在责任与义务中	讲座、坐禅
第十三届	2005.7.20—7.26	河北柏林禅寺	233人	弘扬感恩文化，落实人间关怀	演讲、早晚课、坐禅、一日出家
第十四届	2006.7.20—7.26	河北柏林禅寺	200多人	生活在包容的世界里	佛法讲座、柏林夜话、三皈五戒、早晚课诵、佛曲梵呗、传灯法座

续表

	时间	地点	人数	活动主题	活动内容
第十五届	2007.7.20—7.26	河北柏林禅寺	300 多人	分享	讲座、早晚课诵、普茶座谈、一日出家、托钵、行脚、传灯
第十六届	2009.7.20—7.26	河北柏林禅寺	300 多人	生活在结缘的世界里	重视禅修的训练与普茶的体验
第十七届	2010.7.20—7.26	河北柏林禅寺	300 多人	为善最乐	早晚课、出坡、普茶会、讲座
第十八届	2011.7.20—7.26	河北柏林禅寺	300 人	平常心是道	礼佛、听法、诵经、普茶、行脚、小参
第十九届	2012.7.20—7.26	河北柏林禅寺	300 多人	在生活中体验禅的喜悦	讲座、禅修、柏林夜话、分组座谈、普茶、小参、诵经
第二十届	2013.7.20—7.26	河北柏林禅寺	300 多人	自净其意	礼佛、听法、诵经、普茶、讲座、行脚
第二十一届	2014.7.20—7.26	河北柏林禅寺	300 多人	吉祥人生	讲座、坐禅、柏林夜话、分组座谈、普茶、小参、诵经、行脚

其中，第一届生活禅夏令营同时也正逢河北禅学研究所成立，这可以说是净慧长老着力组织的两件大事。中国佛教协会会长赵朴初先生虽然没有到会，但为夏令营题写了横匾并亲笔致贺词，委托中国佛教文化研究所所长吴立民先生到会祝贺。而河北禅学研究所也得到了赵朴初会长在中国佛协拨款两万元支持研究以及香港旭日集团杨洪先生和阿根廷华侨林隆晖先生的赞助，还有香港甲子贸易公司的郑秀英女士，北京的曾唯义、夏郁人三位居士为夏令营慷慨布施，福建佛教教育基金会，为夏令营送来了八百多册佛教结缘书。为此，生活禅夏令营有了一定的经济支持。

净慧长老在第一届生活禅夏令营时便表达了禅修夏令营这一活动方式的主题：“生活禅夏令营是一次以生活禅为主体的大型弘法活动，我们不仅想通过这次活动让广大在家信徒体验丛林生活，亲近三宝，坚定正信，而且也诚恳地希望与诸位法师、居士探讨传统佛教、禅学与当代社会生活的切入点。”而生活禅夏令营选择在千年古刹柏林寺举办也有着深远的意义。柏林禅寺是赵州祖庭，它和中国佛教一样古老而又年轻。赵州和尚在这里形成独树一帜的赵州禅，而赵州禅充满了生活气息，吃茶、洗钵、庭前柏树子、平常心是道等公案处处展现出生活禅的风貌。在这样一个具有生活特色的传统祖庭拉开生活禅的序幕，既展现出生活禅的传统性，也体现生活禅面向大众的普适性。

第二届生活禅夏令营得到了中国佛教协会大力支持。由会长赵朴初居士亲自担任夏令营总导师，柏林禅寺住持净慧法师、临济寺住持有明老和尚、普彤寺住持弘川老和尚任导师，可以说这是生活禅如法的坚实保证，同时也展现出夏令营对于青年教育的重视。夏令营安排了较为丰富的讲法参学活动。河北省佛协特聘中国佛教文化研究所所长吴立民先生，复旦大学王雷泉教授，柏林寺明证法师，河北禅研所明尧居士，净名书院于晓非先生任主讲师，为营员作了生动的演讲。台湾圆光佛学院院长惠空法师以及三位比丘尼师父真一法师、宗麟法师、宗嵩法师也专程从海峡彼岸来到柏林禅寺参加弘法讲学活动。显示出夏令营这一活动的知识性和学术性。让青年人通过了解和增进对佛法的认识，帮助他们树立正确的人生观、价值观，解决生活烦恼，是夏令营活动的一个重要目的。

到第五届生活禅夏令营时，报名前来参加的人数已经超过预计，所以，寺院开始通过选拔考核的方式录取营员，从海内外近 500 名报名者选取了具有高中以上文化程度的年龄大多在 20 ～ 30 岁的人员，基本上确定了夏令营面向受过一定教育的青年人的选择倾向。

其中，第七届夏令营与过去六届有很大的不同。第一是只有男营员，没有女营员。第二是僧俗二众同修，过去的夏令营一般只有在家众，或以在家众为主。第三是“从今年开始想真正地、认认真真地把它当成是一件很正常的活动来进行”。也就是体现禅修夏令营的真实性、平常性，所以，第七届夏令营与以往几届相比，有如下特点：一是平淡、自然。基本上按照寺院日常生活的调子来安排，没有刻意宣传或特别布置，体现了生活禅的修行本色。二是加大了实修的分量。相对来说，这次夏令营活动的听法时间有所减少，而加大了坐禅实修的锻炼。通过实修，营员们可以对一些基本的用功方法有一个大概的了解和体验。三是修行内容注重在家。以往夏令营，营员都随出家众参加早晚课诵。而在这次活动中，营员的早晚课诵则与出家人分开进行，早课以研诵《普贤菩萨行愿品》为主，晚课则以《金刚经》为主。这样安排是考虑到在家营员回家以后能够有所应用。四是采用种种善巧方便，如行禅、闻钟、洗碗、出坡等，帮助营员安住当下，提起正念，学会在日常生活中如何去用功，体验生活中的禅。五是讲座说法更贴近生活，更具有针对性和实用性。

可以说，第七届夏令营是唯一一次面向男众，对人员有集中要求的活动，虽然人数不多，但由于强调真修实炼，从生活禅的理念出发来指导营员的实际修行，紧紧围绕营员回家后如何实修、如何面对纷繁复杂的现实问题进行，所以，在内容安排上更富有浓厚的生活气息和现实可操作性，因此营员们普遍感觉良好。这次生活禅夏令营可以说是最为真实的实践生活禅理念的一次有益尝试，应该引起注意。未来的生活禅夏令营也许可以就此展开针对性的学习班，根据报名者的不同需求分组展开活动，收到的效果应该会更好。

到第十届生活禅夏令营时，禅修夏令营这一实践活动已经引起了佛教内外的各界关注。除了普通营员外，上海玉佛寺佛院和云门佛学院的 20 名法师前来观摩、湖北东方山佛学院的 10 名法师也来学习，还有中央电视台的一个摄制小组来拍摄采访。此外，这一届报名的营员受教育的水平再次提高，许多名牌大学的硕士、博士研究生、本科生都积极报名。而这次夏令营的一大亮点就是充分利用了高科技的传播手段，对整个夏令营的活动进行了全程网上直播。柏林寺联合“中华佛教在线”网站，使用新开通的网络语音传送系统，圆满完成了对夏令营活动的网上语音全程传播，数百人次的网友通过国际互联网收听了生活禅夏令营的所有讲座。净慧大和尚也分别于22日和27日两次来到直播现场，通过网络语音设备和网友们讲话，受到了广大网友的热烈欢迎。七天的直播活动，在各佛教网站中引起了强烈反响。该届夏令营还走出了河北，净慧大和尚在两天行脚时间里，率领全体夏令营的营员和参与者，参访了著名的佛教圣地五台山，圆满完成了“五百佛子朝佛国”这一殊胜的朝礼活动，并在五台山黛螺顶举办了传灯法会，为五百佛子传授了结缘三皈依。可以说，这一届的夏令营与以往的夏令营又有着新的不同，传播方式的现代化尝试，行脚活动与朝礼活动的结合，说明生活禅夏令营的活动内容灵活多变，能充分利用一切资源，化社会、化生活。

生活禅夏令营还具有切近时代，关注当下民生的特点。如第四届、第十一届生活禅夏令营都有为灾区祈福、反思灾后重建的主题。在全国经历“非典”疫情干扰之后，人类在开始反省自身的思维方式和生活方式的时候，夏令营以研修《华严经·净行品》为主题，提倡“善用其心”，善待一切，具体来说，善用其心就是用大智慧觉悟人生，善待一切就是用大慈悲奉献人生。通过时时刻刻地善用其心，就能不折地提高自身素质，通过事事处处地善待一切，就能不断和谐自他关系。这样既融入了佛教对现实社会民生的关注，也彰显了生活禅的精神。

生活禅夏令营的另一大特色在于让青年人体验宗教生活，重视对青年人的心灵关怀和精神教育。如第十三届夏令营开始出现“一钵千家饭”活动这一新的体验形式。活动以自愿为原则，让营员感受一日出家，托钵乞食的僧侣生活，既加深了营员对禅生活的认识，也丰富了他们对生活的体验，切近生活。第十六届生活禅则突出对禅修的训练与普茶的体验，从中领悟禅茶一味的精义。河北省佛协、赵州柏林禅寺特意从海峡两岸暨香港、澳门、台湾请来诸多法师、老师，给营员们带来精彩的演讲：苏州西园寺宗舜法师以“赵州吃茶去公案”开篇，分析了净慧老和尚所写的《赵州禅茶颂》；香港大学衍空法师通过讲解《四念住经》为大家作禅修指导；河北禅学研究所的明尧居士带领大家走近虚云老和尚，以一个个故事串起了虚老“受尽九磨十难，了知世事无常”的一生；台湾佛光大学游祥洲教授以一本《茶经》之缘为切入点，带来了他精心设计的“禅茶一日”讲座；四川什邡罗汉寺住持素全法师以“5・12”大地震救援灾民的生动事例讲解了如何把握、随顺缘分从而广结善缘；著名歌唱家关牧村将自己曾经历的坎坷与磨难娓娓道来，使营员们对于“苦难是人生和艺术的养料”这句话有了更为深刻的领悟。第十九届夏令营则以“在生活中体验禅的喜悦”为主题，特点是“重视禅修的体验与对内心的观照训练，从中领悟生活中禅的喜悦”。可以看出，这几期夏令营都注重对青年的心灵教育，以禅的反观内心，自觉自省，让年青人在生活中生起智慧觉照，从而体验禅对于陶冶心灵的影响；又或者让营员参与禅修的情景，或通过法师讲座的现身说法，抓住青年朋友的心理困惑，解决疑难，畅谈人生，这是生活禅能够深入人心，赢得社会各界广泛支持的一个重要原因。

从生活禅夏令营二十年来的活动历程看，生活禅夏令营已经积累了一些创办经验。首先，成熟的运行体系。从入营开始，生活禅夏令营就给人井然有序的感觉。从历年的入营情况看，基本上每年有 300 多人可以入营，但报名人数却远多于实际参营人数，并呈逐年上升趋势，如 2012 年的第十九届夏令营，报名人数竟达到了 2000 多人，可见竞争之激烈。为此，夏令营采取了网上公布开营信息，网络报名筛选这一方式确定入营人员。这是运用网络平台传播佛法的一个重要尝试。基本上在开营一个月前，柏林禅寺自己的门户网站及相关的《禅》刊就会挂出报名信息，以“答卷报名”的形式确定录取人员。虽然报名公告上一般以录取人数为150人为限，但从每年实际入营的人数来看却不止于此。另外，夏令营对报名人员有着清晰准确的基本要求。如要求年龄在18 ~ 30岁、具有大学本科以上文化水平的男女青年，并且要如实填写一份报名问卷。符合条件者，寺院会另行寄发录取通知书，凭录取通知书报到入营。可见，这一流程已经对入营人员的基本情况有了筛选，面向的群体是青年人，而且是受过一定教育的，尤其以在校大学生为主。另外，问卷调查的报名形式也有利于入营前对人员的摸底，便于入营后能够契机的说法，率先获得对营员基本知识背景和文化背景的掌握，便于沟通。所以，问卷调查的内容也是以询问与佛法相关的学习经历为主。如学佛的经历、是否接触过佛教、是否皈依持戒、是否打坐、是否读过佛经等，另外，报名问卷还有一个重要特色，就是针对报名者的实际需求发问，要求报名者描述自己目前的困惑，遇到的疑难，希望通过夏令营获得哪些方面的指导等，可见问卷内容是有针对性的，是以帮助众生为目的的，体现生活禅觉悟人生、奉献人生的宗旨。而从实际录取的营员情况来看，选择的入营人员一般是对佛教有一定的认识，但接触了解不深不多的普通青年，而不是有着浓厚信仰的在家居士，营员主要以“想接近佛法但还没接触到，或者接触到了，但理解有偏差的年轻人”①为主，所以，非信徒占了相当大比例。说明夏令营是为了开辟一条让更多人了解佛教的途径，纠正世人对佛教的认知偏差，树立正确的佛教观念，让更多不信教的人有接触佛法的机会。从人员的教育背景看，北京、上海、河北、湖北、安徽等全国20多个省市地区的高校大学生均有参

① 樊旭琴：《生活禅理念及其当代实践》，中央民族大学2006年硕士论文。

与，甚至高校的博硕士生也在其中，可见高校大学生对生活禅夏令营的浓厚兴趣。再从夏令营举办的时间来看，除了 2008 年汶川地震停办以外，每一年都在固定的 7 月中下旬的七天举办，说明夏令营活动是面向寒暑假放假的大学生，而且活动时间为 7 天，既不会太漫长，让青年人不适应，也不至于太短促，让青年人无法得到持续的学习和深切的体验。

所以，生活禅夏令营的营员具有年轻化、知识性的特点。年轻人是国家未来的希望，是民族文化传承的主力军，而且年轻人知识面广，学习能力强，通过夏令营能让年轻人获得更多学习和交流的机会，滋润年轻人的心灵。而山水丛林的古朴生活又使他们能够获得一种亲近大自然的生活体验，在暑期夏令营这一传统活动的外衣下感受文化上的熏陶，体现禅修夏令营寓教于乐的特点。

其次，生活禅夏令营具有灵活多样的活动形式，体现生活性、学习性兼具的特点。统观夏令营的活动形式，基本上有早晚课、坐禅、出坡、普茶、传灯、讲座等这几项基本内容，这几项内容可以说是动静相宜，劳逸结合的。早课要在 4 点左右起床，坐禅贵在持之以恒，这些都是对青年人的意志力的锻炼，而出坡劳动、行脚等等则是对青年人的劳动能力的锻炼，普茶、讲座、唱歌等既是一种交流，也是一种相互学习的机会，整个夏令营的活动既涵盖了听说读写等种种脑力思维的训练，也蕴含了坐禅劳动等体力和心智的锻炼，可以说身心皆考虑到了，说明夏令营的营员生活安排是设计得较为健康合理的。其中，早晚课、坐禅、出坡、传灯、普茶都是禅门生活的一些日常事项，让营员也体验像出家人一样的生活，使夏令营有着禅文化的独特意义，这是展现禅生活的一个重要方面。

另外，生活禅夏令营还开展了大量的讲座和心灵分享式的座谈会。讲座和交流会是一种面向大众的现代教育方式，也是营员与法师们交流的一个有效渠道。根据二十年来夏令营的活动内容看，每一届的夏令营活动都是以大量的讲座和座谈会为主，参禅、早晚课、普茶、传灯、行脚等活动一般只有少数几次甚至一次。而讲座和演讲则会安排数次，甚至每天一两场。并且前来演讲的人并不仅限于佛教界，还包括大量的高校佛学研究专家、教育家、社会企业家、艺术家等人物。从他们演讲的主题看，他们各自不同的角色身份都不约而同地说明了禅在社会中的作用，禅对于个人身心修养的影响，极具说服力。而他们演讲的内容又都是从青年大学生关注的现实，如就业、创业、个人婚恋、理想、文化传统等诸多具体问题出发，所以极具亲和力和感染力。如在第十四届生活禅夏令营的七天里，先后共安排了十一场讲座，授课老师有：衍真大和尚，报告题目为《禅宗法脉》；明契法师，报告题目为《成佛之路》；济群法师，报告题目为《佛法的要领与修行的次第》；达照法师，报告题目为《禅者的包容》；明勇法师，报告题目为《包容从心开始》；香港理工大学潘宗光校长，报告题目为《我认识的佛教》；青年农民安金磊，报告题目为《找回真正的身心生态家园》；学者林治，报告题目为《茶道与包容》；德龙钢铁公司董事长丁立国先生，报告题目为《佛教与企业管理》等。可以说，讲座、座谈会、分享交流会既说明夏令营的学习性、文化性，又极大调动了营员的积极性，使他们能够参与其中，真正获得帮助。如第十七届夏令营有 50 多位来自香港的营员，他们除了体验寺院生活外，还即兴创作了精彩的节目来分享“为善最乐”的体悟，体现出教学相长，僧俗相互促进的一种良性互动。

再者，信众的资金支持和积极参与也是生活禅夏令营的一大特点。夏令营并不对参加者收取任何费用，食宿全包，并免费向营员发放夏令营期间穿着的宽松衣服、背包、相关书籍、结缘品等物品，可以说为参加者提供了全套的生活服务。而夏令营的活动所需经费则由信众大力支持，如香港旭日集团的杨勋居士，北京荷塘月色餐饮公司等，社会企业家的积极参与是生活禅夏令营能够得到开展的物质保证。另外，在生活禅夏令营的运作过程中，大量的义工、护法居士的参与也功不可没。在每一届生活禅夏令营开营之前，夏令营所需要的义工便率先陆续报到。义工也是通过招募方式，根据自愿的原则，经过筛选确定人选。每一届入营人数不同，义工人数也相应地增减，大约 40 人。义工在开展夏令营的活动前需要经过一系列培训，大约培训 5 天。首先是召开义工工作会议，明确义工的工作宗旨和工作内容，由法师亲自与义工们交流，明确禅修夏令营的活动安排。其次，通过“摆放桌椅”“舍弃自我”“包容他人”等游戏的方式培养义工的工作精神，让义工们体会感恩、分享、包容、结缘的生活禅理念，并学习礼佛的仪轨和禅修方法，教给义工实际参与工作的基本知识。最后，确定分工。义工们被分配为不同的小组，有接待组（负责接待、服务营员），文秘组（负责制作营员卡片、分发相关书籍用品），新闻组（负责新闻报道、图片拍摄），美工组（负责夏令营回顾展展板制作），网络组（负责实况转播），录音组（负责录音整理、文字转换），医疗组（负责处理突发疾病），行堂组（负责斋堂工作），DV 组（负责录像、夏令营花絮 DV 制作）九大组别。在营员入营之前，要制作海报、接站牌、指示牌、印制书籍、分装结缘纪念品、打扫寮房、斋堂和殿堂清洁卫生等，这些前期准备工作都是由义工完成。而在整个夏令营生活开展期间，营员的入营接待、测量体温、宿舍的管理、饭菜的分发、讲座的茶水等一系列关乎营员日常生活的一切事务也是由义工来完成。可以说，义工是整个生活禅夏令营活动得以开展的中坚力量。从义工的分工看，义工的工作井然有序，条理清楚，分工明确细致，兼顾了生活禅夏令营的方方面面，考虑周全，使得参加夏令营活动的营员普遍都反映良好，并没有因为在寺院生活而觉得特别不适应。也说明生活禅夏令营这一实践活动充分考虑了众生生活的具体情况，照顾了众生性、生活日常性和普适性，能够贴近大众，体现生活中修行的本色。

其实，在柏林禅寺开展生活禅夏令营的同时，净慧长老还致力于恢复禅门祖庭，重建四祖寺，并于 2004 年 8 月开展了首届四祖寺禅文化夏令营，到 2014 年，四祖寺的禅修夏令营也已有了十余年历史。其他寺院也都纷纷效仿禅修夏令营这一吸引大众亲近佛法的活动形式，如 2003 年，长安三大寺院联合举办“佛子夏令营”，2005 年庐山东林寺举办“东林净土文化夏令营”，杭州法净禅寺举办“天台宗文化夏令营”等，各种清凉法会、茶会已经如雨后春笋，遍地开花。

黄梅四祖寺的禅修夏令营延续了柏林禅寺生活禅夏令营的宗风，同样是净慧长老推行生活禅理念的重要基地。四祖寺的禅文化夏令营每年 8 月 10 日开营，时间与柏林禅寺正好错开，也是在暑期进行，但四祖寺的禅文化夏令营又与柏林禅寺的生活禅夏令营有些许不同。首先，放宽门槛，吸引大众。四祖寺的禅文化夏令营的报名要求较为宽松，年龄跨度在 18 ~ 40 岁均可报名，且具有大专以上文化程度即可，虽然也要求填写问卷调查，但无疑这一年龄和学历限制的解除使更多人能够参与到禅文化夏令营这一活动中。

四祖寺的禅修夏令营与柏林禅寺一样，具有生活化的特点，活动内容也是以佛学讲座、分享交流会、坐禅、行脚、早晚课、传灯等为主。与柏林禅寺的夏令营稍有不同的是，柏林禅寺的生活禅夏令营在初创阶段，并未提出明确的活动主题，前几届的夏令营以佛学讲座为主，但入营议题不十分明确，以主题式的方式发起夏令营召集令是在夏令营这种活动方式发展成熟之后才逐渐形成的。而四祖寺则吸取了这些经验教训，基本上每届围绕一个主题展开活动，让营员的学习更有目的性、针对性。如第二届的主题是“为和谐加油”，第四届是“禅，生活中的禅”，第六届为“六祖坛经与生活禅”，第九届为“心安万事安”，第十一届为“修学生活禅，传递正能量”等，既体现出禅文化的特色，又切近日常生活的身边事。另外，四祖寺的夏令营更突出文化多元性这一特点，除保留了传统的早课、坐禅、学术讲座、分享交流、传灯这些必备活动之外，还开展了唱诵佛教赞歌，音乐欣赏，禅茶文化的交流，行脚活动也尤其丰富，五祖寺、老祖寺、云居山等地都有涉猎，还播放电影，使学子们能够在轻松愉快的氛围中感受禅文化的气息。

从参加过生活禅和禅文化夏令营的营员反馈来看，由于在参营过程中每个人会被分配到不认识的陌生人所在的组别中，使得营员有机会多和他人交流沟通。基本上营员们对夏令营的组织和活动内容都比较满意。从参加的效果来看，大部分人认为夏令营是一项有特殊意义的生活锻炼，参加了夏令营之后会变得心平气和，更愿意关心帮助他人，舒缓了自己的生活压力，更重要的是，营员们已经体会到感恩、分享、包容的生活禅主旨，非常认同和接纳在生活中修行，在修行中生活的理念，都愿意在自己的生活中继续以感恩慈悲的心去对待他人，回报社会。通过生活禅夏令营这种活动形式，人们接纳了生活禅的基本理念，也更能够了解到佛教文化的真谛，破除过去对佛教认知的偏见，能够正确看待佛法，同时，青年人也能够将这种生活禅的理念与个人的人生思考结合，从禅修行中体会到生命的喜悦，这实际上就已经是禅融入个人生活了。所以，从生活禅夏令营这一实践形式看，生活禅是能够契合众生所需的，也确实起到了摄化人心，净化社会风气的作用。在践行生活禅觉悟人生、奉献人生的宗旨上，禅修夏令营的确是现时代环境下佛法融入世间、化社会的良好示范。

三、生活禅的传播

净慧长老的弘法事业可以分为三个阶段，第一阶段是 1979 年重返北京后，参与中国佛教协会的各项恢复工作，特别是对佛教刊物的创办和编辑。第二阶段是 1988 年到柏林禅寺组织禅门祖庭的修缮和道场的振兴，而振兴道场又是在推行生活禅理念的实践过程中逐渐实现的，北方以柏林禅寺为基地，南方则以四祖寺、五祖寺为中心，这些地方既是禅宗祖庭，有着特殊的历史地位和历史意义，同时也是面向社会推广禅文化的重要门户。一方面是契机的生活禅理念的深入人心，随之带来的则是人们对于禅宗的重新理解和认识，扫除过去对佛教的偏见，为佛法的弘扬树立了健康良好的风气，所以，道场振兴的同时也是生活禅理念得到大众认可参与的过程。第三阶段则是净慧长老晚年为生活禅理念的推广实践开辟了新的形式——以禅文化为契机而组织的禅文化学术高峰论坛。正如孙昌武教授所说，净慧长老的晚年有两件大事特别引人注目，一是生活禅修学和实践体系的建立，二是推动禅文化研究①。其中，推动禅文化研究则集中表现在净慧长老对于学术论坛式的佛教会议的组织，集合了社会各界的力量，把禅文化研究推向学术性的高端文化平台，为僧俗两界的学术交流和思想碰撞，为禅宗研究的深入开展作了大量工作，这也是禅文化在当代的传播过程中值得吸取的宝贵经验。

首先，以佛教刊物为媒介的传播路径。

1. 主编《法音》杂志

《法音》是现当代佛教传播的一个重要杂志。它的前身是《现代佛学》。《现代佛学》是新中国创办的第一个全国性佛教刊物，1950年，在赵朴初、巨赞法师、喜饶嘉措、周叔迦、李济深等各界佛教代表的倡导下，为新时期振兴佛教事业，传达政府宗教政策，纠正教内错误思想，团结佛教力量而创立，巨赞任主编。1954年中国佛教协会成立后，《现代佛学》便成为该会的机关刊物，内容涉及佛教教务的公布、佛学思想的研究、佛教艺术文化知识的普及等，是集诸多信息于一体的综合性佛教刊物。1964年，因极左思潮干预，《现代佛学》停刊，前后共出版了144期。1981年复刊之际，改名为《法音》。赵

---

① 黄梅四祖寺通讯：《共建二十一世纪“东山法门”——黄梅禅宗文化论坛召开》，http://www.hmszs.org/145/2014/12/20141222678.html。

朴初在《法音》发刊词中介绍了从《现代佛学》到《法音》的办刊经过，在新的历史条件下，以《法音》为名，就是希望它能起到“法音宣流”，普摄群机的作用，所以，《法音》既是代表中国佛教协会的会刊，也是宣传中国佛教思想，展现中国佛教发展风貌的重要阵地。它的办刊旨趣就是推动中国佛教的发展，与全国各民族、各地区的佛教团体、名山大寺和诸善知识保持密切联系，随时报道各地弘法利生消息，介绍国际佛教动态，加强国内外佛教学术研究的友好联系和文化交流。《法音》作为中国佛教协会联系国内外佛教徒的重要纽带，始终围绕着“发扬佛教优良传统，提倡人间佛教，启迪智慧，净化人生”的办刊宗旨，深受国内外读者的广泛欢迎，发行量也从每期四千份发展到两万份。1987 年，《法音》编辑部当时还作为中国佛教文化研究所的编辑组，增出了《法音》学术版，受到读者好评，后相继更名为《佛教文化》《佛学研究》，由中国佛教文化研究所编辑出版。可以说，《法音》杂志是当代新中国佛教发展的见证，对中国佛教新时期的发展有着特殊贡献。

1981 年《法音》创刊之初，巨赞法师就点名净慧长老任执行主编，此后，净慧长老长期担任主编一职，直到 2002 年。《法音》杂志创刊之初，经费紧张，常年亏损，1983 年，净慧法师和宽忍法师将《法音》刊登的文章汇编成册，出版了十多种《法音文库》，用《法音文库》的盈余经费补《法音》经费不足，另外，《法音》还开辟助刊鸣谢专栏，接受读者捐款，并公布捐款者功德芳名，既加深了读者与刊物的联系，又使刊物得以持续，此后，四众善信资助印刊成为一种通行的方法，得到各地信众长老和组织单位的支持，基本解决了《法音》早期办刊经费不足的困难。在《法音》百期出刊之际，净慧长老写诗寄意：“十二年前忆创刊，法轮初转事千端。凭将双爱心一片，几度重跨百尺竿。”又言：“百期文稿案头陈，寒暑推移寄此身。一字未安终日苦，敢将劳瘁报同伦。”①据陈星桥居士《纪念〈法音〉创刊三百期》回忆，在1991年第12期以前，《法音》的发行工作也是由编辑部同仁单干完成，“每期《法音》一出版，我们就在净慧法师的率领下，全部集中到发行组的小院子里，贴标签、装口袋，常常还请来广济寺的法师帮忙”。可见创刊之初的艰辛劳苦。

同时，《法音》也是净慧长老阐发自己的佛学思想，发表佛学研究成果的一个主要窗口。自1981年以来，净慧长老先后在《法音》发文53篇。在2001年《法音》200期感怀中，净慧长老回忆了《法音》一路走来的不易，也表达了他对佛教刊物作为佛法弘化宣传喉舌这一工作的谨慎态度。首先，他提出包容、理解、求同存异的办刊原则。信仰问题是人生的重大问题，信仰上的误导小则影响家庭生活，大则伤害教派感情，引起教派分裂，甚至民族团结。随着社会生活的多元化，文化思想的多元化，包容、尊重精神、求同存异原则就显得格外重要。《法音》作为佛协会刊，尤其会引人注目，更应该本着包容、理解、尊重的态度办刊，这是《法音》能够有着正确的办刊方向和持续发展的原则保证。这也是净慧长老一向主张的感恩、包容、分享、结缘的弘法理念。其次，始终以契理契机作为办刊原则。现时代环境日新月异，从事佛教文化事业，佛教刊物编辑工作自然也不能墨守成规、故步自封、不思进取。这就凸显了随缘不变，不变随缘，以佛法原则来办刊的重要性，契理契机既是每个时代的弘法原则，同时也是创办佛教刊物的一个不变原则。再次，生活化、大众化的原则。佛法既然是佛弟子生活的指南，就应该密切联系生活，关注民生，贴近大众，所以，作为一本面向教友的佛教刊物，如果脱离了对教友日常修行生活的指导，就失去了佛教刊物应有的基本存在意义。为此，净慧长老主张贴近大众，贴近生活，减少一些学术化论文，增加大众化和生活化的内容，把《法音》办得更活泼灵动，才能不断扩大读者

---

①《法音》1992年12期。

队伍，增加发行量，为佛教净化人心、祥和社会多尽一份义务。

2.《禅》刊的创立

《禅》杂志由河北省佛教协会主办，最早创办于 1989 年。1988 年净慧老和尚应邀来河北组织佛教工作，在振兴赵州祖庭柏林禅寺时，便有了创办《禅》刊的想法。《禅》刊可以说是净慧老和尚弘扬生活禅的重要思想阵地。因此，《禅》刊以弘扬禅宗法门为特色，正如《禅》刊第一期发刊词所说，创办《禅》刊，是“作为禅人交流禅学研修成果与信息的园地，其目的就是想增强佛教界的文化艺术气氛，促进禅学研究，从而在整体上为振兴中国佛教文化研究事业贡献绵薄”。而弘扬禅宗的着眼点仍是振兴中国佛教，从长远来看，建立一个能够让僧俗两界互相往来学习的平台，促进资源共享和思想交流，让大众都能够认同，大众参与，这是佛法得以流布民间，从而保持生机活力的有力手段。振兴中国佛教虽然任重道远，但从创办一个刊物开始便树立这一远大理想，有意识地担负起净化社会风气的责任，可以说显示出积极参与建设社会的当仁不让，为生活禅的实践奠定了现实基础。

此后，净慧老和尚还明确提出了《禅》刊的执行宗旨，即“继承传统，适应时代，立足正法，弘扬禅学，开发智慧，提升道德，觉悟人生，奉献人生”，这一宗旨可以说发扬了人间佛教的精神，既有契理的传承传统和契机的适应时代，又提出觉悟人生，奉献人生的明确责任，对大乘佛法觉悟众生，利乐有情，庄严国土作了新的时代诠释。《禅》刊的负责人明尧居士在《〈禅刊〉办刊指导思想综述》中把净慧老和尚的办刊宗旨表述为几个部分，构成《禅》杂志的基本定位。首先是以人间佛教为宣传的主题。将佛法与现实生活结合起来，可以说是经过历史检验的中国佛教发展的唯一出路。其次，以禅宗为弘法的中心。人间佛教是中国佛教发展的一个总体走向，但在其中需要依靠一个具体的法门才能将之实现出来，而禅宗在中国佛教发展史上的特殊地位及其与现实人生的高度契合性使禅自然而然成为契机契理的当代佛教发展的核心之核心。再次，以信众为主要读者群。创办《禅》刊是为了服务于大众，因此，适应读者需要，适合读者修行，才能使佛法流布于大众，这使《禅》这一杂志与一般佛教学术刊物区别开。最后，既然是适应读者，则还应以修行为最后落脚点。《禅》刊作为生活禅理念的宣传窗口，必然要对信众在生活中的修行起到指导作用，所以，《禅》刊基本上每期都会刊登一些指导信众修行的文章，体现出实用性、指导性和针对性。此外，据明尧居士介绍，净慧长老还希望通过《禅》刊呼吁教界一同养成忧患意识、教团意识、形象意识、本分意识、护法意识、人才意识、现代意识、开放意识、奉献意识等，充分体现出《禅》刊立足于振兴中国佛教的远大目标和注重团结教内外一切力量的全局意识。

《禅》刊大体有《指月篇》《传灯篇》《文字禅》《生活禅》《磨镜台》《无孔笛》等栏目，以清新朴实和富有禅意的文字为主，围绕着禅的方法、禅的实践、禅的本质、禅的精神几个方面来展开内容。在实际运作中，也是本着“大众认同、大众参与、大众成就、大众分享”的原则来进行，其经费主要依靠信众自愿捐助，所以也相应地采取免费赠阅的形式流通，回馈大众。目前《禅》刊的发行量也从最初的三千份有了较大增长，读者遍及全国二十多个省市以及海外十多个国家和地区。

从传播方式看，《禅》刊不仅免费流通，而且还建立了《禅》刊网络版，网址挂在柏林禅寺下，从 1989 年创刊以来的每一期都可以在网站上在线阅读，并可以随时下载文本格式在个人电脑上，便于保存，非常方便。在运用网络手段传播佛法弘扬佛法的路子上，《禅》刊可谓一个良好示范。

3. 从《正觉》到《黄梅禅》

《正觉》杂志 1999 年由本焕长老所创办，当时正是本焕长老重建四祖正觉禅寺之际，为继承四祖宗风，弘扬佛教文化，特地创办了《正觉》这一佛教刊物。《正觉》杂志可以说是因四祖正觉禅寺而得名。以本焕长老的创刊词所说，《正觉》以知识性、通俗性为原则，以启迪智慧、净化人生、除恶从善、服务社会、造福人民、传播四祖宗风、振兴佛教文化为目标。《正觉》在创办之初，基本上是善信助印，义务供稿，所以有着一定的信众基础，因此也免费赠阅给大众。到2003年，净慧长老接任四祖寺方丈之际，首先考虑的就是寺刊《正觉》杂志的未来发展。他认为，既然《正觉》是由四祖寺主办，就应该将出版地从原来的深圳弘法寺迁移回四祖寺，在内容上要立足四祖寺，在读者群上面向全国。同时，为了方便读者随身携带，还将原来的16开本《正觉》杂志的版式改成大32开本，这样既节约了纸张，又考虑到读者的阅读方便，非常实际。改版之后的《正觉》在内容上还开辟了一些新栏目，包括《天下经纬》（报道党和政府的各项宗教政策及重要时事），《正觉之音》（介绍禅学研究与修养方面有指导性的文章，启迪人们开发自己的心智，以智慧来解决人生的困惑），《运水搬柴》（谈修行的体验，特别是生活禅，引导大家在生活中修行，在修行中生活），《西山明月》（介绍文化遗产、文物古迹），《禅海游踪》（介绍各类风光游记），《碧玉清流》（以诗词为主），《花桥帝网》（花桥为四祖寺的又一处古迹，即灵润桥，桥连彼此，桥通此彼，帝网即因陀罗网，网含万事，网罗万象，此栏目以宣传报道佛教信息为主）。

改版后的《正觉》杂志同样本着知识性、通俗性的原则，以传播佛学知识，弘扬佛教文化，传播四祖宗风为主，不过从新开辟的栏目来看，《正觉》杂志同时也是净慧长老生活禅的理念阐发之地，而以净化人心、启迪智慧、服务社会为本的办刊精神可以说也是生活禅理念的拓展。改版之后，《正觉》也由季刊变为双月刊，前后历时 14 年，一共出了 60 期，印行量也从开始时的一两千份，增加到目前的六万余份，其免费赠阅的传播方式也得到了广大群众的信赖支持。

2013年，《正觉》改名为《黄梅禅》，这可以说是《正觉》杂志发展过程中的一个重要事件。随着生活禅理念的深入推进和禅文化传播弘扬的需要，由黄梅四祖寺主办的禅宗文化论坛硕果累累，成立黄梅禅宗文化研究会势在必行。而黄梅禅宗文化研究会在佛教期刊林立、稿源不足、经费紧张、人才短缺的情况下，不可能也没必要另起炉灶创办新刊，将原有的《正觉》杂志扩版为《黄梅禅》就成了顺理成章的事。这对《正觉》杂志来说，也是一个新的发展契机。在过去面向社会大众的读者人群面前，《正觉》始终属于内部印发流通的结缘性刊物，其通俗性、生活性虽然使其有着深厚的群众基础，但在广大传播佛教文化的学术刊物面前，仍然有着许多不足，如稿源的欠缺，办刊人才的缺乏，使其知识性、学术性、文化性的一面难以获得提升。而借着禅文化研究会的成立，则可以集合学术界的力量，将《正觉》推向知识分子阶层，让更多佛教研究专家和佛学爱好者有共同参与交流的机会，团结多方力量使《正觉》转向具有学术文化内涵的《黄梅禅》也就在情理之中了。

净慧长老将《正觉》更名为《黄梅禅》也有着特殊的考虑。首先，“黄梅禅”意指的就是由唐代生活在黄梅的四祖道信、五祖弘忍共同创立的“东山法门”。而东山法门是中国禅宗的源头，东山法门创立在黄梅，所以黄梅就成为中国禅宗的发源地。东山法门时代是中国禅宗的黄金时代，群星灿烂，法门广大，普摄群机。借用著名学者萧萐父1994年11月在《首届禅宗与中国文化国际学术研讨会开幕词》所说，东山法门可以概括为三种精神：“勇于破旧立新的改革精神，善于取精用宏的创造精神，敢于广开法门的宽容精神。”如果再加上“志于突破自我的觉悟精神”一条，禅门的本色就更加鲜明了。这就是《黄梅禅》命名立意之所本。

另外，从内容上说，《黄梅禅》是《正觉》的合理延伸，仍然以本焕老和尚为创刊人，因此也就没有“发刊词”和“创刊号”，只是在原来的基础上改变了刊名，加大了开本，扩充了版面，丰富了内涵。《黄梅禅》立足黄梅，面向全国。“它的宗旨和任务是：坚持爱国爱教，引导正信正行，弘扬禅宗文化，指导禅修实践，整合禅学资源，丰富禅学内涵，密切联系实际，拓宽禅修领域，广开生活禅法，落实人间佛教，觉悟人生，奉献人生，善用其心，善待一切，庄严国土，利乐有情。”[①]可见，《黄梅禅》仍是生活禅觉悟人生、奉献人生的生动实践。在信息网络化时代为什么还要创办刊物？作为一名资深的佛教刊物主编，净慧长老预见性地考虑到这一问题，他认为，书本信息的存储具有稳定性、普及性、安全性、体验性、艺术性等特点，这是网络电子信息仍无法替代的，而报刊是书本信息中最为活跃便捷的一种传播手段，所以在当代仍可以与网络平台相得益彰，优势互补。实际上，《黄梅禅》的传播就是走的与网络信息结合的道路。《黄梅禅》有自己的固定门户网站，且从《正觉》以来的每一期都可以在《黄梅禅》网站上找到，从电子刊物的传播看，《黄梅禅》的运营是非常稳定的，比其他一些佛教刊物只能在网上看到标题、刊名要进步很多。

其实，自《正觉》创办以来，在与时俱进，关切大众，面向生活这方面，《正觉》一直做得非常到位，这是《正觉》杂志得以广泛流通的关键。在 2011 年，《正觉》已面向全国建立读者服务站，在各地建立服务大众的工作站，一方面根据各地实际的读者情况和订阅需求免费寄送杂志和相关宣传用品，由各地服务站自行安排合适的地点设立面向大众的固定杂志赠阅处。而在 4G 网络时代，《黄梅禅》更是推陈出新，2014 年开始，《黄梅禅》杂志已经正式上架网易云阅读，所有移动端设备，无论是 ipad、iphone、android 还是 windows 系统，都可以通过网易云阅读软件免费下载阅读该杂志，极大地丰富了

---

① 净慧：《从〈正觉〉到〈黄梅禅〉——〈黄梅禅〉面世的缘起》。

阅读路径和阅读体验。

不仅如此，四祖寺还免费为大众提供生活禅语的短信订阅服务，免费赠送净慧长老的《生活禅语》，实际上是把净慧长老生平所说的点滴生活禅语以名言警句式的方式分列出来，简化为生活中的每日一句，再以短信方式推送给大众，使大众可以每日获得一滴法雨甘露，又能便于记诵，传递他人，时时在生活中感受到禅的气息，接受禅文化的熏陶，既灵活又亲切，以短信推送服务来化导生活，在不知不觉中已经将禅融入日常生活。可以说，禅的传播手段的现代化为生活禅的化生活奠定了坚实基础。

除了以上所说的通过创办刊物、网络宣传等现代化的传播手段实践生活禅理念之外，学术会议和文化论坛也是禅融入生活、化导社会的一个新式路径。从 2010 年起，净慧长老组织起每年一度的禅文化研讨会，以湖北黄梅和河北赵州为中心，两地每年各举办一次大型禅宗学术会议，为僧界与学界交流打开了方便之门，也为生活禅的化导生活开辟了新鲜路径。从 2010 年至今，黄梅举办了五届禅文化高峰论坛，而河北赵州柏林禅寺也举办了四届，结合两地九届禅文化论坛的会议情况，列表如下：

会议时间	地点	人员情况	会议主题	活动形式	论文数量
2010.10.29—10.30	黄梅四祖寺	人数不详。单位包括中国社科院、北京大学、北京师范大学、南京大学、武汉大学、浙江大学等	首届禅宗文化高峰论坛暨千僧斋祈福法会	祈福法会、“禅之韵——中国黄梅·新佛乐综艺晚会”、学术报告	不详
2011.5.14—5.15	河北石家庄	120 多位专家学者。日本、韩国等国，中国台湾、香港、澳门地区，以及内地 50 多家知名高校、社科研究机构	首届河北赵州禅·临济禅·生活禅学术论坛	三个分论坛、学术考察（参观寺院）	近 120 篇

续表

会议时间	地点	人员情况	会议主题	活动形式	论文数量
2011.10.27—10.29	湖北黄梅	300余人。其中，美国、韩国、日本等国代表，中国台湾、香港地区代表，内地高校专家学者百余名	弘扬禅宗文化，促进和谐发展——第二届黄梅禅宗文化论坛	祈福活动、文艺演出、学术讨论	163篇
2012.5.19—5.20	河北邢台	开幕式600余人。会议有来自日韩、俄罗斯等国，中国港澳台地区，内地高校50多家机构的120多位专家	第二届河北禅宗文化论坛——辽金元时期的华北佛教	四个分论坛讨论、主题演讲	103篇
2012.12.15—12.16	湖北黄梅	300多人，其中海内外200余名学者，100余僧人	弘扬禅宗文化，重振东山法门——第三届黄梅禅宗文化论坛	主题报告、分组讨论	152篇
2013.5.25—5.26	河北石家庄	50多家知名高校110多位专家学者，开幕式300多人	第三届河北禅宗文化论坛	三个分组论坛：净慧长老佛学思想与生活禅、北朝佛教、北方禅宗与寺院。净慧长老示寂五七追思大会	100余篇
2013.11.2—11.3	湖北黄梅	海内外150余名专家学者及高僧大德，总人数300多	传承生活禅、弘扬禅文化——中国·湖北第四届黄梅禅宗文化高峰论坛	瞻礼净慧长老舍利，主题报告，分组讨论	150余篇。“黄梅禅研究”28篇，“净慧长老与生活禅研究”47篇，“禅与廉政研究”20余篇，

续表

会议时间	地点	人员情况	会议主题	活动形式	论文数量
					“禅宗研究”6篇，“当代中国佛教研究”29篇
2014.11.8—11.9	河北冀州	国内的50多家知名高校、社科研究机构的近百位专家学者	第四届河北禅宗文化论坛——道安暨河北佛教国际学术研讨会	主题学术报告、分论坛分组讨论	96篇
2014.12.7—12.8	湖北黄梅	海内外近200名知名专家学者	净慧长老与黄梅佛教——湖北第五届黄梅禅宗文化高峰论坛	学术报告和分组讨论	160余篇

从上述列表看，禅宗文化的系列论坛有以下特点，首先，规模庞大。会议的人数大体在上百人到三百人不等，人员众多，学术力量强大。无论是海外专家，还是国内北京大学、清华大学、复旦大学、南京大学、武汉大学、厦门大学等五十多家知名高校和研究机构的学者都纷纷参与其中，构成了一支稳定强悍的学术交流共同体。此外，僧界的共同参与也是会议的一大亮点。既有中国佛学院、闽南佛学院、河北佛学院等学问僧的加入，同时还有中国台湾、香港地区，乃至韩国、日本、新加坡、泰国等僧众的参与。国内各大寺院，如四祖寺、五祖寺、柏林禅寺、五台山、东方山等各大山头寺院也都纷纷加入，来自五湖四海的僧界内外人员济济一堂，身穿不同衣色僧服的代表缤纷交错，构成了一个俨然武林大会般热烈壮观的浩大场面。大量研究人员和佛教爱好者、信众的共同参与使会议成为一个名副其实的禅宗

文化高峰论坛。高峰论坛这一形式已日趋稳定成熟，为僧界和学界互相交流，共同繁荣打造了一个长期平台。可以说，禅宗文化论坛的规模在国内佛教会议当中算是首屈一指的，正如黄梅第五届禅宗文化论坛的召集人与总负责人，中国社会科学院研究员黄夏年先生在第五届禅宗文化论坛总结时所说，论坛这种形式的专题学术研究，“在中国近代以来的学术史上都是空前的，不仅在佛教研究史上，甚至在学术研究史上都将留下浓墨重彩的一笔”。

其次，会议以大众参与，大众成就为主，充分体现了生活禅的理念。会议每年都在固定的两个时间，上半年 5 月，下半年 11 月左右举行，也有固定的场所，分别以河北和湖北黄梅为中心。而会议的主办方除了寺院之外，还广泛吸纳了众多社会资源和社会力量来集结办会，如第二届黄梅禅文化论坛，就是由省民宗委和黄冈市人民政府主办，黄梅县人民政府、黄冈市民宗局、湖北省佛教协会、四祖寺、五祖寺共同承办。而第四届河北禅宗文化论坛则由河北省佛教协会、河北省社科院哲学所、河北禅学研究所主办，河北赵县柏林禅寺、冀州道安寺承办，并得到冀州金成房地产开发有限公司鼎力赞助。可以说，政府参与办会是禅文化系列论坛的另一特色，而企业力量的参与则使论坛有了更坚实的社会基础。禅宗文化大型论坛这一形式虽由净慧老和尚所倡导，但最后却得到了社会各界力量的广泛支持和肯定，大众参与同时也成就了每年每度的定期法会。

再次，禅宗文化论坛形式具有学术与宗教相结合的特点。论坛每年都以固定的禅宗思想内容为主题，会议议题明确，涵盖范围大，使学者有更多学术讨论空间。从论坛内容看，除了一般学术会议的开幕式、分组讨论、专家学术主题报告之外，还安排有独特的宗教文化活动和道场参观。比如首届黄梅禅宗文化论坛与千僧斋祈福法会结合起来，并安排了佛乐综艺晚会，令与会者对佛教音乐和佛教仪式活动有了深刻的感性认识，第二届黄梅禅宗文化论坛也安排了文艺表演和法会演示的节目，将佛教音乐、舞蹈生动呈现出来，有很强的感染力。2013年第三届河北禅宗文化论坛适逢净慧老和尚圆寂，于是会议特别安排了净慧长老示寂“五七”的纪念活动，并且与会学者还到赵县柏林禅寺参加了“净慧长老示寂五七追思大会”。同年11月的第四届黄梅禅宗文化高峰论坛则安排了瞻礼净慧长老舍利的活动。而每次会议基本上都有参观寺院这一项学术考察活动，无论从活动的形式还是内容上看，都能让与会人员在交流学术思想之余，还能充分体验到禅的宗教文化气息，对禅宗文化有更深的理解和体悟。

总体上看，禅宗文化论坛的举办是成功的，也是生活禅理念的实践传播平台，让寺院不再远离生活，远离大众，充分显示出僧俗两界四众力量共建佛教文化，振兴佛教事业的宏伟决心，能起到凝聚人心，团结力量，摄化利导众生的作用。不过，禅宗文化论坛在实践过程中还有些细节有待完善。一方面，论坛规模过于庞大，这既是高峰论坛的定位特征，同时也是其不足之处。参加活动的过程往往人山人海，虽然有大量工作人员有序安排，但不免使真正的学术交流难以实现。其次，论坛的学术性仍不足。学术会议不同于一般的法会，需要少数人的圆桌式研讨，才能真正交流思想，碰撞火花。然而，从笔者以往参加的论坛活动的体验看，大规模多人数的学术报告成为论坛的核心形式，分组论坛有时形同虚设。所有人往往都集中在一个几百人的大会议厅，台上发言者轮流上场，流水式站台，令人感觉昏乱，而台下则由于空间过大而使得听觉不利，难以获得发言者的发言信息，难免形成台上台下各自热闹的局面。而提问互动环节的学术交流更难以在一个适当的位置和距离进行，使学术会议变成了学术报告，学界之间，学界与僧界之间难免对面不相逢，并未得到真正有效的交流，也就无法使禅门向大众敞开这一初衷得到很好的实现。更何况论坛一般为期2天，除去与会者报到和会议总结，基本上分组讨论只有一天或半天时间，在如此短时间内聚集如此大量人群，无疑难以形成真正有效的思想交流。再者，会议虽然每年都会形成数以百计的论文，并集结成册，但一年两度的会议使论文繁多，造成论文生产的疲劳，并未真正促进禅宗研究的展开。而每年固定的面孔和对同一批参与者的固定邀请使论坛年年人相似，并未真正充分吸纳学界力量，这是寺院办会与学界脱节之处。当然，瑕不掩瑜，大众参与、大众成就的禅宗文化系列论坛的举办总体上仍是成功的，代表着现时代佛教参与社会文化建设的积极姿态和新兴形式，对未来中国佛教的复兴有着深远意义。

本着觉悟人生，奉献于人生的禅理念，净慧长老对生活禅的实践还体现在积极参与现代教育事业的建设，为高校教育事业发展做出了巨大贡献，体现出佛教作为觉悟之教对人心的教化作用。自 1997 年起，经净慧长老之倡导，柏林禅寺先后在北京的部分高校，如北京大学、中国人民大学、中央民族大学等学校设立了“怀云奖学金”。奖学金每年定额三万元，以鼓励从事佛教文化研究的博士生、硕士生和本科生。另外，净慧长老还抽出专用资金，在北京大学设立“虚云讲堂”，用于支持中国传统文化方面的系列讲座。在他担任四祖寺住持之后，又继续积极筹措资金，开设“双峰奖学金”，鼓励和支持武汉大学等部分高校哲学宗教学系的师生，从事中国传统文化和佛学的研究。此外，寺院也与高校建立起教学实践基地，如柏林禅寺先后被中央民族大学、中国人民大学、北京大学等高校确认为宗教学系教学实习基地。四祖寺则被武汉大学等高校确认为宗教学实习基地。建立实习基地这一举措将寺院与高校紧密联系起来，体现出佛法对未来教育事业的关心，为寺院走出山门、佛化人间创造了良好的契机，体现出佛法不离世间觉的宗门祖训。

总地看，生活禅的实践道路是多元化的，多样灵活的，禅宗夏令营、禅文化论坛、禅宗系列杂志、禅文化教学实习基地等多渠道的活动使生活禅的实现成为可能。本着弘扬人间佛教的精神，立足于此世生活的世间，生活禅为人间佛教在当代的深入发展拓宽了道路，既符合中国佛教发展的实际情况，也契合了人间佛教的理念，形成与港台地区不同的中国佛教复兴之路。

第五章　面向生活世界的禅

在世俗化的社会浪潮下，宗教面向社会的现实性、此世性越来越受到人们的广泛关注。而在世界化全球化的信息时代，宗教不仅面临着世俗化现代化的挑战，还身处于多元化的价值市场。一个普世性的宗教价值观主导一切领域的时代已经过去，在多元宗教并存的局面下，如何处理宗教与非宗教、不同宗教之间的价值差异，获得广泛理解和沟通，对于世界和平和人类未来的生活秩序的和谐，有着深远的意义。19 世纪的宗教学奠基人麦克斯·缪勒曾以“只知一种宗教，等于一无所知”来表达宗教研究中必须有的尽可能多地了解诸宗教这一基本学科信念，而现在，这句话却有了更普遍的意义，面向未来世界的人们，正身处于宗教多元和价值多元的环境中，一个尽可能多也不得不尽可能多的广泛了解诸宗教诸文明系统的时代已经到来。

稍晚于缪勒之后的雅斯贝尔斯则提出“轴心时代”的概念，他把公元前 8 世纪到公元前 2 世纪这一阶段称为“轴心时代”。这一时代在全球各地几乎同时产生了至今仍然影响着人类社会的主要文明思想，无论是在古希腊还是伊朗、印度还是中国，这些彼此隔绝的地方在同一时代几乎讨论着同样的问题，即对人的自我生命存在的拯救解脱，对世俗世界的强烈批判和人类存在的整体反思，可以说，这是人类宗教文明产生的关键时期。诸文明系统多元并存这一事实在 19 世纪已经渐渐成为东西方共识。与之相对的，在 20 世纪 90 年代，出现了美国学者亨廷顿的“文明冲突论”，更强调文明之间的冲突主要是宗教冲突，而这对政治冲突地区冲突有着至关重要的影响。这一论调折射出人们对多元文化价值环境下全球局势的担忧。与此同时，全球化时代的世界宗教议会召开，孔汉思提出以共同的全球伦理来解决冲突问题，一个被称为“第二轴心时代”的时代转向引起人们的关注。

美国哲学家、天主教思想家尤尔特·卡曾斯首先提出“第二轴心时代”的观念，雷蒙·潘尼卡是这一观念的积极倡导者，国内如汤一介先生、杜维明先生都曾提出轴心时代的转向问题。与雅斯贝尔斯所提出的轴心时代相对的一个全球化多元化的时代，被称为第二轴心时代。第一轴心时代与第二轴心时代，可以说有着古今区分，第二轴心时代即是我们所处的全球化多元化的时代，一个全球时代，宗教成全时代，科技时代。信息网络技术的日新月异将人类带入一个全球社会中，同时，个人主义和人类中心主义也日渐膨胀，生态危机和文明危机可以说是人类自我中心的失落和病态表现，这个时代有两大特征，“一是人类生活全面的全球化，二是高科技渗透和支配人的日常生活”①。这将使人类社会面临着轴心式的转变，全球意识、对话意识、生态意识、跨文化意识等多元价值越来越为人们所关注，而生活意识尤其成为这一时代的主题。当代哲学家唐·库比特甚至把我们这一时代称为后现代时期，相对于第一轴心时期追求超越于此世之外的永恒存在的价值中心为传统的理想世界，当代宗教哲学研究已经转向了此世生活世界，已经进入后现代时期，人类的信仰模式已经走向了非实在论领域。这样一种非实在论的宗教转向，可以说是面向未来的多元世界的，也是在现代之后的沉思。在当代中国，现代化的步伐还在进行中，而全球化世界经济一体化的趋势所带来的现代之后的问题却纷至沓来，传统的、现代的、后现代的各种思潮交织成一体，对中国社

① 王志成：《宗教研究新方法》总序，宗教文化出版社2008年版，第2页。

会的现代化进程有着纷繁交错的影响。

无独有偶，生活禅对此世生活的关注与后现代宗教哲学的生活视域不约而同。同样是对生活世界的关注，生活禅却有着对传统的延续性继承性态度，这使面向未来生活世界的禅有了与第一轴心时代文明接续的可能性。面向未来世界的禅即是一种生活禅，它既从传统而来，也具有后现代宗教哲学世界所需要的思想资源，对宗教对话和多元论宗教处境中诸宗教的发展都有着启示意义。生活禅不能仅仅停留在对禅宗传统精神的回归或诠释、阐发，而应该恰如生活之禅所是，关心日常语言的变化，个体心理机制的运作和灵性生命的成长，关心诸宗教的和平共处和社会现实问题的解决，在具体的生活世界里发挥禅化导生活的作用。

一、生活时代的到来

二十世纪以来的新教神学有着许多耐人寻味的转向。H. 奥特（Heinrich Ott）既是卡尔·巴特[1]的弟子，又是布尔特曼[2]的学生，但是，与他的老师不同的是，他的释义学本体论神学已经透露出面向未来时代的神学转向，既不是卡尔·巴特那种排斥其他宗教的神学立场，也不是布尔特曼式的自由主义神学解释方式，他对上帝存在的思考可以说反映了二十世纪神学研究中的新动向，那种后来被当代宗教对话的代表人物雷蒙·潘尼卡[3]和唐·库比特[4]日益关注到的东西。

---

① 卡尔·巴特（1886—1968），新正统主义神学的代表，坚决抵制宗教世俗化多元化，主张唯独依靠恩典、唯独依靠信仰、唯独依靠基督、唯独依靠《圣经》，是宗教对话问题上排他主义的代表人物。

② 鲁道夫·布尔特曼（1884—1976），德国路德派神学家，新自由主义神学的代表，主张《圣经》研究的去神话化，非神话化，对《圣经》作现象学、人类学、生存论的解读。

③ 雷蒙·潘尼卡（RaimonPanikkar）（1918—2010），当代哲学家、神学家、跨文化对话先驱。

④ 唐·库比特（DonCupitt）（1934—　），神学家，后现代宗教哲学代表人物。

《不可言说的言说》是他进入汉语神学世界的一部很早的论著，此书在1978—1979年间已经完成，但与中国读者见面却在1994年后，虽然如此，他在书中所描述的二十世纪以来的神学研究的困境却依然深刻，对说明诸宗教在当代社会的普遍遭遇这一问题上，有着典型的意义。

对于上帝的言说，本身就是一种不可言说的言说，“道可道，非常道”在解释《不可言说的言说》这一题名上可能更易让人理解。那么，在认知上帝，思考上帝存在的问题上，人可以说些什么，怎么说才能理解上帝，这是神学研究中一直令人费解之核心问题。奥特对此问题的思考则立足在人的立场，上帝如果仅仅是超越者，无法临在此世，那人如何可能理解、感知上帝，为此，他从上帝的临在这一人类学眼光出发，完成人类对于上帝的不可言说的言说。二十世纪以来核威胁、人口膨胀、环境污染、资源浪费等诸多问题加剧了全球危机意识，在这样一个令人焦虑的时代，神以何种方式存在，如何能被人们所认识，人们如何能够意识到上帝存在的真实性？奥特认为“被称为上帝的在者必须在人的身上、在人的日常生活维度中加以揭示”①，别无他法，我们不能设想上帝完全外在于人类世界，那么，上帝应该如何被认识，被言说，则只能寄望于人类自身。特别是作为生命体存在的人类，人在现实生活之中的存在见证上帝的奥秘和智慧，上帝无所不在，正如《圣经·诗篇》所说：“我往哪里去躲避你的灵，我往哪里去躲避你的面？我若升到天上，你在那里。我若在阴间下榻，你也在那里。”上帝环绕着我们四周，在我们心中。我们不是在自身之外寻找一个层次更高的意义境界，而只是在我们的生命之中。为此，奥特在人类自身存在的生命体验中试图去说明上帝以怎样的形式存在。从以往人们对不可言说之神的言说来看，象征手法是一种典型的

① H. 奥特：《不可言说的言说》，三联书店1994年版，第6页。

言说不可说的方式。象征对蕴含着真实场景的体验，象征使真正的不可言说参与、呈现，如诗歌中的象征手法对特殊意境的缔造，这种语言文字表达之外的意境才是人们内心深处的真实体验，才是不可说的出现之处。与此相类的还有祈祷。这种不可言说的存在，又被奥特称之为一种空、无。诗歌、祈祷背后蕴含着的就是无，无又意味着一种向内在生命的敞开，基于人类生存经验的敞开，其中包涵着人类的丰富情感，如宽恕、忠诚、爱、希望等等。个人在情绪中知道自己，意识到自己，在言说中意识到不可言说的伟大意义。答案很清楚，“上帝在我们的日常生活中”①。通过个人生活的体验，整个生命朝着向生活的历险的、神秘的、超理性的向度敞开自己的心灵，在寻常事物中发现上帝的存在。我们在上帝之中，上帝在我们之中。

这与过去正统神学的教条已相去甚远。奥特对神的临在此世生活的研究基于近代社会的全面转变，时代观念已经发生变化，人类不会再对自然的救治力量和潜藏智慧抱以惊叹和听天由命，人类自己设计自己的道路，将自身置于权威之地，这在尼采时代“上帝已死”的口号中表现得尤为鲜明。然而，在这样一个由人做主的人类中心主义时代，人的命运又将如何？人是什么仍然是一个问题。对自我、对生命意义的追问并不会因上帝的不在场而缺席。相反，奥特试图说明的则是现代人对于上帝的认识已不再蕴含在面对自然的无能惊奇中，而只能在自我体验中。不可见的无限的东西对可见的可体验的人类世界依然有着深刻影响，人只有以一种对话处境不断感受、思考，“只有在与人的处境即人际间的处境的密切关系之中，才能可信地言说上帝”②。

为什么言说可信？奥特又特别从言成肉身这一神学事件中说明语

① H. 奥特：《不可言说的言说》，三联书店 1994 年版，第 79 页。
② H. 奥特：《不可言说的言说》，三联书店 1994 年版，第 142 页。

言在认识上帝的过程中的重要作用，上帝早已向人昭示了恩典之路，“上帝使自己成为每个人的生存中不可规避的实事”①，“语言本身即是生活”②，是人类生存经验的践行，上帝通过言成肉身已内在于我们心中，这使人类在日常生活中感受、体验不可言说者成为可能。所以，奥特对上帝此在性的思考最后回到了倾听圣言的神学传统之中，但值得注意的是，他是从一条使生存具体化和使人际中的上帝形象化的道路给予了面向此世生活的神学一种最为接近传统的表达。不得不说这种基于生存体验的言说方式令人感动，也折射出当代神学发展的人间性，上帝之临在、此在、在场、在生活中，恰恰是神圣向世俗的回归，也指向一条世俗生活的神圣化之路。

与 20 世纪以来的神学转向伴随而来的是西方世界对宗教对话的日益关注。

人们已经越来越深刻地意识到宗教多元并立的世界局面，没有一个宗教可以成为世界中心，宗教对话问题成为不同文明间进行对话的一个核心问题。当代天主教神学家保罗·尼特是西方世界探讨宗教对话问题的佼佼者，他试图从东西宗教所面临的地球大环境出发，认为各宗教应该致力于思考全人类共同面临的问题，如贫穷、战争、生态恶化等等，从全球伦理问题的解决出发来寻找诸宗教的对话基础，这种基于现实共同问题的解决而展开的宗教对话具有强烈的现实精神和实践色彩。在这一点上，主张宗教多元论的对话立场的学者们走得更远。如有“宗教对话之父”之称的雷蒙·潘尼卡本身既是一个基督徒，又是一个印度教徒，还是一个佛教徒，他深受东方文化的影响。他认为宗教对话的主体首先是人，而人不仅能思，且能观，观是指一种内在生命体验的释放，由此内观使人与宗教信仰对象之间并不隔

① H. 奥特：《不可言说的言说》，三联书店 1994 年版，第 144 页。
② H. 奥特：《不可言说的言说》，三联书店 1994 年版，第 146 页。

绝。人的灵性能不断自我超越，从而获得“宇宙—神—人共融经验”。这种直觉观可以说有着东方宗教直觉体验的神秘色彩，而其宇宙—神—人共融经验无疑与中国文化的天人合一传统有着更多契合处。

唐·库比特也是第二轴心时代不得不提到的代表人物。对他而言，20世纪是一个属于普通人的世纪，它的特征就是回归日常性。第二轴心时代意味着我们要从传统的实在论的世界观转向面对我们的生活世界，即一个非实在论的、虚无的、多元主义的世界。持有宗教实在论的多元论者如约翰·希克等人，总是试图把诸宗教指向一个共同的实在者，这不得不说，柏拉图主义传统影响下的世界观总是把人们引向一个超越于此世经验世界之外的理念世界、永恒世界，而此世生活并无可留恋，一切皆是为了事件背后的超越者、全能的上帝。在库比特看来，这是一种静态的，反历史的，没有过程性的世界观，使我们所处的变化的世界永远从属于一个永恒世界，其中人的价值、意义不足为道。然而，信息时代知识的膨胀已经对传统宗教宇宙论的解释系统构成挑战，一个文化全球化时代，多元信仰的共存说明了柏拉图式的本质主义传统并不奏效，世界宗教的多元性已经使宗教去中心化，那种妄想通过寻求共同本质、最终理念来实现统一的世界宗教的做法并不符合诸宗教多元并存的事实。在这一点上，他认为禅宗早已洞悉先机，当禅师的弟子问“如何是祖师西来意”①时，得到的却是一棒。而这一棒说明宗教理论化的方式迷失了宗教的重点，禅师的做法旨在说明，这一提问不得要领。反对教条、反对一个客观完美的真理系统，这恰恰是禅宗给予后现代宗教哲学的启发。

那么，第二轴心时代的宗教应该关心什么呢？库比特虽然否定用西方传统宗教哲学的本质主义思维来寻求宗教对话的实现，但是，这

---

① 唐·库比特：《后现代宗教哲学》，浙江大学出版社2008年版，第19页。

并不意味着他否定宗教的世界性。相反，库比特指出，第二轴心时代恰恰是宗教转向到来的时代，人们的宗教意识已经不是过去那种神圣与世俗的二分，对天国的向往和此世生活的厌弃对立下的主客二分，反之，此世世界就是人类生存的世界，就是最终的、最好的世界，没有在此世之外的理想天国。宗教不是对超自然的神学宣称，而是一种共同的人类表现活动，应该转向关心人类所处的当下环境。在这一点上，奥特对上帝在此和在日常生活中发现上帝无处不在的强调，同样也显示出对此世生活的关注，而尼特对宗教应关注现实问题的强调，也是如此。

库比特甚至说，宗教即生活，宗教就在我们的生活中，他倡导一种生活宗教观。“全部生活都是宗教生活。随着神圣与世俗的区分消除，宗教意义与价值已经有点不规则地扩散到了整个生活世界之中”①。而事实是，生活没有恒常性，“我们的知识、我们的价值观念和我们的各种生活方式根本没有确定的恒常性，没有客观保证”②。一切事物都处于时间之流中，人的存在是偶然的、过程性的，如果能正视这一点，正视佛教所说的无常，并知道我们拥有的全部就在于此，别无其他，那么，人类唯一能做的就是拥抱生活，“学会接受和热爱生活的纯粹偶然性与短暂性”③，因此，“我们始终处于生活之中。我们应当自由自在。我们应当信仰生活”④。信仰生活，就是接受并认识到生活的偶然性、短暂性、变化性，与其像传统实在论立场那样始终处于痛苦的追寻无法达到的理想世界中，在神人分离的二元张力中分裂自我，不如在体会当下身处的生活世界中获得心灵的安宁，认识自我。

---

① 唐·库比特：《后现代宗教哲学》，浙江大学出版社 2008 年版，第 121 页。
② 唐·库比特：《后现代宗教哲学》，浙江大学出版社 2008 年版，第 125 页。
③ 唐·库比特：《后现代宗教哲学》，浙江大学出版社 2008 年版，第 127 页。
④ 唐·库比特：《后现代宗教哲学》，浙江大学出版社 2008 年版，第 127 页。

自我在哪里？自我不是由外在客观定义来预先决定，而就是人的语言结构、日常生活习惯、与他人的交流沟通中所构建的我。一个人对于自身的最好表达莫过于拥抱生活，热爱生活，自我并不在生活之外，而就是生活中的我。所以他提出太阳伦理学原则，认为人要像太阳般直接呈露，过表现主义的生活，可以说，充分的生活即超越，当下即永恒。一切都是超二元而又内在于生活当下的。面对生活的偶然性，我们唯一能做的就是与其共存，“像佛教徒那样，我们需要默观存在的短暂展示背后那形而上学的空，学会与空相处，甚至在空之上冒险”①。对短暂性的默观可以帮助人们平静地看待生与死，“把生与死看成始终在我们的经验中相互交织”②，能够对生活说是，同时又对随时存在的偶然性做好了最坏打算，就有了生的勇气，就已经是征服了死亡，这就是后现代生活世界的永生。

用禅宗的话来说，平常心是道也许就是他想表达的那种太阳式的宗教生活。

库比特从不讳言佛教观念对他的影响，甚至在他表述自己的宗教哲学方法的行文中也采取佛教的教导式写作，以区别于教义讲授、解经式的传统教学法。他所建立的生活宗教，就在于展现生活的宗教意义，唤起人们对生活的宗教情感。也许在这一点上，即他对生活的宗教式的热爱和由此带来的太阳式生活的描述使他最终与佛教相区别。尽管如此，H. 奥特、保罗·尼特、彼得·贝格尔、雷蒙·潘尼卡、唐·库比特等等，还有大量的名字，他们无论是从神学转向还是宗教对话、宗教世俗化还是宗教哲学出发，都不约而同地朝向生活世界建立人类的人文主义宗教理想，共同构成了20世纪以来的宗教转向——面向未来生活世界的宗教。可以说，一个面向生活的时代已经到来，

① 唐·库比特：《后现代宗教哲学》，浙江大学出版社2008年版，第134页。
② 唐·库比特：《后现代宗教哲学》，浙江大学出版社2008年版，第135页。

一个向着生活思考宗教的时代已经开始。“生活”已经成为未来宗教发展的核心词汇。

二、禅的生活化——语言与心理

如果说，非实在论的宗教观对西方神学研究正产生着颠覆性的微妙影响，那么，东方宗教对天人合一、神人共融的此世生活之道却从不陌生。正如上述西方宗教学家所意识到的，佛教自古以来就展示出对此世生活的极大包容。无常、无我的观念源自佛陀对生活的深刻理解，时间的有限性、变化性、事件发生的偶然性、短暂性，并不需借助神力而得到昭示，相反，体验生活才是洞悉人类命运的关键。所以，佛经中不乏对佛陀说法的生活情境描述，穿衣、洗足、托钵乞食、睡觉等等，这些细节暗示着佛法的日常性、平实性。佛经体又充斥着大量对话，基本上以对话形式完成说法，弟子问，佛说，又有弟子问，佛答……如此往复，直到说法毕，听众欢喜赞叹，说法内容结束。所以，佛经所记录的从来都不是刻板教理，而是有着特定的生活情境和提问背景的，向特定的当机众说，也不是事先早有准备，而是随时根据听众的提问，应化解答，这使佛经常常充满故事性和生动性，也说明语言交流是佛经文体的常用方式。交流不同于一般说教，交流意味着对话，这涉及说话双方的特殊立场和表达需要。对话不需要预先设计，对话随时在聊天中展开，具有极大的灵活性和情境性。对话满足人们的表达需要，在表达中个人获得心理调适，或欢喜，或疑惑，或安宁，或忏悔，总之，交流的结果是个人情感和体验的重塑，通过说不可说法，众生最终寻找到悟入的契机，打开无门之门。也正因此，佛经令人倍感亲切，论典则以其缜密周严使人如履薄冰，心生敬畏。

禅宗产生于教法兴盛时代，注经、释论者不乏其人，若论修持苦行，则菩提达摩“大乘壁观”尤能初占一席，然如道宣所言，此修持厉精者盖少，诵语难穷却是事实，不免遭到流行禅法的摈斥，慧能以不事经教再彻底翻转，以《金刚经》悟入楞伽，融涅槃心性于无所住之般若智慧，可谓别出一机，终于使禅流入寻常百姓家，与向上接引的官宦修持分道扬镳。再从禅宗门人的出身看，菩提达摩乃外籍来华僧，且不通汉语，其弟子寥寥，后代得法者如慧可、僧璨，皆苦行默祷之辈，长期游离于山林，与猎人、行伍、樵夫打交道的日子居多，鲜见与士族弟子坐经论道。禅宗一开始便根植于平民生活的土壤。道信、弘忍广开道场，不拘一格接纳四方僧众，在遴选六祖的问题上，弘忍大师更显示出有教无类的气魄，虽有神秀这样优秀的教学僧在侧，也绝不因此降低门槛。在悟入第一义的问题上，弘忍大师还是灵活透脱地作出了抉择。慧能大师出身贫寒，终日砍柴养母，无书可读，其得法偈语若不是就着神秀偈评弹，恐难成章。再看其《坛经》说法，简易直白，多俗语俚语，且以交流对话形式出现，从文体上倒与佛经体保持了一致。此后，日常性、生活性的语言大量出现于禅门语录中，禅宗的生活化、日常化就体现在禅师们对于日常语言的运用和体悟上。

本来，第一义在心悟，不可说，然而，意会还需言传。如果说中国文化向来强调言不尽意，得意忘言，那么，禅门语录则尤其将言与意的张力表现得淋漓尽致。虽然第一义不可说，但不可说还是要借助于可说，不得不说，除了语言之外，没有更好的传道方式，为此，禅宗虽立道断语言之路，但留下的公案语录却汗牛充栋。虽然如此，公案语录并非对第一义的教理化理论化，而是用大量对话形式说明不可说这一道理。这恰恰说明，在生活中，在由语言所构成的日常世界中，在看似与第一义无关的视听言动中，第一义方能昭著。库比特也注意到了这一点，“东亚佛教中的禅宗早就认识到，只要尝试超越语言、寻找语言的外在性或者谈论语言与非语言的关系，无法克服的悖论便会立刻出现”①。我们甚至无法在语言之外来做出任何思考，诚然，人们总是尝试寻找语言背后的东西，被称为最高真理之物，然而，恰恰是语言构成的世界才是最为真实的世界，除了语言，我们别无存在。这表面看与西方宗教哲学对言成肉身的重视不同，然而，恰恰是这种漫不经心，对语言的无所用心，使日常语言才能够表达第一义，并且人们甚至发现，没有此种生活化的语言，第一义才更容易被淹没。说似一物即不中，非要去言说时，奥卡姆②所说的“如无必要，切勿增加实体”更能令人警醒，而唐代庞蕴居士有一语与奥卡姆剃刀正可印合，即谓“但愿空诸所有，慎勿实诸所无”。可见东西方在对第一义难以言说这一点上都深有体会。

在不可说的第一义处，禅宗就是通过少说、不说、绕说的方式进行言说的。日常生活语言一开始便与禅宗思想的表达结下不解之缘，绕路说禅也由此成为禅宗说法的一个主要特征。所谓绕路说禅，有人认为是遮诠，其实并不尽然是否定，绕路只是为了说明第一义不可说，并非故意不说，也不是为了玩空、说无。绕路是为了让问者最终能够自己悟入，禅的悟入是不可由他人代劳的，所以在对话中不可说破天机，只好顾左右而言他，绕路是逼不得已，非刻意营造。既然是顾左右而言他，未免有兜圈子的意思，所以看似游戏、玩世不恭，实则关乎生死大事，表面的活泼底下却是暗潮涌动的严肃，稍有不慎便谬以千里。这无意间却道出了日常语言的妙用，担水砍柴莫非妙道，也许只有日常语言才能把这种绕路最自然直接地表达出来。可以从以下几种绕路方式来加以说明。

首先，以自然说禅。六祖慧能得法偈语本从神秀的“身是菩提树，心如明镜台”这一偈翻转而来，以比喻、以大自然代指的方式便

---

① 唐·库比特：《后现代宗教哲学》，浙江大学出版社 2008 年版，第 56 页。

② 奥卡姆，中世纪哲学家，提出剃刀原理（Ockham's Razor）：如无必要，切勿增加实体。倡导尽可能用最简单的表述来研究事物。

成为说禅的一种巧妙方便法门。自然界的天然性与禅意的自然生发异曲同工，加上自然界给人的朴实、纯真、无拘束感与禅所意指的灵动、素朴、游行自在有着意境上的相通之处，为此，后代禅师常常将第一义寄付于大自然中。通过体验自然之美，体验自然之境来获得对禅的最直观感受。如有僧问赵州和尚，“如何是祖师西来意？师曰：庭前柏树子”①，表面看，祖师西来意与柏树子没有什么关联，然而，除此最直观常见的自然物外，其他言说都不得要领。既然不能用逻辑分析正面告知，只好通过表面毫无联系的自然物说明佛法无处不在，无处不是的道理，连青青翠竹、黄花、草木瓦砾都可以是悟道的因缘。缘起的道理已经暗藏在天地万物中，春天树木发芽，夏季花开，秋天收获果实，冬天冰雪皑皑，一切都是自然而然的，正如佛祖要告诉人们的道理一样。为了表示佛法蕴含在大自然中，与自然界的寒暑枯荣有着异曲同工之妙，以自然喻佛道就成了家常便饭。当李翱向药山惟俨问何为道时，便得到“云在青天水在瓶”②的回答。黄龙慧开禅师以“春有百花秋有月，夏有凉风冬有雪，若无闲事挂心头，便是人间好时节”描写出禅者了无牵挂的生活意境，而这种生活意境便是出自对大自然的欣然接纳，顺应自然变化，把握时间流逝中的季节更替，不思过去，不想将来，无所用心时，恰是心起处。

香严智闲禅师就是在自然中获得悟道体验的：“一日，芟除草木，偶抛瓦砾，击竹作声，忽然省悟。”③当说到击竹悟道瞬间的心理时，他只说“一击忘所知，更不假修持”④。可见瓦砾击竹声在触动他悟道过程中起着关键作用。自然生发引起的环境改变使人在毫无主体意识防备的情况下能够轻松放下知见，其意识顺着声音落入空灵

①《五灯会元》上，卷第四，中华书局1984年版，第202页。
②《宋高僧传》上，中华书局1987年版，第424页。
③《五灯会元》中，卷第九，中华书局1984年版，第536页。
④《五灯会元》中，卷第九，中华书局1984年版，第536页。

无我状态，将过去对佛法的任何思议与当下个人生命感受贯通起来，完成个人悟入禅的初次体验。

为此，禅者们还在自然界中寻找修持灵感。顿悟只是瞬间感觉，要不断修持训练，维持一颗禅者的赤子之心，则需要对自然界进行更多更细致的观察，在体验自然中领悟禅的道理。古代禅者已经在自然界中寻找到了修持的路径，其中，放牛和行鸟道最为典型。如前一章里提到的，牧牛在禅门有着特殊的深意，净慧长老对"十牛图"尤有一番妙解，禅门语录里不乏水牯牛的譬喻，通过牧牛把牧心这一难以把捉的心理过程呈现出来，深入浅出，通俗易懂。而行鸟道则更为动态，更难把捉。这是洞山良价接引学人时提到的一种自然之法：

> 僧问："师寻常教学人行鸟道，未审如何是鸟道？"师曰："不逢一人。"曰："如何行？"师曰："直须足下无私去。"曰："只如行鸟道，莫便是本来面目否？"师曰："阇黎因甚颠倒？"曰："甚么处是学人颠倒？"师曰："若不颠倒，因甚么却认奴作郎？"曰："如何是本来面目？"师曰："不行鸟道。"①

洞山在《玄中铭序》曾说，行鸟道本是"寄鸟道而寥空"②，以鸟道不逢一人，在天空任运飞翔，自由自在，有一种空灵无痕之境，人行鸟道有譬喻像鸟过长空般心无有挂碍的意味，所以说到如何行鸟道时，便说直须无私去，说明当下直截了当，无私，无我，无心才能合道。所以，鸟道的空灵意境与修持时的无所用心有类似之处。然而，当学人非要将鸟道执著成本来面目这一佛语，就将空悟入实处，

①《五灯会元》中，卷第十三，中华书局 1984 年版，第 782 页。

② 王志跃：《分灯禅》，浙江人民出版社 1997 年版，第 79 页。

落于实在了，因病与药，结果却因而成病，非洞山本意，若不能见月而忘指，便是认奴作郎，反被鸟道所误。故而洞山最后说不行鸟道，实在是无奈之语。以自然界的鸟类飞行来譬喻修持过程，本是取其类象，无心无事，任运自然，若学人不能体会，却执著于鸟相，则不行也罢。所以，行与不行鸟道皆可说，恰好说明禅师们说法的灵活性，与赵州对狗子有无佛性的两种截然相反的回答如出一辙，都是为了表明第一义离两边，超二元，无论落入有还是无，都是边见，为宗门所弃。

其次，以生活事物及日常行为说禅。日常生活事物和生活行为的具体性、可经验性是生活世界能够与禅契合的原因。马祖道一的“平常心是道”将生活化的禅表达得尤为生动。道一的悟道因缘就来自于生活事物，据《景德传灯录》卷五记载，南岳怀让见马祖道一终日沉迷坐禅，于是在其庵前故意磨砖，道一于是问：“‘师作什么？’师曰：‘磨作镜。’一曰：‘磨砖岂能成镜邪？’师曰：‘坐禅岂得成佛邪？’”以此引发马祖道一反思坐禅这一问题。后更譬喻说，好比牛驾车，如果车不走，打牛还是打车？以日常生活事物解析禅法，既生动形象，又非常具体，能够使人在日常生活经验中与禅获得共鸣。马祖才有了后来“平常心是道”这一思想飞跃。此后马祖化导江西，怀让遣门人去探问消息，马祖以“自从胡乱后，三十年不曾少盐酱”寄言，同样以生活中必不可缺但却是最为普通平常的事物暗示自己修道的一如既往，以示对师门精神的发扬，为怀让所印可。

马祖门下赵州和尚继承了南岳派平常化生活化的禅风，吃茶、洗钵成为赵州禅的标志性事件。当弟子问，外方忽有人问“赵州说什么法”时，如何对？赵州则说“盐贵米贱”①。以生活事物暗示禅的自然而然。新到僧人来面见赵州，赵州只道吃茶去。未曾到过的，也教

①（唐）文远记录、张子开点校：《赵州录》，中州古籍出版社2001年版，第60页。

吃茶去。暗示人们应该在一碗看似普通的茶里体会禅的冷暖自知。同吃茶一样妙用的还有吃粥这一日常事件。有新来僧前来请教，“问：‘如何是学人自己？’师云：‘吃粥了也未？’云：‘吃粥也。’师云：‘洗钵盂去！’”①学人听后言下省悟。后人评说，既然喫了粥，则钵本不染，应洗钵去。此时业识消尽，自性即显露出来。其实，不用过多解释，生活中一切事件都体现着禅的亲历这一道理。日常生活最常见者无非吃喝拉撒，这些都要个人亲力亲为，何况是参禅大事，无怪乎赵州说尿事虽小，却也得亲自去始得，何况修行乃个人本分事，禅作为个人心灵的一种高度自由自觉，可见一斑。若没有完成心理上的无分别无知见，就无法做到禅者那般历历孤明人格独立，也就谈不上什么精神洒脱自由。由于日常生活中的行为和事件是每个人都可以做到的，也是每个人时时在做的，在打交道的，从这些事件中谈禅，则容易让人有亲身经历之感，能够从平常生活的点滴感受中获得对禅的直观体验，扫除教条框架的思维束缚，使一切众生都能亲近禅，了解禅，感受到禅的无处不在，禅的生活化让众生皆可成佛有了现实基础。当有僧问悟了的人如何修行时，赵州仍说穿衣吃饭。常人以为穿衣吃饭乃平常俗事，赵州却直白道出悟后修行仍在这平常日用的穿衣吃饭中。禅师们以穿衣吃饭来暗示禅的无处不在，已成为共识。有源律师来问大珠慧海和尚：

> “和尚修道，还用功否？”师曰：“用功。”曰：“如何用功？”师曰：“饥来喫饭，困来即眠。”曰：“一切人总如是，同师用功否？”师曰：“不同。”曰：“何故不同？”师曰：“他喫饭时不肯吃饭，百种须索，睡时不肯

① （唐）文远记录、张子开点校：《赵州录》，中州古籍出版社2001年版，第70页。

睡，千般计校，所以不同也。”①

此处对话鲜明展现了禅者与律师的分野。“饥来吃饭，困来即眠”的禅者心态与通经论教的律师不可同日而语。作为禅者，虽然表面看与常人做日常事并无不同，但要注意的是，禅者做日常事的心态，就像赵州和尚说的吃饭时粒粒咬着，以无所住而生其心，念念不住于念，就不会停留在千般思索计较中，耗尽思虑，作茧自缚。常人之所以有烦恼业障，就是因为没有在日常事中尽日常本分，不能安住当下，其实就是不能安住于生活，不能让自己进入自己的生活中，而是停留在自我设计的妄想世界，远离实际生活。所以，借助日常生活事件来说禅，恰好给学人当头一棒，将学人从对禅的虚假幻想中打落回真实的生活世界，一个真正禅所在的世界。

再来看南岳之下沩山与仰山的一段对话，夏末仰山归来，见师父沩山，沩山问：

“子一夏不见上来，在下面做何所务？”师曰：“某甲在下面，锄得一片畬，下得一箩种。”沩曰：“子今夏不虚过。”师却问：“未审和尚一夏之中何所务？”沩曰：“日中一食，夜后一寝。”师曰：“和尚今夏亦不虚过。”②

一问一答，师徒两人均在农作生活中表达了对生活禅的体验。显然，禅的境界不在自然界，不在生活中，不在我们每天感受的当下世界中，将在何处？禅就是对活在当下的绝对肯定，因为对禅者而言，活在当下意味着活在纯然的精神世界中，在纯然精神世界中自由生活

①《五灯会元》上，卷第三，中华书局1984年版，第157页。
②《五灯会元》中，卷第九，中华书局1984年版，第530页。

的人，表面看只是在做平常事，但其修行却不离日用常行，直下就是其道场。在锄田种菜，穿衣吃饭中，一切均了然于心。

除了用上述两种正面的烘托法来表述禅，有时，在面对学人极度我执的对禅的扭曲理解时，禅师们不得不采用第三种办法——以俗语口语说禅。在认识禅的过程中人们往往存在着一个重大误区，即对凡圣的执著，普通人总是面对神圣不敢逾越雷池一步，因此到了关键时刻望而却步，继续陷入知见，无法自拔。为此，禅师们只好以身示范，率先打破人们对佛法的偶像式崇拜所带来的知见，破除神圣，破除权威，于是便尽可能用一切俗语俚语说禅，在任性随意的言说中出其不意地击中学人要害。俗语口语越粗俗，越能表达禅师内心对绝对权威和偶像主义的厌恶，表达对凡圣分别的极端排斥，禅乃出自灵活透脱的内心，怎么可以僵死地为其限定范围、属性？于是呵佛骂祖，烧毁经书，棒喝弟子，极尽斩断世俗凡情之能事。越是常规化的语言，越是日常用语越能够表达出禅不远人，禅在人心。

如有问赵州和尚，如何是平常心？赵州回答："狐狼野干是。"①有问临济义玄："如何是无位真人？"义玄便打云："无位真人是什么干屎橛？"②更说学人一念心中自省，即见大光明，莫受人惑，"逢佛杀佛，逢祖杀祖，逢罗汉杀罗汉"③，始得解脱。甚至说"等妙二觉擔枷锁汉，罗汉辟支犹如厕秽，菩提涅槃如系驴橛"④。德山宣鉴也同样激峻，说："这里无祖无佛，达摩是老臊胡，释迦老子是干屎橛，文殊普贤是担屎汉。等觉妙觉是破戒凡夫，菩提涅槃是系驴橛，十二分教是鬼神簿、拭疮疣纸……"⑤可谓极尽谩骂之能事，方才畅

① （唐）文远记录、张子开点校：《赵州录》，中州古籍出版社 2001 年版，第 40 页。
②《古尊宿语录》上，中华书局 1994 年版，第 56 页。
③《古尊宿语录》上，中华书局 1994 年版，第 65 页。
④《古尊宿语录》上，中华书局 1994 年版，第 58 页。
⑤《五灯会元》中，卷第七，中华书局 1984 年版，第 374 页。

快淋漓，禅师们都不喜直提佛字，说一佛字，漱口三日。对不可说之禅，尤其最忌直白，哪怕用俗语口语，也比说破要好。总之，没有一物不可用来说禅，没有什么是严格分界的，禅就是当下自在解脱，也只有随意无碍的说法方能彰显禅者大无畏的勇者智慧和超越解脱的精神气魄。

与俗语口语相对，为了不破坏问者悟入的主动生发性，除了极尽俗之能事，还有向上一极，即力图用意象性言语来表达，为此，以诗歌悟入禅成为表达禅意的另一种绕路法门。诗歌有着很强的意象性，能够给人留下无限遐想空间。由诗歌语言所缔造的场景有着丰富的画面感和渲染力，而禅所带来的空灵意境又正彰显出诗的独特神韵，对于禅与诗的相得益彰，禅者和诗人很早就了然于心。古人早有学诗浑似学参禅之见，元好问所谓“诗为禅客添花锦，禅是诗家切玉刀”即是对禅与诗的这种联姻关系的绝好说明。

在应对学人问法时，本着不说破的原则，但又要富于启发性，使回答能如谜语隐喻般令人生起疑情，以起到旁敲侧击的作用，为此，诗歌的意象性和其朗朗上口的流畅性便能够将禅师不假思索恰成天然的状态流露出来，借助简洁流畅的诗歌语言创造出一系列暗示性的禅机。有僧问慧炬禅师，如何是西来意，于是便有“树带沧浪色，山横一抹青”①的回答，崇慧禅师对此类问题的回答也异曲同工，谓“万古长空，一朝风月”②。当学人问如何用功，则得到“春来草自青，月上已天明”③的回答。总之，如何是西来意、本来面目、如何用功这些问题都可以用诗意的画面言表，但最终都指向一个意象——自然。诗歌当中被用来作为警语、禅语回答得最多的内容就是与自然有关的意象。一种是借助描写自然景物的诗歌寓意禅的不假外求，浑然

①《五灯会元》中，卷第十三，中华书局 1984 年版，第 842 页。

②《五灯会元》上，卷第二，中华书局 1984 年版，第 66 页。

③《五灯会元》中，卷第十一，中华书局 1984 年版，第 671 页。

天成。天空、飞鸟、树木、苍山、明月等等，都蕴含着高远空灵之境。天空有着浩荡宽敞的意象，指向禅的心灵是向任何人敞开的，禅本身就是对生活的敞开，对生命的肯定，所以，长空万古不变，宽大包容，犹如禅的精神一如既往，超越有限时间和空间。明月朗朗，在《坛经》里早被用来形容众生本有佛性，心性本来清净，只是被妄念浮云覆盖，一时不清。所以，明月的皎洁及朗朗独现同样是超越时间的，充分肯定了众生成佛的可能性，明月的意象与众生清净本心于是被历代禅者联系在一起。另一种是借助自然界事物的生长变化寓意禅的浑然天成，自明自觉。无论是“树带沧浪色，山横一抹青”，还是“春来草自青，月上已天明”，都是大自然的景物逐渐变化的自然过程，没有任何人工痕迹，描写的意象都是随着时间的迁流推移发生的变化，不知不觉就如此，一切都是本来如此，天然如此的，正如众生本来面目一样，正如六祖慧能大师所说，成佛不是向外驰求，而要自识心源，见自本性，当看到自然界一年四季的迁流变化时，便不知不觉令人产生一切具足，一切现成之感，暗示返回内心，自明自觉才是成佛的关键。

诗歌意象不仅可以起到警语、暗语、谜语、机语式的作用，以此成为禅门话头。诗歌意象还是说禅理的一个重要形式。以诗意说禅理的情况又有两种不同。一种是正言反说，以违反自然现象的异常意象表明禅的高度自由性和创造性，打破常态逻辑思维的惯性和思维羁绊。这种反说的方式与用粗俗语、俚语和污秽语说禅有着异曲同工之妙。临济义玄禅师说法的四料简原则里就出现“婴孩垂发白如丝”[①]的反常意象。其他充满禅机的寓意还有“雨下堦头湿，晴乾水不流。鸟巢沧海底，鱼跃石山头”[②]、“山上有鲤鱼，海底有蓬尘”[③]、“乌

①《古尊宿语录》上，中华书局1994年版，第57页。

②《五灯会元》下，卷第十八，中华书局1984年版，第1166页。

③《五灯会元》上，卷第二，中华书局1984年版，第69页。

鸦似雪，孤雁成群”①等等。这些反常意象都有一个共同特征，即违背自然规律。鱼儿不在海里，却跃在山头，鸟巢在海底，同样荒诞。而恰是这种荒诞意象，却造就了意想不到的诗意效果，丰富了诗歌创作的想象空间，也极大程度地刺激人们的日常神经，激发了悟入禅的潜在可能性。以矛盾的、反常的意象来彰显不可说的不同常法，由此实现了不得已说不可说的效果。第二种情形，是以诗的意象正说禅理。唐代无尽藏尼有一首说禅诗闻名于世，“尽日寻春不见春，芒鞋踏破岭头云。归来偶捻梅花嗅，春在枝头已十分”，这是以诗说禅理的典型。在修道过程中寻寻觅觅了不可得，像春天时分出门寻春一般毫无思绪，鞋子踏破他方犹如向身外寻找成佛之道一样舍近求远，直到归来偶然间嗅到梅花香气，才豁然醒悟，以寻春寓意学佛，不言而喻。唐五代时期的布袋和尚也流传着一首禅理诗，“手把春秧插满田，低头便见水中天。心地清净方为道，退步原来是向前”，这首诗将日常农活中的插秧动作与悟道巧妙结合，在退步才能插秧的生活经验中悟到识心见性之理，将简朴的生活与退一步海阔天空的不畏人生艰难险阻，勇往直前的禅者气象连成一气，使插秧这件看起来与禅无关的事件也蕴含着悟道的深意，插秧由此成为禅门的一个悟道意象，被编排成歌曲、舞蹈的方式广泛流传开。可以说，农业生活中锄草、播种、耕地、插秧等各种活动都浸染着禅的气息，农禅并重，自给自足的生活方式为禅宗门庭注入无限生机。

也许在现代人看来，诗歌的意象性未免太雅，与所谓禅的生活化距离稍远，实则不然。诗歌恰来自生活，凝聚着人们对生活的体验，以诗说禅，既是文学创造，也是奇思妙想，禅师借此要传达的是诗歌意象背后孕育的生活态度，以此鼓励人们感受生活，体验生活，从而感受禅。在禅的观念来看，人人皆可为诗人，皆有无限可能。而现代

①《五灯会元》下，卷第十四，中华书局 1984 年版，第 883 页。

人之所以远离诗歌，正是缺乏生活体验，疏于情感表达的体现。过去禅师们以俗语口语日常语说禅，更借助诗歌谈禅，禅者的语言已经完全融入到人们的生活世界，而禅师们留下的大量语录公案则成为一部部生动的古代语言演变资料，口语俗语得以走进文学殿堂，古代变文、通俗小说逐渐兴起，又潜移默化地影响了禅师们的言说交流方式。禅师们一边说不可说，积极肯定此世生活世界的语言，借助语言表达禅的精神，另一边又为语言注入新的元素，增添活力，通过影响语言影响人们的思维方式和言说方式，从而改变世界。

为什么日常语言能起到绕路的妙用？第一，由说法情境的生活性决定。百丈怀海禅师提出“一日不做，一日不食”的丛林清规，农耕生活也成为禅门修行的重要部分。禅师的说法往往是在日常生活的劳动中偶然为之，弟子的悟道也往往是在日常劳动中实现。所以，说法情境的生活性决定了说法语言的日常性。禅宗本是深入群众，简易直接的法门，用日常语言可以获得广泛的民众认同，让大众参与，领略禅的魅力，体现禅不事经教、包容万象的特点。悟道往往就蕴含在生活中一问一答的聊天过程。马祖与百丈怀海在路上行走，见野鸭子从天空中飞过，马祖便借机考验百丈，问是什么，百丈答野鸭子。马祖又问，什么处去也，百丈则直白地说飞过去了。此时马祖用力将百丈鼻子一扭，百丈吃痛失声，此时马祖立刻说，何曾飞过去。如此往复，百丈才有所醒悟。表面看，马祖是询问野鸭飞过，但实际上，马祖的问话里步步是陷阱，话中有话，如果不以禅意思维，便可能像百丈一样落入事情的表面上做答。而通过揪鼻子这一动作，使百丈陷入剧痛，此后用意便非常鲜明，既然飞过去，又何曾有声音在此，再次暗示了野鸭子这一眼前景象背后大有深意，将百丈从外界事相中拉回到自身，反照内观，百丈至此才幡然醒悟。在生活中悟道的情形往往即在一种弟子猝不及防的偶然中实现，越是看起来生活化的事物，越是平常的生活行为言语，越能方便说法，亲身说法，在不知不觉自然而然中引导弟子走向禅的中心，勘破疑情，将生活场景转换成一个灵活透脱的道场，既不令人感到疲惫突兀，又能使人在毫无准备的情况下更容易获得悟的初体验。所以，对超越经教，破除常理思维的禅宗而言，生活场景便是最好的说法场景，在生活情境中因材施教，有教无类的教学方法才能发挥其最佳效果。

第二，生活语言亲切易懂，直白明确，不受任何知识背景束缚，没有预设任何前见，能使对话双方减少心理设防，建立信任关系，易于激发其情感体验，这使悟道过程真实自然，易于引导弟子进入反思自我的境地，发现自我。龙潭崇信禅师入天皇道悟门下前，本以糊饼卖饼为业，是贫寒小贩，只因每次供养天皇饼子时，天皇往往留下一个饼反赠回他，后因饼对话，才使他后来有了出家修道的念头。然而，他侍奉天皇道悟身边多时，却心生疑惑。一日便问，自来到此，并未受到指示心要，究竟是何故。而天皇道悟禅师则回答："自汝到来，吾未尝不指汝心要。……汝擎茶来，吾为汝接。汝行食来，吾为汝受。汝和南时，吾便低首。何处不指示心要？"①像龙潭崇信一样出身民间，没有受过系统教育的禅师在禅宗历史上不在少数，为了使平民弟子们能够参悟佛法，体验佛法，那么，生活化的语言便必不可少。从端茶、吃饭、礼拜等日常小事上说佛理，比书本式的教条更能击中弟子的心门，引发其共鸣，一跃而获得对禅的体悟，这是禅宗顿悟教学法所不同于渐修常规路线之处。

第三，生活语言的实践色彩最浓，能最大限度地激发人们在日常生活中实践行动力，以行动来完成对禅的体悟。禅宗用语中常以大自然中的植物、动物等名词喻指禅的境界，而大量使用动词来表达悟道的刻不容缓，当下即是。在言说无法表达，难以言传之时，各种动作行为的肢体接触便取而代之，演绎成一种以行代言的峻烈机锋。马祖

①《五灯会元》中，卷第七，中华书局1984年版，第370页。

展足、赵州放火、灵祐踢瓶、南泉展猫等等，都是由动词言说所带来的行为实践。而棒喝交驰，则是由动词向付诸行动的更进一步。在一声吼和一顿痛打中，问话者陷入毫无防范的无意识境地，为获得禅的体验打下基础。

第四，生活语言的自然朴实性与禅宗精神最为契合。如“作么生”“喫饭”“介个”“叵耐”“恁么”“犹较些子”“太粗生”等大量生活口语的运用，使禅宗语录像一部时代的活词典，将生活中的风土人情生动刻画得入木三分，为研究古代语言文字留下了大量宝贵资料。而能够运用生活语言言说禅法，也是禅宗得以广泛流传，深入民间的一个重要原因。随时随地运用口语世俗语常见语言说禅，才能不断为禅注入新鲜活力，使禅为未来世界的四方众生所乐闻信受。

总之，问题的关键也许并不在于说了什么，而在于说的过程。言说即是一种交流。交流本身即是一种心理刺激，一种方便，就像日常闲聊，不预设目标，无目的性，甚至无中生有，无事生非，才能在闲聊中让问者不知不觉走入禅的境地。

其实，正如后现代西方宗教哲学家所意识到的那样，除了语言我们甚至无法表明自身以何种方式存在，语言塑造了我们，构成我们每个具体的人的存在。过去禅宗的发展历史表明，禅与日常语言世界的和谐共融才有了禅宗在社会广大阶层的普及传播，禅的生活化不言自明。然而，面向未来生活世界，今日的禅更应该关注并参与到现代语言的缔造中。过去的公案、语录是过去禅师们与弟子交流的经验材料，而未来世界的禅应该产生与现代人的心理特征和生活经验相符合的语言交流方式，契机契理的说法应该包括交流方式的转进改变。问题不在于是否以现代人的逻辑思维能接受的分析方式将禅表达清楚，过去的禅宗历史已经否定了这条道路，而在于以现代人所处的现代生活经验为契机去启发其当下悟入，而这不需要过多的经教解释或常规思维。

如在生活禅夏令营的分享、交流会上，僧人应该多跟在家弟子多交流生活问题，漫无目的式的闲谈，建立信任关系，才能在不经意间敞开心扉，从日常生活的点滴接触中自然而然地找到引发他人悟入的机缘。若以大段佛理说教开始，对话双方便已经进入经教思维中，而双方在对佛理认知上的巨大差距必然会导致双方早已远离一个交流场景，而变成单向的知识传输。从古代公案语录看，禅师对待弟子是以对话的态度平静等待之，而非登堂入室的直陈法理。在注重个体发展和个性培养的禅宗精神指引下，现代的生活禅式的交流更应突出对话的重要性。对话意味着灵活、平等、朴实、具体，不带有任何预设，也不是单方面的价值输出。毕竟听闻佛法、了解佛法非朝夕能成，需要日积月累的学习，在短暂的夏令营生活中，能近取譬，接引生活，无疑更能让人们体验到佛法在生活中，感受佛法带来的当下清凉。

三、生活的禅化——一种艺术生活

禅者的生活应该是怎样的生活？从过去禅宗语录的描写看，依然三十年看山仍是山，看水仍是水，洒扫应对，不言自明。这样清风明月，朗朗呈现的生活，即是一种艺术化的生活。禅者的生活就是一种艺术，正如净慧长老所言，禅本身就是“一种生活的艺术、生活的方式”①，以禅的思维来对待日常事，则无分别心，无分别心也就心无挂碍，无执著烦恼，于是对待一切事物都能以平常心处之，洒脱自在，达到一种艺术的境界。随缘任运地对待生活，生活自然也如心之所想般喜悦安宁，在这种平静安宁中获得对生活的美的享受，生活岂能不如艺术般充满乐趣，妙不待言。所以，生活的禅化也就是生活禅的实现，只有达到一种禅化的生活境界，才算是领略到禅的真谛，真正在生活中获得受用。禅化的生活境界指的就是个体能如理思维，以

① 净慧：《生活禅钥》，第9页。

禅的理念生活行事，并能够在生活中将禅的精神表达出来，在禅的精神中获得个人生命的成长。它包括两方面：一是能以禅的思维运化日常活动，使日常生活中处处充满禅机；二是在禅的体验中完成对客观世界的建构，将禅化的生命，即一种艺术化的生命贯注到对生活的建构中，完成禅从理念到现实的呈现。

记得有一年黄梅禅宗文化高峰论坛大会上，一位佛教网站的记者曾向净慧长老提出自己的疑惑：对于像她这样的普通在家人，每天都有自己的工作要忙，生活禅如何对每天处在很多世俗工作烦扰中的在家人发挥作用，换言之，在家弟子怎样才能挤出时间完成生活禅的修行？这实际上也是很多在家弟子的困惑。尽管净慧长老对生活禅做出了一系列阐发，但不少学者仍对生活禅如何修持表示担忧，人们虽然乐意接受生活禅这一继承了宗门传统的新瓶装旧酒的现代理念，但也认为应该总结提炼出生活禅的具体修持法门，使生活禅可实际操作，有可行性。实际上也是出于避免生活禅混入禅宗末流的故弄玄虚才有的担忧。然而，提倡尽快建立生活禅修持法门的说法不禁让人想到神秀禅与慧能禅之别。神秀上座时时不忘修行，勤勉可嘉，但与慧能禅的豁然洒脱，游行自在却不可同日而语，失之毫厘谬以千里，不同的修持主张已可见出宗门与教下的分野。再者，生活禅的修持法门乃是综合了过去祖师禅、如来禅以来的顿渐诸法，以菩提心、息道观渐次奠基，并非无门可入，又何谈不够具体没有切实可操作性。禅修不同于书本知识，也不是单纯的某项技能学习，我们可以通过后天不断练习成为一名计算机工程师、射击手、钟表匠、厨师，但却不会因技术纯熟而成为一名禅师。悟道贵在自心，岂可与世俗手段方法相提并论。退一步说，即使我们能言说出一种普天之下人人皆可学的禅法，难道从此人人皆可成佛，成佛再无阻碍了吗？禅宗的大量公案语录早已明示，悟道根本无定式无定法，人人皆会竖一大拇指来说佛法，可是又有几个是真正的俱胝禅师？鹦鹉学舌搬弄手脚，不过是东施效韅，自欺欺人。

生活禅的理念本身已经将佛门传统的修持方法做了现代化的诠释，换汤不换药，不听闻佛法不闻思修慧，不持守戒定慧三学，对于出家人来说，仍是没有出路。佛门的未来仍看僧众，僧材既是继承传统的关键，也是弘扬传统、融化传统于当代的核心力量，所以，对出家弟子来说，只有精进修行，没有所谓方便善巧。对在家大众来说，则不能持守每天都要如僧人般修行的僵死念头，否则，生活禅便无生活可言，远离了生活的修行也非禅的本意。建立一种明确可行的实际操作法门的想法本身已经隐含了对禅宗精神的一种否定式理解。修不可修，关键在心态的调整，而不在于实际上形成一套规定动作，禅修不是广场舞健美操，如何可能形成规定动作。也有人认为，没有时间坐禅是无法让生活禅化，将禅融于生活的主要原因。然而，古代的禅者们早已否定了坐禅之坐相，整日枯坐，成佛从何谈起？任何将修行落实于规范动作的想法实际上都是在将禅实有化具体化，都不可能不破坏禅的意境，也必然无法使个人在这样一种预先设计好的行程中自然生发禅的意境，更无从在离开生活中的自我之后体验到禅所给予的真我。因此，对普通大众来说，要在生活中体验禅，并不在于持戒坐禅的时间长短，而在于如何让自己能够像禅者一样生活，关键是有像禅者一样面对生活的心态，没有禅者之心，没有平常心无分别心，行住坐卧都无法安身，即使每天 24 小时都在坐禅，也不过是走火入魔。因此，问题的关键不在于一套实践操作程序的建立，而在于让人们感受到生活的禅化，在生活中获得禅的体验。过去禅师们的修行和悟道体验说明，要获得禅的体验，并不一定要在刻板的修行过程中，相反，悟道体验的活动往往是在生活中的不经意间。在扫地、做饭、洗碗、打破茶杯、野鸭飞过等种种偶然情况下，禅在生活事件中自然浮现。生活的禅化意味着一种与禅偶然相遇的生活场景的实现，它需要的不是对个体修行时间修行方式的强调，而隐藏在对生活事件的不断体验和感受中。

我们从普通人的日常生活场景中来说明生活的禅化如何发生。首先，借助禅的理念实现生活中的忘我，由此获得专注、精神集中，这在打球、跑步、射击及其他体育运动中，在书法、绘画、音乐等艺术创作活动中均有显著作用。乍看起来令人迷惑，作为禅法之禅，属于思维修，以静虑著称，而体育活动和艺术创作在某种程度上属于动态活动，两者如何互益？然而，禅宗之禅的巧妙就在于能融行住坐卧于一体，在动中习禅，以往的禅宗语录所记录的禅者顿悟瞬间往往是在日常生活事件发生的过程中出现。开悟本身就是动态的，灵活的，这是禅宗将定慧结合并发挥到极致的表现。所以，开悟也就不必然是在静态的坐禅当中才能实现。生活本来就是动感的变化的，丰富多样的，要使生活禅化，就应该在生活中去试图发现禅，在日常行为活动中感受禅。一位德国哲学教师奥根·海立格尔（1884—1955）曾赴日本学习箭术，并写下《箭术与禅心》，用他在学习剑道过程中的体会来说明禅如何在练习箭术的过程中发挥作用，这恰是对在动态中习禅的一个绝佳展示。

在书中，作者宣称，禅是一门很高深玄妙的学问，禅师们总是用简短神秘的语言旁敲侧击，且多描绘的是悟道之后的种种体验，这种纯粹的内省使门外人无法进入，对如何走上悟道之路，在走上这条道路上需要经历那些阶段都不得要领。若没有禅师的帮助指导，个人如何实现关键性的飞跃。为此，人们总是试图询问禅师那不可言说之道，却没有办法真正弄懂。对他来说，去练习箭术是一个能有效地体验到禅的经历，为此他向一位日本箭术大师拜师学习。

而他学习箭术的过程，实际上则是体验禅的过程。首先，用心灵拉弓。正确而省力的拉弓技巧恰恰在于放松肌肉，不用力。对于一个刻意专注于尽力把弓拉开的初学者而言，这与常规认识正截然相反。要拉开弓首先要学会放松，而之所以没有放松，又是因为呼吸不调。

为此，作者又用了大量时间来学习调整自己的呼吸，在呼气吸气的气息调节中试图找到让心态平稳放松的节奏，而这又会导致他刻意地要求放松自己，最终把精力都集中在了呼吸上，陷入另一种执著。

接下来在练习放箭的过程中，这位西方学者仍然遇到同样的问题。总是身体紧绷地夹住箭，心灵紧紧执著于箭的所在，始终抱着一定要射中箭靶的念头，结果却导致无法放开自己，无法放开自己，则被箭牵着走，无法射中目标。而他的师父所教导他的是，不要去思索，不要考虑如何射箭，“真正的艺术，是无所求的，没有箭靶！你越是顽固地要学会射箭击中目标，你就越无法成功，目标也离你越来越远。阻碍了你的，是你用心太切。你认为如果你不自己去做，事情就不会发生。”[①]这段话使我们看到学习箭术与习禅的道理有着莫大关联。放下执著，达到忘我、无我，才能使人进入真正的专注，物我合一，此时箭在心中，无所用心，如庄子说的庖丁解牛般无艺之艺的境界就实现了。此时，箭术已不单纯是一项体育技能，而是一门艺术化的活动，它的核心精神在于击中心灵的箭靶。箭术这门艺术的大道、大艺在于它是一门心灵训练术，是个人与自我的斗争，个人学习箭术的过程就是不断认识自我，发现自我的过程，射手必须克服自我，忘我，忘却弓箭和射击，摆脱一切执著，才能使艺术成为无艺术，这才是真正的箭术之大道，此时也是内在自我完成之时。

日本的剑道大师泽庵禅师对于剑道与禅的精神也早有一番类似的体会。普通人在学习剑术的过程中往往会有一个先见，即总是想着如何制服对手，所以，人们常常把所有时间和精力都放在如何提高技术和知识上，然而，在剑道大师看来，这条道路只会离真正的剑道越来越远，令人失去当下的真心。“越是想靠自己的反应，技巧的意识运

①〔德〕赫立格尔著、鲁宓译：《箭术与禅心》，广西师范大学出版社 2007 年版，第 23 页。

用，战斗经验与战略来寻求剑法的卓越，他就越妨碍到自由的心灵运作”①，剑道和箭术的大道，不在于教会学生什么招式，而唯有心灵的训练，使学生无所求、无我，忘掉对手，更忘掉自己，使技巧心灵化。要达到剑道艺术的完美境界，则不仅要心中没有你我之分，没有对手与他的剑，也没有自己的剑与如何挥舞的念头，甚至连生与死的念头也没有，一切皆空无，连空无的念头也不复存在。此时可以说，剑道已然成为禅道的化身，即是禅的出现。

通过箭术来体验禅，或者以此启发人们对禅的体验是完全有可能的。这是因为，箭术作为一项无艺之艺，已经超越了箭术所带来的技能本身的意义，而是被作为一项发现自我的创作活动来看待，它跟其他艺术形式一样，都是为了实现当下的真心，而禅宗精神就是要让每个人不断发现自我，认识自我，寻找到众生的本来面目。在这一点上，当我们把一切日常活动看作发现自我的真心之旅，我们就会在其中真正生活着，这便是以禅的经验生活。在那种生活经验中，没有对立差别，没有目的性功利性，一切都是自然现成的，生活也就进入了一种无艺之艺的境界。

不仅是一个西方学者在学习箭术的过程中自觉到了这一点，也不是日本禅师们才发现了这一点。实际上，在日常生活的各项体育活动中，人们往往都可以感觉到这一点。体育运动往往需要身心的完全放松才能发挥最佳运动状态，而身心的放松需要经过调整。呼吸的调整，杂念的摈除，动作与意念的协调等等。一位学习拳击的学生曾告诉我，在拳击过程中握拳恰恰不能太紧，否则难以击倒对方，这与他原来设想的全身用力于手臂而重拳出击的想法完全相反。这同样说明，越是想要实现目标，这种执著的心态越是成为最终实现目标的障

---

①〔德〕赫立格尔著、鲁宓译：《箭术与禅心》，广西师范大学出版社 2007 年版，第 48 页。

碍，只有完全放下我执，才能身心合一，身心合一即是最真实的自我呈现之时，自然能随心所欲，任运而为，这才能获得理想中的竞技状态。在体育比赛中也是如此，一位参加篮球赛的学生曾对我说，往往在他完全不在意比赛结果，赛场上只有他与球之时，他的球准确无误地投进了篮筐。相反，当他看到周围的人都朝他跑过来，当他焦虑于落后的比分和悬殊的实力差距之际，他丢分了。实际情况确实正是如此，在这一点上，体育活动与艺术活动毫无二致，只有完全的投入、完全的忘我、完全的无分别，才能够享受到身心合一所带来的愉悦，这种愉悦超过了体育活动的形式本身，但不期然间便实现了心中所想的活动效果。一切都是自然而然的，但又是恰到好处的，这正是自我最真实呈露，也是禅的精神出现之时。禅对日常生活的影响，便是潜移默化在这每一件事情上。当我们如理思维，如理作意，在禅的精神中应对一切活动时，一种艺术化的生活便出现了。

实际上，正如铃木大拙在给《箭术与禅心》一书作序时所说，艺术并不仅仅是艺术本身，并不只是具有实用和纯粹欣赏的目的，而是用来锻炼心智。为了使心智达到终极的真实，而借助某项艺术或体育训练自我。因此，禅的精神才能够灌注在一切日常事务中，一切行为，射箭、花道、茶道、舞蹈、绘画等等活动都可以看作通达禅的精神修炼之路。艺术由此成为无艺之艺，当一个人达到了禅的无意识境界，“他就是一个在生活艺术中的禅师。他不像个画家般要画布、画笔和颜料；他也不像个射手般要弓箭与箭靶和其他用具。他拥有他的四肢、身体、头和其他部分。他的禅是透过所有这些工具来表现自己。”①

铃木先生的观点在中国古代的画家们看来也许并不陌生。画家在

①〔德〕赫立格尔著、鲁宓译：《箭术与禅心》，广西师范大学出版社 2007 年版，第 5 页。

画山水画时，也并不会事先预设山水的创作模板，刻意经营要表达的主题，王维画雪中芭蕉，画物多不问四时，便是奇思妙想，意会神来之笔，完全不拘泥于现实事物的原型，他的全副精神就是他最好的画笔。倪瓒画竹不类竹，被讥为麻为芦，与此相同。范宽善与山传神，终年隐居山中，感受自然之气象，认为与其师诸物，不如师诸心，其画作可谓自出天机，同样是意到便成。在刚开始练习绘画时，也许人们只在意技法上的锻炼，然而，要最终将气韵生动的画作展现出来，可能需要对创作对象的长时间观察，用心体会，画竹则身与竹化，才能成竹在胸。只有把自己也当成竹子，才能忘却现实的竹的样子，忘却自我，不带任何功利心来创作，艺术就诞生了。

其实，人们常常以为生活中难以修行禅法，实际上恰恰是因为人们没有意识到自己并未沉浸在生活中。越是投入专注于当下事件，越能感觉到真实的自我的呈现，而在真实的自我呈现之时，禅便如期而至。人们往往将注意力分散在生活中的各个角落，每件事情上又都以一种我执的方式错误地在用力，于是便只能收到像初学者练习箭术过程中一样紧绷无所得的效果。在不断制定目标，努力靠近目标的过程中，最自然真实的内心已经被诸多欲望淹没。

以禅实现体育活动和艺术活动中的专注，也就是在无我中做到了应无所住而生其心，完成由日常活动向艺术生命的转变。而当艺术化的生命产生时，个人心灵的成长与飞跃就会反哺于日常生活，用禅的理念完成人们对生活的品质要求，以禅的精神参与客观世界的建构，从而又使禅得以客观呈现。恰如一幅山水画，在画作诞生之后，又能给人以禅的意境想象，以诗歌可以寄托禅意等等，一切人所创造之物都可以成为体验禅的载体。禅陶冶着个体的艺术生命，又反过来在艺术化的生活中被呈现，被表达，实现生活的禅化。我们可以从禅对日常生活产品设计的启发来说明禅如何被表达，如何在生活中呈现。

禅的理念蕴含着对一切事物的尽可能简化原则，不过度执著关心，不预设二元对立双方，不参与任何一种立场，不表达任何一种态度，实际上，不言说什么，就是一种极为简化、朴实的做法，这也是人们往往觉得禅最亲切最自然的原因之一。在一种遮诠的表达方式下，真实的自我才会呈现，内心的态度才最明确，所以，以简化、否定的方式，绕路的方式说禅，使禅呈现出一种意象性，既抽象又具体，既质朴又空灵，然而却是非常贴近生活的，它在审美上满足了人们对于生活的想象。生活既充满各种可能，有着美好的理想，同时现实又有着种种不尽如人意之处，又是活生生有缺陷的，所以，生活中的各种产品设计既要符合人们生活的需要，满足基本的实用性原则，同时又应该令人感到亲切，给人以希望，但并不张扬浮夸，既要有美好空灵之感，但又不能过度装饰，掩盖生活气息。工业时代的产品设计是否能深入人心，就在于是否把握住人的需求，满足人的生活心理，生活心理显然不是一种浮华、冒险的心理。

曾经不止一个学生对我说起过无印良品的产品设计。他们纷纷认为，无印良品的产品给人一种朴素大气之美，既简洁，又使生活充满自然纯朴的气息，而且实用与美观兼具。翻查有关无印良品的产品设计资料后，则更令人相信，这种简约自然的风格与禅有着甚深关联。

无印良品是一个日本的生活杂货品牌，主要生产生活中的各种杂货日用品，他们以朴素、简约、环保为主题，在包装和产品设计上皆无品牌标志，而环保、自然的原则与禅的质朴、简约相得益彰。在色调上，常常运用生活中简单的原色、木色、本色来设计产品，产品更体现出人与自然的和谐。而环保经济原则则使产品设计讲求实用大方，贴近生活。这些都是其产品能够深入真实的人心的必备因素。

所有这些理念最终来自于这样一种主张——生态设计。生态设计，实际上就是非设计的理念。要让产品看起来是没有任何刻意的痕迹，像自然地造出来的东西一样，产品与周围环境高度和谐，仿佛出自天工，这样一种设计的和谐感，被称为生态设计。如何实现这种人为的天工呢？正如禅师的弟子们整天追问如何成佛，如何是众生本来面目，佛法大意一样？无印良品的设计师常常会思考，怎样的设计是人们想要的设计？然而这个问题没有答案，只有到有一天，像禅师给予弟子的棒打、喝茶的提示一样，有一天当你真正看到一个东西，一件事物，你就会知道什么是自己想要的设计。设计不是预先头脑里的一个框架，不是一个思维定式，只有猝然相遇，亲身体验，当下感觉，才是理想中的"设计"。所以，真正与自然完全和谐，能够让人在使用过程中丝毫不觉得有什么不方便的产品，才是理想的产品。人们在使用物品时，往往是在无意识的情况下，能够灵活自如地去使用，也就是说，产品是在无意识当中被人们所使用。比如一把锋利的切菜刀，当刀柄的设计让厨师感到不适，意识到刀的存在后，则可能会分散他的注意力，刻意想到刀的锋利，导致失手。真正理想的设计就是让人在使用过程中完全忘记了物本身的存在的那种设计，能够使人完全沉浸在与周围的环境和谐共处的状态中，自然而然不受拘束的设计。无设计的含义就是追求一种真正自然的设计，一种人与事物、与周围环境完全和谐无间的设计，由于极致追求自然真实，所以称为非设计的设计。

非设计的理念令人很自然地想到了铃木大拙对禅的无意识的描绘。他把禅的经验看作是个体的高度自主、自由、自觉的体验，禅的无意识是对被智性意识心所束缚的心灵的解放，是摆脱了意识干扰之后的生命自觉。犹如一个剑术师拿起刀剑之后，并不去想他的对手，也不想他自己，也不会去想剑的动作，只是无意识的手在挥剑，"这种无意识是当他到达了无我、无心状态时，所觉醒的"①，此时剑士不再关心生和死，而只有内心纯洁无我之理，这就是所谓剑之道，是

①〔日〕铃木大拙、〔美〕弗洛姆：《禅与心理分析》，海南出版社 2012 年版，第 36 页。

剑自己在选择，在演绎，其中已没有剑士自己。这种物我合一，完全的忘我，无意识中产生的真实、自明自觉的感受，反映在物的角度，就是使物在个体生活中扮演这般自然的角色，就像非设计的设计所追求的那样。可以说，日本人把对于禅的体验贯彻到了他们对于产品的设计上，正如铃木大拙所理解的，“禅的真理是一种把单调乏味的生活，索然的平凡生命，变成为一种艺术的、充满真实内在创造的真理。”[①]把日常生活变为艺术，就是禅的无意识所带给生活的变化，铃木先生的观点可以说代表了日本文化当中对禅的普遍理解。禅在日本文化的剑道、茶艺、舞蹈乃至今天的工业产品设计上无处不在，禅的理念已经深入日本社会生活中，并开花结果。

应该说，铃木大拙对禅的无意识之描述对日本民族了解禅有着深刻影响，然而，无意识这一有着浓厚心理学色彩的词语用来描绘禅的境界似乎仍然词不达意。在对不可言说的无可奈何表达面前，唯有不断体会，也许才能领略其中奥妙。艺术化的产品设计是展现禅的理念的一个途径，但艺术产品的呈现可以是多样的。悟道有多途，不一定是日式的枯木山水才能带出禅意，实际上，中国古代的禅意画，寺院庭前的参天大树，士大夫生活情趣等等都有着禅化的生活气息。我们应该从日式的禅化生活中获得启发，将禅悦式的中国化的禅生活表达出来。与禅的无意识所呈现的忘我伴随的是对周遭环境的高度戒备和怵惕，这可能是出自地域条件和资源有限的环境使然，禅的洒脱喜乐，灵动活泼却难以在此过程中彰显。而我们应该从日式的禅化生活中学习其细微点滴的深入观察，只有对生活的细致观察，才能体禅入微，使禅无处不在。也许未来生活禅的发展，应该在体味生活上细致用心，在文学、艺术、音乐、茶艺、服饰设计等各领域都有所呈现，

---

①〔日〕铃木大拙、〔美〕弗洛姆：《禅与心理分析》，海南出版社2012年版，第29页。

才能将灵动活泼的禅在生活中表现出来。而这不仅需要僧材的努力、僧界的自我革新和僧团管理的面向生活，还需要社会各领域各界的在家弟子发挥个人力量，不断转变对生活的思维方式，在商业社会生活中注入禅的气息，生产出有中国特色禅标签的生活用品，以建构禅意社会的方式完成生活的禅化。

说到这里，不禁让人想到当今社会中日益浮现出的各种新鲜禅标签，现代禅、安详禅、健康禅等等，分别从禅的某一方面特征、性质上对禅加以概括。然而，从生活的简约原则、奥卡姆所说的哲学剃刀原则、禅的简朴精神来看，过多的新鲜标签不免令人眼花缭乱，喧宾夺主，失去禅的朴素本色。再者，概括不鲜明，提法太笼统，也会使禅成为应对一时心理治疗或医学疾病的附庸，不见禅的本来面目，只见禅在生活中的诸多助益。这也是净慧长老在一开始提出生活禅的理念时慎之又慎的原因。如何言说禅，给予禅什么新鲜标签并不重要，穿一件什么样的新衣都无法改变禅的本色，而真正要让旧酒装在新瓶，适应新瓶，适应新衣，关键还在于是否继承传统，能涵盖传统，若禅之一字即可说明问题，又何须分门别户，花样翻新。禅宗末流的搬弄手脚的老路切不应该再重现。也只有在禅化生活之后，当发自内心的自然本真流露之时，一切赘语皆歇，人们对于禅的认识才不会停留在言辞机巧的玩弄上。在行动中，在生活实践中体验禅，才是循序渐进的悟入禅的切实道路。

结语　未来生活禅断想

真正面向生活世界来观察禅时，其内容何其丰富，生活世界的复杂性，层级结构的多重交错性，所涉领域的庞大，足以囊括整个人间悲欢离合爱别离怨憎会种种。生活，是人间的特质，人间活动的主题，也是人生的内容。以生活来说人生，说人间，更能体现出现代社会的佛法特质，这是生活禅这一提法接续传统，又推进传统的地方。

现代人的心理问题很多，其中一个常见问题就是容易分心、走神，也就是注意力难以集中。注意力不集中是思虑纷扰到一定程度而导致的。商品经济的发展需要不断刺激人们的各种消费欲望，物质产品的丰富使人无法抉择，欲望不断，精神领域也遭遇形形色色的刺激，声色犬马的娱乐世界令人眼花缭乱，日常生活世界纷繁复杂的人际环境又使人身不由己，如此种种，都难免令人迷失本心，将精力耗散在追名逐利中。因此，在日常生活中，人们往往难以持久地专注于一件事，而需要不断寻求新鲜刺激来掩藏个我在庞大的社会机器下的种种不安。注意力不集中，思虑纷扰由此出现。当然，个体心理有特殊性与复杂性，每个人思虑纷扰，注意力不集中的原因各不相同，工作压力大，家庭不和睦，人际关系不和谐等等，都会不同程度地令人感到力不从心。思虑纷扰即有可能带来失眠、焦虑等并发问题，引发新的烦恼。注意力不集中，是对自我的当下生活极端不专心，对自我的人生价值、人生目标没有确定安排的表现。当面对问题时，常常想入非非，停留在浮想联翩的妄念上耗费光阴，或者借助一些其他方式麻痹自己，让自己陷入某种看似专心的事务里，逃避现实，比如让自己成为一个电视剧迷，一个追星族，或者一个手机控。通过专注于一个并不存在的虚拟世界而让自己暂时逃离现实生活的种种压力，其结果却是以一个又一个的谎言欺骗自己，让自己陷入假想世界，放弃现实。然而，远离电视、电脑、手机，则需要借助一些更健康的生活方式来帮助自己，比如锻炼身体，培养其他方面的生活兴趣，在下棋、练字、绘画的艺术生活中陶冶情操，获得对现实生活的更为生动的体验。一方面，人们对于生活有着真实的渴望，但同时又疲惫于虚拟的生活中，无法安住于自己的生活。所以，人们关注生活，却往往难以获得对生活的切实认可。禅就是帮助人们正确认识生活，摆脱对生活的诸种困惑的智慧，它的方法恰恰不是从信受佛法开始，而是从禅对于实际生活的启示开始。比如在第五章里提到的，用动态的方式感知禅，借助动态的日常活动获得内心的宁静。这可能更符合现代人的实际心理需求。禅不再是一个隐居山林的逸士，而是人人可感知的内心平静。在内心平静中实现注意力的集中，对生活的真正关注、关切，才有人与人之间的真情流露，纯真情感的建立。

所以，当人们纷纷以禅的姿态来询问，禅在何处，生活禅的实际操作法则是什么，如何实践等诸如此类的问题时，其实已经离开了禅。箭术、花卉艺术、绘画、跑步、产品设计等日常生活的种种事件，反而更能让人感觉到禅的无处不在。每天早晨起来，刷牙、洗脸、出门上班，每件事都需要集中专注去做，在集中专注于在在处处，当下提撕精神时，正是内心灵明独觉时，越是看起来简单的事情，越能体现我们的心在何处，在发现心灵的过程中，生活禅其实已经出现。这个道理与赵州茶、洗钵吃饭的古代禅者所揭示的精神并无不同，但对今天的人们来说，实现它的手段则更为丰富，空间更大。现时代的生活内容的深广度已大大超越了过去，如果不是以进入生活，活在当下的方式来体验禅，真不知道要在何时、何处、何地，才能体验到。每个人应该关心的是，自己是否能在纷繁复杂的看似迷乱的生活世界中寻找到古代禅者那条在生活中体验禅的清晰线索。实现它的方式越多，人们对它的思议、修饰也越多，如果能回归简单自然的生活理念，那么，禅在生活中就并不遥远。

生活禅所揭示的就是这样一种后现代世界所急需的生活态度，朴素、自然、真实、简单。在环境日益恶变，污染无处不在的世界，人间原本的清净美好已经被破坏，不断索取、执求、欲望满足式的生活方式无疑要为此负上责任。生活态度决定了人类行为的种种不智和猖狂，在全球范围内这种恶劣形势仍在蔓延，应当引以为戒。全球宗教间的对话也逐渐进入到互益共存的伦理对话空间里，当人们越来越意识到全球生态圈的局势的不容乐观时，寻找一种能够为大多数人所接受的生活态度便成为人们的共识。无论是雷蒙·潘尼卡的宇宙—神—人共存图景，还是唐·库比特对后现代太阳式生活的向往，都有着东方哲学天人合一的自然和谐观念色彩，人们对于生活的渴望再次回归到朴素、自然、真实、简单的理念中。在改变生活理念、改变生活态度中实现人生的改变，从而实现对人间的改造，未来的真正净土世界才有可能出现。西方世界的人们已经逐渐意识到这一点，也尝试多途径去实践这一点，一些回归生活实用的产品设计，一些便利行人的公共设施的建设，都是有着人本主义的考虑。人本的，也是最切合人情、人性的，这一性情，即是最真实的自我的流露。最真实的自我需要什么，即是禅所试图揭示的自我，一个简单、真实、自然、朴素的自我。认识自我，才能认识自我的需求，才能根据真实的需求实践真实的生活，建构真正的净土世界。与之相反的是，现代中国社会却处于一种对物质的过度迷恋和崇拜期，出国购物热、奢侈品热已经露洋相于海外，新的电子产品问世而不惜连夜排队购买，在各个领域试图钻营最新鲜时髦商品的攀比心态极尽扭曲，甚至除此之外生活没有别的追求。满地铁公交车上的低头手机控和自言自语的微信人群有着几乎相同的扑克脸，人们甘心于生活在一个并不真实的世界中娱乐自我，玩弄自我，在游戏生活中虚度光阴。没有对社会事件的价值判断力，对自我的认知力和对他人应有的帮助能力，沦为没有任何力量的生活玩偶。面对现时代的此世众生，不谈生活，不谈生活态度的转变，将如何使其拔离虚妄，树立人间正根。根苗已坏，又如何使其能够再度听闻佛法，信受佛法。面对这样的众生，与其对其宣讲佛理，不如谈生活、谈自我更切实。生活禅就是寻找自我，认识自我，脱去禅的外衣，人们应该从更广大包容的人类需求中去重新认识它，才能再度理解它。也尤其在此种混沌生活的氛围中，可见出生活禅理念的弘扬光大之迫切和必要！

令人欣慰的是，越来越多的人已经开始意识到不足，意识到现代生活中有些什么不对、不妥。净慧长老将生活禅的理念传于德国本笃禅修中心的导师威里吉斯·雅各尔先生，既预示着临济宗法脉的西行，也象征着一种生活禅的生活态度已经进入西方世界。生活禅作为一种生活态度，有着禅的智慧的独立思考和对生活的不断反思，在反思中使人不断面向真实的自我，这是面向生活，真正有勇气解决生活问题，肩负社会责任的开始。这种生活态度不仅适用于中国，更适用于全世界。当人们越关注内心，越希望了解自我，则越是能够接近禅，了解禅。未来的世界文化圈的交流需要的恰恰是一种基于生活态度的交流，这无疑对诸宗教的文明对话、世界和平有着重要启示。

诚然，目前生活禅在实践过程中有一些不尽如人意之处，如过度的规模效应，宣传效应，庞大而不够细致的浮泛交流等等，这是生活禅在传播过程中的不足之处。然而，生活禅所透析出的禅的生活无疑对未来世界的人类生活有着深刻的启示意义。特别是文明的脚步搅扰在商品经济和信息社会的暴力竞争中举步维艰时，一种真实、自然、简单的生活就更令人神往，其光彩也会更为人所意识到。无论它披上什么外衣，戴着一顶什么样的帽子，人们仍然会不断反省、批判、审视它，无论走过多少弯路，最终还是会发现回归自我之道。这是人类对自我所应有的必然信心，正如佛说一切众生皆有佛性，慧能大师说何不识自本心，见自本性一样。当然，这一切还有赖于禅在未来世界语言中的存在。禅本出于民间，源于生活，禅的语言本来就是铸造平民世界的语言，这是古代禅者弘扬禅法的优良传统，也是未来生活禅应该接续光大之着力点。未来世界需要禅的语言去融化涵盖，在语言中丰富人们对禅的理解，也加深人们对禅的认识，同时，在语言中把握众生，摄化众生，也许比实践的指导在交流上更广泛有效。